Enrico Brissa

Flagge zeigen!

Enrico Brissa

Flagge zeigen!

Warum wir gerade jetzt Schwarz-Rot-Gold brauchen

Siedler

MIX
Papier aus verantwortungsvollen Quellen
FSC® C014496

Penguin Random House Verlagsgruppe FSC® N001967

1. Auflage

in der Penguin Random House Verlagsgruppe GmbH,
Neumarkter Straße 28, 81673 München
Umschlaggestaltung: Büro Jorge Schmidt
Umschlagabbildung: © mfto/Getty Images
Satz: Uhl + Massopust GmbH
Druck und Bindung: GGP Media GmbH, Pößneck
Printed in Germany
ISBN 978-3-8275-0133-2
www.siedler-verlag.de

Dieses Buch ist auch als E-Book erhältlich.

In Erinnerung an

Dolf Sternberger
(1907 – 1989)

Inhalt

Einleitung
Mit Deutschlandflagge auf der #unteilbar-Demo

Heidenau, Sebnitz, Dresden und Chemnitz waren allesamt schmerzliche Einschnitte. Nachdem Bundeskanzlerin Merkel im Sommer 2015 im sächsischen Heidenau als »Volksverräterin« beschimpft worden war, traf es Bundespräsident Gauck im Juni 2016 beim Deutschen Wandertag im sächsischen Sebnitz. Vier Monate später erreichte der Hass auf unsere politische Ordnung und ihre Repräsentanten einen weiteren Höhepunkt: Die Festlichkeiten zum Tag der Deutschen Einheit unter dem Motto »Dresden. Gemeinsam feiern« gerieten zu einem Debakel. Die damaligen Pfeifkonzerte, Sprechchöre (»Volksverräter!«, »Haut ab!«, »Merkel muss weg!«, »Abschieben!«) und andere Hassbekundungen einer pöbelnden Minderheit – sie sind nichts weniger als eine Wegmarke in der politischen Kultur unseres Landes.

Im Spätsommer 2018 folgten dann die verstörenden Bilder der Ausschreitungen von Chemnitz. Die von rechten und rechtsextremen Gruppen nach einer tödlichen Messerattacke organisierten Demonstrationen führten zu ausländerfeindlichen und antisemitischen Ausschreitungen, deren Bilder um die Welt gingen. Das Ausmaß und die Aggressivität der Demonstrationen hatte ich nicht für möglich gehalten. Und stets wurden dabei schwarz-rot-goldene Flaggen geschwenkt.

Wie konnte es sein, dass sich viele Tausend Menschen im Zeichen unserer Bundesflagge solchen gewalttätigen Aufzügen anschlossen, in denen gegen Ausländer gehetzt und Banner mit der Aufschrift »Wir sind BUNT bis das Blut spritzt« hochgehalten wurden – begleitet von Hitler-Grüßen? Ganz zu schweigen von den antisemitischen Gewalttaten, die aus der Demonstration heraus begangen wurden.

All dies hat mich bis in den Schlaf verfolgt. Von meiner Frau, von Freunden und Kollegen* wusste ich, dass es ihnen ähnlich ging. Und so kamen wir auf den Gedanken, uns zu einem politischen »Küchenabend« bei uns zu Hause zu treffen, um über das anscheinend wieder Mögliche zu sprechen. Wieso war es dieser verhältnismäßig kleinen Minderheit gelungen, das Einheitsfest in Dresden so erfolgreich zu stören? Haben sich die Grenzen zwischen legitimem Protest und rechtswidriger Hetze so krass verschoben?

Obwohl sich die Demonstrationen in Dresden doch abgezeichnet hatten, waren keine wirksamen Vorkehrungen getroffen worden. Auch nicht, als man am Tag zuvor massenhaft Trillerpfeifen verteilt hatte. Warum waren die Ausschreitungen in Chemnitz nicht verhindert worden? Wie war es möglich, dass sich Tausende Bürgerinnen und Bürger unter unserer Nationalflagge, also dem zentralen Staatssymbol unseres Grundgesetzes und der freiheitlichen demokratischen Grundordnung, um eine extremistische Minderheit herum versammelten und damit zu deren Bilderhoheit beitrugen?

Bereits im Sommer hatten wir gehört, dass im Oktober in mehreren Städten Großdemonstrationen für eine offene und tolerante Gesellschaft stattfinden würden. Dieses Zeichen gegen jede Form von Ausgrenzung wollten wir unterstützen. Einige von uns trugen sich in Unterstützerlisten ein, andere spendeten Geld und fast alle an diesem Abend Versammelten wollten dieses Mal mit »auf die Straße gehen«. Was für meine Frau und mich schon etwas Besonderes war, da wir uns von Demonstrationen sonst eher fernhalten.

Beim Abendessen berichtete unser Freund Andreas Schulze vom »Wir sind mehr«-Konzert in Chemnitz, das er kurz zu-

---

* Wenn ich im folgenden das generische Maskulinum verwende, schließt dies für mich selbstverständlich alle Geschlechter ein.

vor besucht hatte. Es war als Antwort auf die Ausschreitungen organisiert worden, mehr als 60 000 Menschen waren gekommen. Ein deutliches Signal gegen die »Trauermärsche« genannten Aufzüge und die von ihnen ausgehenden Exzesse. Doch war bei dem Konzert keine einzige schwarz-rot-goldene Flagge zu sehen, weit und breit nur hochgehaltene Smartphones, Regenbogenflaggen und zu Herzen geformte Hände. Abgesehen von einigen politischen Plakaten. Ein Sänger soll gar von der Bühne gerufen haben: »60 000 Leute und keine einzige Deutschlandflagge, wie cool ist das denn!«

Schwarz-Rot-Gold zu zeigen, wäre aber gerade bei diesem Konzert ein starkes Zeichen gegen Extremismus und für gesellschaftliche Einheit gewesen. Nun kann man von der Band *Feine Sahne Fischfilet* und der Berliner Hip-Hop-Band K.I.Z wohl kaum ein staatstragendes Statement erwarten. Es sind eben keine Hauskapellen der Bundeszentrale für politische Bildung. Sicher wollen beide Bands auf ihre Weise provozieren. Ihre Lieder mögen daher zum Teil satirisch zu verstehen sein. Dennoch haben sie Texte in ihrem Repertoire, die als gewaltverherrlichend und exzessiv bezeichnet werden können. Etwa der K.I.Z-Song »Ein Affe und ein Pferd« (»Ich mach' Mus aus deiner Fresse, boom verrecke / Wenn ich den Polenböller in deine Kapuze stecke … Ich ramm die Messerklinge in die Journalistenfresse … Trete deiner Frau in den Bauch, fresse die Fehlgeburt«) oder »Wut« von *Feine Sahne Fischfilet* (»Die nächste Bullenwache ist nur einen Steinwurf entfernt«). Ohnehin scheint K.I.Z. ein gestörtes Verhältnis zu unserer Nationalflagge zu haben, jedenfalls heißt es in dem Song »Hurra die Welt geht unter«: »Wir wärmen uns auf an einer brennenden Deutschlandfahne«.

Vielleicht wäre es im Vorfeld des Konzertes aber zumindest möglich gewesen, eine Debatte zu führen über die Bedeutung von Schwarz-Rot-Gold als Symbol unserer Verfassung und damit auch unserer offenen Gesellschaft. Warum ist außer unserem Freund Andreas niemandem aufgefallen, dass unsere

Farben zunehmend von extremen und extremistischen Kräften umgedeutet werden? Dabei ist unsere Flagge in Wahrheit ein Symbol gegen Extremismus und Fremdenfeindlichkeit, auf das es den Ausrichtern doch ankam. Ich finde, man hätte gerade dort Flagge zeigen müssen. Als Zeichen der Gemeinsamkeit und als Mittel der politischen Aufklärung. Ein Teil der Zuschauer hätte sicher mitgemacht.

Sicher nicht alle, das wäre aber auch gar nicht nötig gewesen. Stattdessen wurde im Anschluss nur darüber diskutiert, ob einige der Bands selbst extremistisch einzustufen seien, wobei entsprechende Liedtexte ausgelegt wurden, als seien sie politische Programme. Sich auf den Wortlaut solcher Quellen zu stützen, greift hier jedoch zu kurz, zumal die Sprechgesänge des Hip-Hop schon immer von Gewalt, Drogen und einer frauenverachtenden Sprache geprägt sind. In vielen Fällen waren die Künstler auch mit den in den Songs beschriebenen kriminellen Milieus verstrickt, die Liste ermordeter Rapper ist lang. Im Sinne der Kunstfreiheit sollte man jedoch zwischen extremen und extrem geschmacklosen Texten einerseits und einer verfassungsfeindlichen Einstellung der Musiker andererseits unterscheiden.

Nach Überzeugung unserer kleinen Küchenrunde wurde jedenfalls die Chance des Flaggezeigens beim »Wir sind mehr«-Konzert verpasst. Gerade bei dieser als Antwort auf die Ausschreitungen gedachten Veranstaltung mit ihrem heterogenen Publikum wäre Schwarz-Rot-Gold ein starkes Sinnbild für unsere als gemeinsames Fundament gedachte Verfassung gewesen – ein Statement, das klargestellt hätte, wer sich auf diese Farben berufen kann und wer nicht.

So entschlossen wir uns zu einem für uns ungewöhnlichen Schritt: Wir wollten das Versäumte nachholen und am 13. Oktober 2018 mit Deutschland- und Europaflaggen an der großen #unteilbar-Demonstration in Berlin teilnehmen.

Es war an der Zeit, ein Zeichen zu setzen, vor allem gegen den Missbrauch unserer Nationalfarben durch sogenannte

»Pegida«-Demonstranten und andere rechtsextremistische Gruppierungen (Abbildung 3). Wie konnte es sein, dass niemand bemerkte, wie effektvoll diese Gruppen Symbole der Republik, der Demokratie und des Widerstands gegen den Nationalsozialismus umdeuteten? Dabei stehen doch gerade Rechtsextremisten in einer langen Tradition des politischen Symbolismus. Nach Jahrzehnten der symbolischen Enthaltsamkeit war in unserem Land eine gewisse Renaissance der Aneignung wichtiger Symbole mit Händen zu greifen, viele bedienten sich effektvoll der symbolischen und propagandistischen Klaviatur.

Dagegen wollten wir Schwarz-Rot-Gold als Flagge unseres Staates und des Grundgesetzes, als Symbol unserer Freiheit, Demokratie und Einheit sichtbar und damit deutlich machen, dass unsere Nationalfarben kein Symbol sind, das wir den Feinden des Grundgesetzes überlassen dürfen.

Welcher Anlass wäre besser dafür geeignet als eine Demonstration, die schon in ihrem Motto auf die Grundrechte Bezug nimmt? Wir fanden, dass Deutschland- und Europaflaggen als Zeichen eines gelebten Verfassungspatriotismus geradezu ideal zu dieser Demonstration passten.

Nun mussten wir den gemeinsamen Entschluss nur noch umsetzen. Anfang Oktober fragte meine Frau, ob ich denn genügend Flaggen bestellt hätte. Das war nicht der Fall. Zugegeben antwortete ich etwas zögerlich, vielleicht auch, weil mir das Projekt nicht mehr ganz geheuer war. Flaggen sind für mich etwas Offizielles, normalerweise spielen sie in meinem Privatleben keine Rolle. Außer, dass ich mich freue, wenn ich das beflaggte Reichstagsgebäude oder die Standarte auf dem Dach von Schloss Bellevue sehe. Die beflaggten Schrebergärten empfinde ich eher als befremdlich.

Abgesehen davon hatte ich kaum Erfahrungen mit Demos, schon gar nicht als Teil eines kleinen Flaggenzugs. Bei dem Gedanken, mit hoheitlichen Symbolen auf eine Demonstration zu gehen, fühlte ich mich also leicht unwohl. Vielen anderen wird es so gehen, wenn auch aus unterschiedlichen Gründen. Die Diskrepanz zwischen dem hoheitlichen Charakter solcher Symbole und dem Privaten kann ich jedenfalls schlecht ausblenden.

Ich bestellte also einige Europaflaggen für je 5,25 Euro (»wetterfest, blau, 150 x 90 x 1 cm«) und gleich große Bundesflaggen für je 4,98 Euro. Interessanterweise wurden die schwarz-rot-goldenen Flaggen gleich geliefert, während es bei der Europaflagge zunächst Nachschubprobleme gab. Die Volksabstimmung per Bestellklick fiel eindeutig zugunsten des europäischen Symbols aus. Nachdem dann alle Flaggen gerade noch rechtzeitig eingegangen und zwei davon mit Kabelbindern an Besenstielen montiert waren, konnte nichts mehr schiefgehen. So dachten wir.

Im Kreise unserer Freunde beschlossen wir, gemeinsam mit unseren Familien zur Demonstration zu gehen. Eine Gruppe von fünf Erwachsenen mit Kindern. Nur Andreas war nicht dabei, weil er mit dem Wagen von Bündnis 90/Die Grünen loszog, selbstverständlich auch mit einer Deutschlandfahne in der Hand. Mit der S-Bahn fuhren wir zum Treffpunkt am Alexanderplatz. Die Stimmung war friedlich, auch wenn mir bereits in Charlottenburg und im S-Bahn-Wagen skeptische Blicke anderer nicht entgangen waren. Sie konnten sich wohl nicht erklären, was das für ein komisches Grüppchen ist, das an einem spätsommerlichen Samstag mit Flaggen und Kindern durch Berlin zieht. Wären nicht die Europaflaggen gewesen, hätten uns manche wohl für ein Pegida-Trupp gehalten.

Am Alexanderplatz angekommen, staunten wir über die riesige Menschenmenge. Es sollen 240 000 Teilnehmer gewesen sein. Passend zu den sommerlichen Temperaturen war die ausgelassene Stimmung überall greifbar, wozu vielleicht auch die kreativen Transparente und Schilder beitrugen (»Omas erste Demo«).

Doch schon die erste Begegnung ließ erahnen, was auf uns zukommen würde. Meine Frau war von einem etwa fünfzigjährigen Mann auf die Flaggen angesprochen worden. Wie sich herausstellte, engagierte er sich bei den Grünen in Zehlendorf. In durchaus freundlichem Ton fragte er, was wir denn mit den Flaggen zum Ausdruck bringen wollten. Er könne sich keinen Reim darauf machen. Nachdem Elke ihm den Kern unserer Botschaft erläutert hatte, schien ihm die Idee zu gefallen, und er fragte dann, wie andere Demonstranten auf unsere Flaggen reagiert hätten. Als wir entgegneten, es habe noch keine Reaktionen gegeben, rief er uns zum Abschied zu: »Na dann, viel Glück!«, was uns etwas ratlos zurückließ. So selbstverständlich es für uns war, die Flaggen Deutschlands und Europas auf einer Demonstration zu akzeptieren, so wenig selbstverständlich schien es offenbar für viele andere zu sein.

Das wurde bald deutlich. Kaum hatten wir uns von unserem ersten Gesprächspartner verabschiedet, sah sich meine Frau einer kleinen Gruppe junger Frauen gegenüber, die sie als »dumme Kuh!« anschrien und riefen, Schwarz-Rot-Gold sei die »Flagge des Holocaust«. Das Diskussionsangebot von Elke blieb ungehört, vielmehr skandierten die Frauen »Nie wieder Deutschland! Nie wieder Deutschland!«.

Auf diese Weise begann ein langer Spießrutenlauf, in dem wir hemmungslosen Hass erlebten, man uns etwa als »Nazis« beleidigte: Wie wir denn nur auf die Idee gekommen seien, ausgerechnet mit einer »Nazi-Flagge« auf so einer Demonstration aufzutreten! Auch die Hoodies unserer Freunde mit dem unmissverständlichen Aufdruck einer von ihnen mitbegründeten Berliner Flüchtlingsinitiative konnten uns nicht vor der Nazibeleidigung schützen. Mir riet man, doch lieber in Dresden zu demonstrieren. Wenig freundlich war auch der an meine Frau gerichtete Zuruf, »den Lappen bis zur nächsten EM« wegzupacken.

Wir liefen mehrere Stunden im Demonstrationszug mit und sahen dabei so gut wie keine andere Deutschlandflagge, zwei der seltenen Exemplare waren mit aufgemalten Herzchen verziert. In Unterhaltungen gewannen wir immer wieder den

Eindruck, dass viele Demonstranten offensichtlich nichts über unsere Bundesflagge und deren besondere Geschichte wussten. Für einige war sie ein ausgesprochenes Hassobjekt. Die Europaflagge kam übrigens auch nicht besser weg. Wie uns ein Demonstrant zurief, stünde sie für ein Europa, das als »Festung für den riesigen Friedhof des Mittelmeeres« verantwortlich sei.

Später gab es sogar einen kleinen Gewaltausbruch. Während ich anderen Mitdemonstranten die Bedeutung von Schwarz-Rot-Gold und deren geschichtliche Entwicklung erläuterte, kamen zwei Demonstranten im »Antifa«-Look, ein junger Mann und eine junge Frau, von hinten herangerannt, entrissen mir die Deutschlandflagge und brüllten dabei »Du Nazi!«. Am Holzstock blieben die mit Kabelbinder befestigten Ösen zurück, der Stoff war zerrissen. Einige der Umstehenden riefen den Angreifern zu, dass sie kein Recht hätten, Gewalt anzuwenden. Ich bat meine Frau, mir eine Ersatzflagge aus ihrer Handtasche zu geben. Als der Flaggenräuber dies sah, lief er wieder auf mich zu und wollte mir auch diese wegnehmen. Diesmal war ich vorbereitet. Ich rief, er solle doch versuchen, mir die Flagge wegzunehmen, und so starrte er nur auf den Besenstiel in meiner Hand und schrie: »Der Nazi droht mir Gewalt an!« Die Umstehenden hatten sehr wohl sehen können, von wem die Gewalt ausging, und riefen dem Angreifer zu: »Keine Hetze! Keine Gewalt! Gegen den Hass!« Ein beruhigender Moment in einer ziemlich aufgeladenen Situation.

Überhaupt dürfen die verstörenden Erlebnisse nicht darüber hinwegtäuschen, dass wir auch viele positive Erfahrungen gemacht haben. Etwa durch ermutigende Zeichen der Unterstützung für unsere kleine »Aktion«. Erstaunlich oft mussten wir jedoch regelrecht aufklären, wofür Schwarz-Rot-Gold steht. Und wofür eben nicht.

Auf der Demo konnten wir in einigen Gesprächen auch Verständnis für die Bundesfarben wecken. Manche Reaktionen machten aber doch erschreckend klar, wie lang der Weg sein würde, bis wir Deutschen ein annähernd normales Verhältnis zu unseren Staatssymbolen entwickeln würden. So riet man uns, beim nächsten Mal die Flagge mit Friedenstauben oder Smileys zu versehen oder eben auf den Flaggenstoff zu schreiben, dass es sich um die Flagge des Grundgesetzes handele. Andere wiederum bedauerten, dass nur so wenige Deutschland- und Europaflaggen zu sehen seien. Einer fragte uns, ob wir ihm nicht eine Bundesflagge überlassen könnten. Mit diesem kleinen Symbolgeschenk zog unser Mitstreiter dann entschlossen weiter.

Im Demonstrationsblock des Bündnisses »Seebrücke. Schafft sichere Häfen« ging es dann für eine kurze Weile etwas ruhiger zu, zumindest überwog die Zustimmung. Auf der Leipziger Straße gab es dann aber noch eine weitere Überraschung. Zunächst wurden wir vom Wagen der »Seebrücke« aus per Megafon aufgefordert, die Deutschlandflagge einzupacken oder aber den Zug zu verlassen. Dabei hatte es eine ganze Weile gedauert, bis wir realisiert hatten, dass sich die etwas nuschelige Durchsage auf uns bezog.

Als wir nicht reagierten, kam ein mit einer »Gelbweste« bekleideter junger Mann auf uns zu und gab sich als Ordner zu erkennen. Die Situation war ihm erkennbar unangenehm, mehrfach unterbrach er seine Sätze, um beeindruckend intensiv an seiner Zigarette zu ziehen. »Hey, ich bin sicher, dass ihr euch was Konstruktives dabei gedacht habt, mit einer Deutschlandflagge zur Demo zu kommen«. Es sei aber von den Organisatoren verboten worden, Nationalflaggen mit sich zu führen. Und deshalb bitte er uns, den Block der »Seebrücke« zu verlassen.

Unser Einwand, dass dieses angebliche Verbot dann aber auch für die anderen, vor und hinter uns gut sichtbaren Flaggen gelten müsse, etwa für die Nationalflaggen der Türkei und Kanadas oder aber die palästinensischen Flaggen, ging bei ihm ins Leere. Nachdem er auch nicht beantworten konnte, auf welche Grundlage dieses zuvor nie bekanntgegebene »Verbot« denn gestützt werde, beschloss unser Freundeskreis, die Demonstration endgültig zu verlassen.

Wir hatten genug erfahren, um es diplomatisch auszudrücken. Unser kleiner Selbstversuch hatte uns körperlich und psychisch regelrecht ausgelaugt und wir wollten den weiteren Verlauf der Demo nun aus sicherer Entfernung verfolgen.

Vor allem die Kinder waren erleichtert. So zogen wir uns in ein Büro in einem nahe gelegenen Hochhaus zurück, von wo aus wir den Zug etwas entspannter beobachten konnten. In den nächsten zwei Stunden tauchten noch ganze zwei Deutschlandflaggen auf. Wir versuchten, das Geschehene zu begreifen. Keiner von uns hatte sich ausmalen können, wie aggressiv viele Menschen auf unsere Flaggen reagierten. Und wie wenige wussten, wofür sie stehen.

Ein halbes Jahr später fasste unsere Tochter das Erlebte für ihre Großeltern prägnant zusammen: »Wir waren auf einer doofen Demo, da hatten wir solche Angst, dass wir in die Kanzlei von Papas Freund gegangen sind und dort haben wir dann Verstecken gespielt.«

Sobald es das überlastete Netz hergab, twitterte ich zu dem Erlebten ein Foto unseres kleinen Flaggenzuges mit der Überschrift:

> *Art. 22 Absatz 2 #Grundgesetz: »Die Bundesflagge ist schwarz-rot-gold.« Sie steht für unseren Staat & freiheitlich-demokratische Grundordnung. Auf der #unteilbar-Demo wird man mit Deutschland- und Europaflagge angegriffen und angepöbelt. Es gab aber auch viel Unterstützung und Bestärkung. (Abbildung 2)*

Dieser Tweet löste eine heftige digitale Diskussion aus. Auch hier erfuhr ich vor allem Zuspruch. So heißt es in einer Antwort:

Bravo, @enricobrissa! Schwarz-Rot-Gold ist die Flagge der Revolution: 1848, 1918, 1989. Sie steht für das Gegenteil von nationalistischer Volkstümelei, zusammen mit der Europaflagge sowieso. In den 90ern gab es viele Nazidemos in meiner Heimatstadt. Die hätten jedes Fenster eingeschmissen, an dem Schwarz-Rot-Gold hing.

Ein anderer schrieb:

Euer Zeichen war genau richtig. Überlasst dieses schöne Land und dieses schöne Europa nicht den Nazis. Und auch nicht unsere Flaggen. Liebt eure Heimat u. verteidigt die Demokratie und Freiheit!

Es gab aber auch Kommentare, wie sie in ihrer Plattheit typisch für soziale Medien sind:

Die arme Flagge wurde halt zwischenzeitlich oft von Nazis missbraucht, das führt bei vielen zu Missverständnissen. Oder: *Nationalstolz und Co haben auf einer linken Demo nichts verloren, sollte eigentlich klar sein. Bitte erst zur EM wieder rausholen.*

Ein weiterer Kommentar bezog sich auf das Foto einer Pegida-Demonstration mit schwarz-rot-goldener Flagge:

Ach je, so sieht Pegida jeden Montag aus. Dass Teilnehmer von #unteilbar nicht das gleiche Bild abgeben wollen, verstehen Sie nicht? Bücher über gutes Benehmen schreiben & Demo für Publicity-Stunt in eigener Sache missbrauchen, passt nicht so gut, oder?

Dass ein normaler Ton und sogar Mitgefühl trotz aller Meinungsverschiedenheiten möglich sind, zeigte folgender Kommentar:

Tut mir leid wenn Du dafür angegriffen wurdest. Aber das ist eben auch ein Lappen, der für ein willkürliches Konstrukt aus Volk, Nation und Rasse steht.

Andere schlossen sich trotz unterschiedlicher Ansichten der Idee unserer Aktion an:

Ich wähle grün, fühle mich politisch eher links von der Mitte beheimatet und ärgere mich dennoch, dass wir unsere Trikolore, die ein Symbol für all unsere Freiheiten und Rechte ist, so einfach der AfD überlassen. Trikolore und Europafahne zusammen? Genauso!!!

Ein Diskutant forderte schließlich Toleranz:

Das Problem mit unserer Flagge ist, dass die Nazis sie als ihr Symbol erobert haben. Das liegt auch daran, dass wir seit 1945 ein ambivalentes Verhältnis zu Flaggen haben. Das entschuldigt natürlich keine Pöbeleien. Es erfordert umso mehr Gespräche und das Ertragen von Ansichten.

Es gab auch Demonstranten, die sich an uns persönlich wandten:

Respekt! Ihr seid eine ganze Zeit lang unmittelbar vor uns gelaufen und ich habe die schäbigen Beleidigungen gehört. Ziehe echt den Hut.

Die Diskussion im Netz war erwartungsgemäß unsachlich und wenig ausgewogen, aber ich fand, dass eine seriöse Debatte über diese Vorkommnisse und deren Hintergründe absolut notwendig war. So führte ich in den Folgetagen mit »Spiegel online« und der »Berliner Zeitung« zwei Interviews. Daraufhin bekam ich Mails und Briefe von Mitbürgern, die entweder Zeugen der samstäglichen Geschehnisse waren oder aber davon gelesen hatten. Diese Zuschriften waren oftmals von Sympathie für unser Tun getragen, offenbarten aber zuweilen auch ein zwiespältiges Verhältnis zu den Symbolen unseres Staates.

Besonders ausführlich war die E-Mail einer jungen Frau, die von sich schrieb, dass sie 1973 als Pastorentochter in Sachsen geboren worden sei:

> *Ich habe auf SPON darüber gelesen, dass Sie angepöbelt wurden, weil Sie eine Deutschlandfahne dabei hatten. Ich möchte Ihnen mitteilen, dass mir das sehr leid tut. Es gibt leider immer Leute, die nicht so richtig verstehen, was Toleranz bedeutet. […] Ich habe Sie vermutlich gesehen. Ich dachte: also, wenn das hier lauter Deutschlandfahnen wären, würde ich mich nicht wohlfühlen. Ich bin keine Antideutsche, bestimmt nicht – aber klassischer National-Patriotismus ist mir fremd… Ich fremdele mit allen Nationalismen. Aber sie sind nun mal da. Ich kann mich viel eher mit der Europa-Fahne identifizieren, bei allen Demokratie-Defiziten, die Europa hat. Wie dem auch sei. Schön, dass Sie am Samstag da waren. Glücklicherweise waren die Toleranten ja, glaube ich, sehr deutlich in der Überzahl. NIE NIE NIE hätte ich gedacht, aus vollem Herzen bei einer Demonstration zu sein, bei der diese merkwürdige marx.-leninistische Partei dabei ist.*

Im »Spiegel online«-Artikel kam aber auch der Sänger Konstantin Wecker zu Wort, der auf der #unteilbar-Demonstration aufgetreten war und kein Verständnis für unsere Aktion hatte: »Ich war noch nie ein Freund von Fahnenschwenken, aber bei #unteilbar ist das völlig daneben. Der Nationalismus hat so viel Elend gebracht, gerade für Deutschland, da muss man doch irgendwann einmal daraus lernen.« Immerhin betonte er, dass dies aber in keiner Weise eine Rechtfertigung sei, jemandem mit Gewalt die Fahne abzunehmen.

In den Tagen darauf hörte ich von anderen, die Ähnliches erlebt hatten. So wurde ein Demonstrant als »rassistisches Arschloch« bezeichnet, weil er eine Deutschland- und Europafahne dabei hatte.

Kritische Bemerkungen, komische Blicke und Fragen hatten wir schon erwartet. Das wäre auch kein Problem gewesen. Die Kombination aus erschreckender Unwissenheit und einer enthemmten Aggressivität hat uns aber doch sehr überrascht. Wir waren davon ausgegangen, dass die Scheu und Unbeholfenheit im Umgang mit unserer Flagge und Hymne nach dem »Fußball-Sommermärchen 2006« einer größeren Normalität gewichen wäre. Jeder freute sich doch, wenn er ein Foto von Astro-Alex mit der Deutschlandflagge auf dem Ärmel seines weißen Weltraumanzuges sah! Offensichtlich hatten wir das eine überschätzt und das andere unterschätzt. Hätten wir den Spießrutenlauf geahnt, wären wir sicher nicht mit unseren Kindern zur Demo gegangen. Aber wer rechnet mit so viel Hass auf einer Anti-Hass-Demonstration?

Mit diesem Buch möchte ich der Frage nachgehen, warum unsere Flagge solche Aggressionen auf sich zieht. Woher kommt dieser Hass? Wieso wissen viele Bürgerinnen und Bürger so wenig über unsere Staatssymbole? Warum nehmen sie hin, dass die Symbole unserer Republik zunehmend von der extremen Rechten besetzt und umgedeutet werden? Nämlich von politischen Kräften, die in den sozialen Medien mit ihren Bildern einen wesentlichen Teil der politischen Inhalte bestimmen. Im politischen Diskurs der Gegenwart wird die Macht der Bilder immer größer, wobei die digitalisierte Welt von Verzerrungen geprägt ist, die zu einem übermäßigen Einfluss kleiner Gruppen führen können. Es liegt doch auf der Hand, dass wir unsere Symbole vor einer solchen Entwicklung schützen müssen. Wir dürfen unsere Symbole nicht verlieren, denn wir haben keine anderen!

Unsere politische Ordnung des Grundgesetzes kann aber

nur funktionieren, wenn sich eine überragende Mehrheit zu ihr bekennt und sich klar von denjenigen distanziert, die unsere durch den Verfassungsstaat garantierte freie und offene Gesellschaft bekämpfen. Neben einem solchen Bekenntnis ist sicher eine klare Unterscheidbarkeit zwischen den Freunden und den Feinden der freiheitlichen demokratischen Grundordnung wichtig.

Wie sollen sich aber beide Gruppen voneinander unterscheiden, wenn sie die gleichen Symbole benutzen? Symbole vertragen keine Doppeldeutigkeit. Wie ich zeigen werde, ist gerade unser Verfassungspatriotismus auf eine effektive Symbolik angewiesen. Das scheint jedoch viele zu überfordern. Ich möchte dazu beitragen, unser Bewusstsein für Schwarz-Rot-Gold als gelebter Verfassungskultur zu stärken.

Seit dem 19. Jahrhundert war Schwarz-Rot-Gold ein oft umkämpftes und diskreditiertes Symbol der Republik und der deutschen Einheitsbewegung. Die Organisatoren und viele Teilnehmer der #unteilbar-Demonstration erweckten jedoch den Eindruck, dass sie dieses Symbol der Einigkeit, des Rechts und der Freiheit bereits jenen überlassen haben, gegen die sich die Demonstration richtet.

Schließlich hatten die Veranstalter das Motto »Solidarität statt Ausgrenzung – Für eine offene und freie Gesellschaft« gewählt. Mit etwas gutem Willen kann man dahinter die Umrisse der Verfassungsprinzipien und Grundrechte des Grundgesetzes erkennen, gewissermaßen eine Chiffre für die Essenz unseres Gemeinwesens, nämlich die im Grundgesetz etwas sperrig formulierte freiheitliche, demokratische Grundordnung. #unteilbar als Twitter-Code für das, was das Bundesverfassungsgericht die »unabänderlichen obersten Wertprinzipien« unserer Demokratie nennt: allen voran die Menschenwürde, das Demokratieprinzip, die Rechtsstaatlichkeit und das Sozialstaatsprinzip.

Wer diesen Schritt zu gehen bereit ist, sieht auch großzügig darüber hinweg, dass Teile des Aufrufs und einige politische

Positionen der rund einhundert Mitveranstalter nicht die eigenen sind.

Wer heute für Freiheit, Demokratie, Rechtsstaat und das Sozialstaatsprinzip demonstriert, hat mit der im Grundgesetz verankerten Bundesflagge ein gutes Symbol zur Hand. Kommt noch eine ausgeprägte proeuropäische Haltung hinzu, dann ergänzend auch die Europaflagge. Das wollten wir zum Ausdruck bringen. Schwarz-Rot-Gold als Symbol unseres Staates und der freiheitlichen demokratischen Grundordnung. Nicht mehr und nicht weniger: ein wahres Zeichen der Unteilbarkeit, das jedoch vielen Demonstrationsteilnehmern unverständlich blieb.

Ich glaube, dass Nationalflaggen und andere Staatssymbole gerade heute wichtig sind. Vielleicht wichtiger denn je, worauf ich im zweiten Kapitel zurückkommen werde. Schwarz-Rot-Gold symbolisiert die Bundesrepublik, die mit einer herausragenden Verfassung die parlamentarische Demokratie und eine freie, offene Gesellschaft garantiert. Es geht also um die Fundamente unseres Staates, der auch dafür Sorge trägt, dass solche Demonstrationen überhaupt möglich sind. Gerade unser demokratischer Rechtsstaat ist darauf angewiesen, dass er von seinen Bürgern getragen wird.

Im Nachhinein war von den Organisatoren der #unteilbar-Demonstration zu lesen, dass Deutschlandfahnen »gerade sehr von rechts vereinnahmt seien« und man generell nicht für »Nationalstolz«, sondern für andere Themen, etwa für soziale, habe stehen wollen. Wie die Sprecherin der Organisatoren sagte: »Dann lieber die Regenbogenflagge aus dem Queer-Block, die Gewerkschaftsfahnen, oder ›Refugees Welcome‹. Die Deutschlandflagge wollten wir nicht.«

Was für ein Verständnis unseres Staates, seiner Verfassung und seiner Symbole offenbart sich hier? Es trägt jedenfalls kaum zu der doch von den Initiatoren selbst gewünschten gesellschaftlichen Einheit und Stabilisierung unseres Landes bei. Bei einer Folgedemonstration in Dresden zeigte sich dann

Ende August 2019, dass die Organisatoren von #unteilbar nichts dazugelernt hatten. Auch hier waren Deutschlandflaggen ausdrücklich unerwünscht. Hammer, Sichel und Zirkel waren dafür zahlreich vertreten.

Wenn es aber diejenigen Teile der Gesellschaft, die für unseren Staat, das Grundgesetz und die offene Gesellschaft stehen, unterlassen, die Symbole des eigenen Staates auch außerhalb des Fußballs zu nutzen, müssen sie sich nicht wundern, wenn radikale und zunehmend extremistische Kräfte diese mit Erfolg kapern. Ein simpler Anwendungsfall politischer Physik, denn ein Machtvakuum währt nicht lange. Das ist mein *horror vacui*.

1. Kapitel
Irrungen und Wirrungen um Schwarz-Rot-Gold

Wie in den Epochen zuvor war unser Verhältnis zu Schwarz-Rot-Gold auch in der Nachkriegszeit voller Widersprüche, ja von Irrungen und Wirrungen geprägt. Zunächst war da ein Zustand des verschämt Verborgenen, so wurde der deutsche »Dreifarb« in den ersten Jahrzehnten der Bundesrepublik jenseits höchster staatlicher Repräsentation kaum gezeigt – sieht man einmal von den kleinen Aufnähern an den früher im Westteil unseres Landes doch ziemlich präsenten Bundeswehr-Parkas ab (wenn sie nicht abgetrennt oder mit Edding verunstaltet waren).

Die absolute Mehrheit der Bürgerinnen und Bürger hatte jedenfalls keine Bundesflagge zu Hause. Wie regelmäßige Umfragen zeigen, war diese in der »alten« Bundesrepublik ein wirklich rares Gut. Nach einer Erhebung aus dem Jahr 1977 besaßen ganze vier Prozent eine Bundesflagge. Schon die Formulierungen der Fragen offenbarten eine gewisse Hilflosigkeit im Umgang mit dieser Thematik. So wollte das Institut für Demoskopie Allensbach 1977 wissen, ob man »übrigens« eine Bundesflagge besitze und im Jahr 1981, ob man »zufällig« zu Hause eine schwarz-rot-goldene Fahne habe.

Ende der Achtzigerjahre wurde dann mit einem Schlag alles anders, jedenfalls im Ostteil unseres Landes: Schwarz-Rot-Gold wurde zu einem omnipräsenten Symbol der friedlichen Revolution, ja zu einem revolutionären Signal. Seit den Montagsdemonstrationen in kongenialer Weise verbunden mit den Sprechchören »Wir sind das Volk!«. Die Kraft der alten Farben, die plötzlich zu einem mächtigen Instrument der Opposition und einem ausdrucksstarken Symbol des Umbruchs geworden waren, mag im Westen manch einen überrascht haben. Ebenso die Geschwindigkeit, mit der zuvor tabubehaftete Begriffe wie »Volk«, »Vaterland« und »Nation« in den öffentlichen Sprachgebrauch zurückkehrten (Irene Götz**). Auf ganz natürliche Weise besann man sich allerorten der republikanischen Traditionen von Schwarz-Rot-Gold, die auf die Einheit Deutschlands verpflichtet waren. Diese Farben standen doch immer für Demokratie und Einheit, also das, was auch heute noch das Fundament unseres Landes ist. Schwarz-Rot-Gold war eine Chiffre für eine demokratische Republik, die anders als die DDR ihren Namen verdiente. Wie von selbst entledigte sich im östlichen Teil unseres Landes die deutsche Flagge des mit Hammer und Zirkel versehenen goldenen Ährenkranzes, also der Zusätze, die die junge DDR ihr beigegeben hatte. Und so wurde die Bundesflagge 1990 in ihrer ursprünglichen Form zu einem gesamtdeutschen Symbol, mit dem sich auch die Freude über die wiedererlangte Einheit auf einfache Weise ausdrücken ließ.

Das Jahr 1990 zeigte übrigens einmal mehr, dass Flaggen und Hymnen eng und vielschichtig mit sportlichen Wettkämpfen verbunden sind. In der Geschichte deutscher Staatssymbole hat dabei der Fußball einen besonderen Platz. Noch heute kann man darüber staunen, wie es möglich war, dass Deutschland 1990 so kurz nach dem Mauerfall und vor der Wiedervereinigung auch noch Fußballweltmeister wurde. Was die Akzeptanz der Bundesflagge angeht, haben beide Ereignisse in synergetischer Weise jedenfalls zu einem wahren schwarz-rot-goldenen Flaggenmeer geführt.

Mit der Fußballweltmeisterschaft 2006, in der »die Welt

** Weiterführende Hinweise enthält das Literaturverzeichnis, auf das sich die Klammerzusätze und im Text genannte Autorennamen beziehen.

zu Gast bei Freunden« in Deutschland war, entkrampfte sich das Verhältnis zur eigenen Flagge noch weiter. Dank »Public Viewing« und »Fanmeile« schien unser Land regelrecht in die Farben der Trikolore eingetaucht zu sein. Alle Welt konnte beobachten, wie wir Deutschen viel entspannter mit den Symbolen unseres Staates umgingen.

Es waren letztlich vor allem Vertreter der mitunter extremen Linken, des »Antifa«-Milieus und der Gewerkschaft Erziehung und Wissenschaft, die sich dem entgegenstellten. So sorgte etwa die Aktion der damaligen sächsischen PDS-Landtagsabgeordneten Julia Bonk für einiges Aufsehen. Unter Hinweis auf die Singularität der Verbrechen des nationalsozialistischen Deutschlands hatte sie dazu aufgerufen, jeweils drei Bundesflaggen gegen ein T-Shirt mit Parteilogo und der Aufschrift »Nazis raus aus den Köpfen« einzutauschen. Neben den angeblich eingesammelten 107 Flaggen brachte ihr dies aber vor allem Kritik ein, die auch ihre eigene Partei deutlich formulierte.

Für die Akzeptanz unserer Nationalfarben und anderer patriotischer Äußerungen war 2006 eine bedeutende Zäsur. Wie sehr sich hier die Stimmung gewandelt hatte, kann man exemplarisch auch an der Skandalisierung des Songs »Was es ist« nur knapp drei Jahre zuvor ablesen. Als die Berliner Kult-Band »MiA« 2003 in Anlehnung an das Gedicht »Was es ist« von Erich Fried den gleichnamigen Song veröffentlichte, brach ein Sturm der Empörung los. Für viele scheinen die Verse »Fragt man mich jetzt, woher ich komme, tu' ich mir nicht mehr selber leid« und »Es ist, was es ist, sagt die Liebe – was es ist, sagt der Verstand. Wohin es geht, das woll'n wir wissen – und betreten neues, deutsches Land« genau so unerträglich gewesen zu sein wie der im Text ebenfalls vorkommende schwarze Kaffee, die schwarze Nacht, der rote Mund und die gelbe Sonne. Von der schwarz-rot-goldenen Kleidung der Bandmitglieder ganz zu schweigen.

Mit der WM 2006 schien der seit 1979 viel zitierte

Verfassungspatriotismus plötzlich auf allen Straßen eine symbolische Umsetzung zu erfahren. Bundespräsident Köhler brachte es in einem Interview auf den Punkt: »Ich finde gut, dass ich nicht mehr der Einzige bin mit einer Flagge am Auto.« Aber natürlich ging es nicht überall friedlich zu. Insbesondere in Berlin lebten Linksradikale ihren Hass auf die von ihnen so bezeichneten »schwarz-rot-goldenen Lumpen« aus und veranstalteten regelrechte Beutezüge auf die in unseren Bundesfarben gehaltenen Flaggen und Wimpel.

Auch wenn die Bundesfarben nach der Weltmeisterschaft zumeist wieder aus dem Alltag verschwanden, blieb doch diese kollektive Erfahrung als Gefühl eines souveränen Umgangs zurück. Ein Umstand, der sich bei den folgenden internationalen Wettkämpfen und Meisterschaften manifestierte, vor allem wieder bei der Fußball-WM 2010 in Südafrika, die neben einem 3. Platz für die Nationalmannschaft vor allem auch dazu führte, dass erstmals die trötenartigen Klänge schwarz-rot-goldener Vuvuzelas in deutschen Innenstädten zu vernehmen waren. Immer mehr schwarz-rot-goldene Fanartikel kamen auf den Markt. (Einige sind inzwischen sogar im Haus der Geschichte der Bundesrepublik Deutschland zu besichtigen, etwa Badeschlappen und Socken.)

Aber auch dieses Fest wurde durch sogenannte »Autonome« gestört, wobei eine Geschichte aus Berlin-Neukölln symptomatisch zu sein scheint. Vor dem Spiel der Nationalmannschaft gegen Ghana hatten dort Ibrahim Bassal, sein Cousin Youssef und weitere ebenfalls patriotisch fühlende Fußballfreunde eine vom fünften Stock bis fast zum Parterre reichende Deutschlandflagge entrollt. Kaum geschehen, kamen aufgebrachte junge Leute in Bassals Ladengeschäft und warfen ihm vor, dass er den Nationalismus fördere und Nazigefühle in den Deutschen wiedererwecke. Seine Antwort, dass er und seine Familie seit Jahrzehnten in Berlin lebten und arbeiteten, die Kinder in Berlin geboren seien und doch klar sei, dass sie zu Deutschland hielten und was dies mit den Nazis zu tun hätte, führte zu keiner Entspannung der Situation. In der Folge war die haushohe Fahne tagelang umkämpft, Teile wurden abgerissen und sogar angezündet.

Ein Berliner Club hatte zu Fernsehübertragungen in »antinationalem Ambiente« eingeladen. Hymnen und Nationalfahnen waren dort als »Rückfall in Territorialdenken und Pflege von nationalistischen Ressentiments« nicht nur verboten, es gab sogar ein nach Punktwerten ausdifferenziertes Belohnungssystem für konfiszierte Flaggen und Trikots. Dieses reichte von 1 Punkt für kleine Flaggen über 10 Punkte für Nationaltrikots und einem aus 2 Punkten bestehenden Bonus für nachweislich verbrannte Flaggen. Als Königsdisziplin war mit 100 Punkten die Neuköllner Riesenflagge ausgelobt.

Wer in Berlin übrigens Länderspiele unserer Elf ohne Schwarz-Rot-Gold sehen will, ist beim »Bündnis Aktiver Fußballfans« gut aufgehoben. Allerdings müsste man sich bei diesem Nachfolgeverein des »Bündnisses antifaschistischer Fanclubs und Faninitiativen« darauf einstellen, dass dort zumeist für die Gegner der deutschen Nationalmannschaft gejubelt wird.

Die Presse berichtete damals von ähnlichen Erfahrungen, insbesondere war die Rede von zahlreichen türkisch- und arabischstämmigen Autobesitzern, die ihre Wimpel schließlich nur noch während der Fahrt an den Fahrzeugen befestigten, sie also während des Parkens vor dem Zugriff von Linksradikalen in Sicherheit brachten.

Bevor aber 2014 der Höhepunkt allgemeiner Flaggenfreude durch die gewonnene Fußballweltmeisterschaft erreicht wurde, gab es nach der Bundestagswahl 2013 noch eine kleine Begebenheit um Schwarz-Rot-Gold, die in den sozialen Medien über Jahre hinweg ein regelrechtes Eigenleben führte und als Ausgangspunkt vieler Verschwörungstheorien diente: Als Generalsekretär Hermann Gröhe auf der CDU-Wahlparty zu dem Song »Tage wie diese« spontan ein kleines schwarz-rotgoldenes Fähnlein schwenken wollte, wurde ihm dieses von der recht streng dreinblickenden Parteivorsitzenden Merkel aus der Hand genommen und am Bühnenrand abgegeben.

Wer die Aufnahmen dieser Szene genau betrachtet, bemerkt, dass einige Zuschauer im Konrad-Adenauer-Haus schwarz-rot-goldene Fahnen schwenkten, es sich also durchaus nicht um das einzige Exemplar handelte. Die spontane Entscheidung Merkels, zumindest auf dem Podium von einem Schwenken der Trikolore abzusehen, könnte mit dem Gesamteindruck zu tun haben, dass es doch ein gewisses Spannungsverhältnis zwischen den Klängen der Punkrock-Band »Die Toten Hosen« und der Bundesflagge gibt. Dass es sich um eine Parteiveranstaltung handelte, ist für diese Flaggenszene jedenfalls irrelevant, da sich die Parteien in ihrem Corporate Design schon seit Jahrzehnten der deutschen Farben bedienen.

Letztlich bleiben die Motive aber im Dunkeln. Öffentlich wurde nur, dass sich die Bundeskanzlerin anschließend telefonisch bei Campino für die Verwendung des Songs entschuldigt habe. Angeblich soll sie gesagt haben: »Herr Campino, ich rufe an, weil wir letzten Sonntag so auf Ihrem Lied herumgetrampelt sind.« Objektiv betrachtet, handelt es sich bei dieser nur wenige Sekunden langen Szene um eine Nichtigkeit, die allerdings als Lehrstück für die Parallelwelten in den sozialen Medien herangezogen werden kann, weil offenbar wird, wie leicht sich dort über Jahre hinweg kleinste Begebenheiten instrumentalisieren lassen, etwa durch völlig entstellte Botschaften und als Teil von regelrechten Verschwörungstheorien. Obwohl die klassischen Medien kaum Fotos und Filme dieser Szene veröffentlichten, gibt es in den einschlägigen Suchmaschinen über 150 000 Treffer und in entsprechenden Kanälen Videos, die hunderttausendfach angesehen wurden. Der AfD-Fraktionsvorsitzende im Thüringer Landtag Björn Höcke sprach 2015 – also zwei Jahre später – bei einer Wahlkampfveranstaltung von einem »Sakrileg«, attestierte der Bundeskanzlerin ein »angewidertes Gesicht«, um zu schlussfolgern: »Ein Land, das solche Spitzenpolitiker hat, das braucht keine

Feinde mehr.« Kurz zuvor hatte Höcke ein kleines Exemplar der Bundesflagge in eine Talkshow mitgebracht und über die Armlehne seines Sessels gebreitet, als handelte es sich um einen Schonbezug. Hiermit, so erklärte er in der Sendung, habe er zeigen wollen, »dass die AfD die Stimme des Volkes spricht, gegen eine – das muss ich ganz deutlich sagen – verrückt gewordene Allparteien-Politik«.

Ein jüngeres Beispiel dieses Kampfs um die Deutungshoheit über die Staatssymbole ereignete sich im Februar 2019 im Foyer des Amtsgerichts Berlin-Tiergarten. Ein sogenannter »Youtuber« namens Tim K., den man treffender als vorbestraften ehemaligen Polizisten beschreiben könnte, hatte die Berliner Staatssekretärin Sawsan Chebli als »islamische Sprechpuppe« und »Quotenmigrantin der SPD« verhöhnt und sich dann gegen den wegen Beleidigung ergangenen Strafbefehl gewandt. Bemerkenswert ist hier nicht nur der Freispruch. Sondern auch, dass Herr K. in einem Jogginganzug mit schwarz-rot-goldener Armbinde vor Gericht erschien. Diese Kombination drückt einerseits seine Geringschätzung gegenüber dem urteilenden Gericht aus, andererseits soll sie wohl ein Statement sein, wer eigentlich Anrecht auf die Bundesfarben hat und wer nicht. Untermauert wurde dieser Akt der symbolischen Usurpation von etwa siebzig Sympathisanten der rechten Szene, die im Gerichtsgebäude »wir woll'n rein!« skandierten, Deutschlandfahnen schwenkten und dann die Nationalhymne anstimmten.

Zurück zum Fußball. Der sich anbahnende Titelgewinn bei der WM 2014 wurde gleich mit zwei eindrucksvollen Illuminationen begangen. Im Halbfinale erstrahlte nach dem historischen 7:1-Sieg der deutschen Elf gegen Gastgeber Brasilien das New Yorker Empire State Building in unseren Nationalfarben. In Rio de Janeiro selbst wurde dann in der Nacht vor dem Finale die zu den sieben modernen Weltwundern zählende Christus-Statue schwarz-rot-gold illuminiert. Nicht etwa als Prophezeiung des Endergebnisses, sondern als Sieg in einer

»Twitter-Battle«. Die deutschen Fans hatten die Anhänger der argentinischen »La Celeste y Blanca« in einem von Twitter initiierten Wettkampf mit einigen # mehr besiegt. Auch solche Wettkämpfe gibt es heute.

Im Herbst 2014 nahm dann eine schleichende Umdeutung unserer Nationalfarben ihren Anfang. Die Freude über den WM-Sieg war noch nicht verklungen, da begannen wenige Monate später die »Pegida«-Demonstrationen in Dresden. Seither wurde Schwarz-Rot-Gold zu einem ständigen und überall sichtbar gemachten Begleiter rechter »Anti-System«-Proteste. Die große Präsenz auf der Straße wurde durch die noch größere in den sozialen Medien übertroffen. Hinzu kam eine weitere Vereinnahmung, die missbräuchliche Reprise der »Wir sind das Volk«-Chöre von 1989.

In den vergangenen Jahrzehnten kam Schwarz-Rot-Gold bei neonazistischen Demonstrationen und den vielen rechtsterroristischen Gewalttaten und Ausschreitungen nur sehr selten vor. Die Pogrome von Rostock-Lichtenhagen und Hoyerswerda geschahen ebenso im Zeichen von Schwarz-Weiß-Rot und der Reichskriegsflagge wie die sogenannten »Rudolf-Hess-Gedenkmärsche« und der Neonaziaufmarsch von Halle am 10. November 1991. Auch die NPD nutzte über viele Jahre ausschließlich Schwarz-Weiß-Rot. Schwarz-Rot-Gold wurde nur hin und wieder gezeigt. Skurrilerweise Anfang der Neunzigerjahre auch von dem späteren NSU-Terroristen Uwe Mundlos, dessen Mutter ihm nicht nur seine erste Bomberjacke schenkte, sondern auch ein Paar Hosenträger in den Farben Schwarz-Rot-Gold.

In der politischen Ikonologie unseres Landes änderte sich ab dem Herbst 2014 langsam der politische Kontext von Schwarz-Rot-Gold. Weg von der Rezeption des einzigen deutschen Staatssymbols, das – vom Nationalsozialismus völlig unbelastet – für die Republik, Demokratie und Einheit stand, hin zu einem Symbol, das nun zunehmend auch im Rahmen rechter Protestformen genutzt wurde. Inzwischen versah sogar die NPD ihre hetzerischen Plakate (»Asylflut stoppen«, »Wir schieben ab«) mit den schwarz-rot-goldenen Farben.

Hartnäckigkeit und Ausmaß dieser zweckentfremdeten Verwendung begründeten schließlich die Gefahr einer scheibchenweise vollzogenen Umdeutung, die dann eintritt, wenn der Staat und diejenigen Teile der Gesellschaft, die sich klar zu ihm und seiner Verfassung bekennen, nicht ihrerseits entschieden von dieser Symbolik Gebrauch machen. Oder anders ausgedrückt: Es wäre ein schwerer Fehler, die Bundesflagge als Symbol unseres Staates und seiner Verfassung den Feinden derselben zu überlassen.

Auch der damalige Generalsekretär der CDU Peter Tauber hat dies früh erkannt und sich Anfang 2016 mit einem eindrucksvollen Plädoyer für Schwarz-Rot-Gold zu Wort gemeldet. In seinem Beitrag »Wem gehören die deutschen Farben?« fasste er Eindrücke zusammen, die er im Oktober 2015 als Reservist der Bundeswehr in einer Flüchtlingsunterkunft in Offenbach am Main gesammelt hatte, und warnte ausdrücklich vor einer Aneignung der Bundesflagge durch Pegida und andere:

> *An den Wänden der Halle hängen Bilder, die Flüchtlingskinder gemalt hatten. Neben vielen schrecklichen Dingen malten die Kinder vor allem eins: schwarz-rot-goldene Fahnen. Wie kommt das? Was verbinden sie mit diesen Farben? Ihre Geschichte und Bedeutung werden sie wohl kaum kennen. Aber kennen wir die Geschichte unserer Farben eigentlich? […] Bei PEGIDA schwenken unter dem Rufen dummer Parolen viele Menschen die deutschen Fahnen. Sie wissen nichts über deren Bedeutung. Schwarz, Rot, Gold sind nicht nur die Farben der Freiheit für das deutsche Volk. Sie stehen für die Freiheit aller Völker und Menschen, und die Deutschen, die sich diesen Farben verschworen hatten, unterstützten den Freiheitskampf der Polen genauso wie die nationale Eini-*

gung anderer europäischer Länder. [...] Wenn derzeit in Deutschland Flüchtlingskinder malen, dann greifen sie oft zu den Stiften, die ihnen erlauben, eine Deutschlandfahne zu malen. Oft sind auch ihre Autos oder Häuser Schwarz-Rot-Gold. Sie kennen unsere Fahne, aber sie wissen nichts über die Bedeutung unserer deutschen Farben. Aber sie geben ihnen unbewusst ihre historische Bedeutung zurück. Für die Flüchtlingskinder sind die Farben Schwarz-Rot-Gold die Farben der Freiheit, des Friedens und der Hoffnung. Das sollte uns stolz machen. Und wir sollten ihnen diese Farben schenken. Sie haben viel mehr einen Anspruch darauf und das Versprechen der Farben auf eine gute Zukunft, auf die Hoffnung, mit Fleiß etwas zu erreichen und sicher und behütet aufzuwachsen, als diejenigen, die unter unserer Fahne derzeit Hass und Angst im Land verbreiten. Nehmen wir denen unsere deutsche Fahne weg. Sie ist zu schön dafür.

Es war aber nicht nur die Bundesflagge, die sich die Pegida-Demonstranten und andere in perfider Weise anzueignen versuchten. Auch die von dem 1944 in Plötzensee hingerichteten Josef Wirmer für die Widerstandsbewegung des 20. Juli geschaffene »Wirmer-Flagge«, auf die ich im 3. Kapitel näher eingehen werde, wurde zunehmend vom neonazistischen »Deutschen Kolleg«, von Pegida und sogenannten »Reichsbürgern« usurpiert (Abbildung 8). Es steht zu befürchten, dass inzwischen große Teile der Bevölkerung dieses Symbol des Widerstands gegen den Nationalsozialismus für rechtsextremistisch halten, was nicht nur die Nachkommen Wirmers entsetzt. Gleiches dürfte für die Verwendung der »Weißen Rose« durch die Teilnehmer des »Chemnitzer Trauermarschs« gelten. Diese Aneignungen von rechts gehen mitunter aber fehl. Wenn zum Beispiel in einem Post unter #deutschlandDenDeutschen statt der Bundesflagge die Flagge Belgiens gezeigt wird.

Nicht in jedem Fall werden die Farben allerdings aus Versehen vertauscht. Als etwa im Oktober 2020 darüber berichtet wurde, dass ein Bediensteter des Bundesministeriums der Verteidigung Mitglied der rechtsextremen Hamburger Burschenschaft Germania sein könnte, wurde hierzu ein Foto des Verbindungshauses gezeigt, an dem die Bundesflagge falsch herum gehisst war. Nun sind die Farben dieser Burschenschaft einerseits Gold-Rot-Schwarz und nicht Schwarz-Rot-Gold. Andererseits wird in den letzten Jahren das bewusste falsche Hissen der Bundesflagge in der Reichsbürgerszene und anderen extremistischen Kreisen verstärkt mit einem nazistischen und antisemitischen Statement gleichgesetzt. Dahinter steht wohl die abstruse Überlegung, dass man sich in einer nationalen Notfallsituation befinde. Eine Flagge falsch herum zu hissen, ist nämlich ein in der Seefahrt und beim Militär übliches Signal, eine Gefahr oder einen Notfall anzuzeigen. In Deutschland war diese extremistische Aneignung zuletzt 2019 öffentlich diskutiert worden, als am Holocaust-Gedenktag vor der Polizeiwache im hessischen Schlüchtern die Landes- und die Bundesflaggen falsch herum gehisst waren.

In kurzer Folge reihten sich schwarz-rot-golden unterlegte Höhepunkte des hemmungslosen Protestes aneinander, die dank ihrer geschickten Inszenierung in den sozialen Medien zu einer vornehmlich im Unbewussten verlaufenden Umdeutung unserer Nationalfarben führten. Ab Herbst 2015 waren es vor allem Demonstrationen und andere Protestformen im Kontext der Flüchtlingskrise, bei denen die Bundesflagge massenhaft gezeigt wurde. Dass dieser Prozess leider erfolgreich verlief, deutete sich auch und gerade auf der #unteilbar-Demonstration an. Es würde sich lohnen, dieser Frage mit aktuellen Umfragen nachzugehen. Mit Sicherheit gibt es inzwischen bedeutend mehr Haushalte, die eine oder mehrere Bundesflaggen besitzen. Leider dürften sie mehrheitlich aber dem Lager derjenigen zuzurechnen sein, die ihren Protest gegen unseren Staat und seine politischen Entscheidungen schwarz-rot-golden untermalen.

Der herbstliche #unteilbar-Flaggenstreit löste eine Debatte darüber aus, was unsere Nationalfarben eigentlich bedeuten, wofür sie stehen und wie man sich in dem augenscheinlichen Kampf um die Deutungshoheit dieses zentralen Staatssymbols am besten verhalten sollte, um sich einer Aneignung durch die extreme Rechte effektiv widersetzen zu können. Ein Ansinnen, das die Partei Bündnis 90/Die Grünen im Hinblick auf unsere Hymne bereits bei der Konzeption der Sommerreise 2018 geleitet haben könnte. Jedenfalls hatten die beiden Parteivorsitzenden Baerbock und Habeck mit »Des Glückes Unterpfand« ein wichtiges Zitat unsere Hymne als Motto für diese Reise ausgewählt. 2019 traten dann beide Parteivorsitzende und die Fraktionsvorsitzende Katrin Göring-Eckardt in abgestimmter Kleidung mit den Farben Schwarz, Rot und Gold vor das Publikum (Abbildung 29). Es sei andererseits aber auch daran erinnert, dass es Anfang 2020 eine von Kölner Grünen, Jusos und anderen gebildete Gruppe geschafft hat, das für den Kölner *Christopher Street Day* vorgesehene Motto »Einigkeit! Recht! Freiheit!« als angeblich »unverantwortlich« zu kippen.

Kaum vier Wochen nach der #unteilbar-Demonstration meldete sich Bundespräsident Steinmeier im Rahmen der Gedenkveranstaltung des Deutschen Bundestages zum 9. November 2018 zu Wort und führte in seiner viel beachteten Rede aus:

> *Insbesondere war es die Flagge der Republik, auf die es ihre Feinde abgesehen hatten und die sie immer wieder in den Schmutz zogen: Schwarz-Rot-Gold, die Farben der deutschen Freiheitsbewegung seit dem Hambacher Fest von 1832. Das allein ist Grund genug, den 9. November 1918 aus dem geschichtspolitischen Abseits zu holen. Wer heute Menschenrechte und Demokratie verächtlich macht, wer alten nationalistischen Hass wieder anfacht, der hat gewiss kein historisches Recht auf Schwarz-Rot-Gold!*

Um nun wirklich jeden Zweifel darüber auszuräumen, wer kein Recht auf Schwarz-Rot-Gold hat, kam er knapp drei Monate später erneut auf den Flaggenstreit zu sprechen, als er am 6. Februar 2019 während des in Weimar veranstalteten Festaktes »100 Jahre Weimarer Reichsverfassung« über die Bedeutung der Staatssymbole im Allgemeinen und die Bundesflagge sagte:

> *Und auch das: Ein demokratischer Patriotismus braucht Symbole, die uns verbinden. Das wichtigste davon, das steht hier hinter mir. Am 31. Juli 1919, am Tag, an dem die Weimarer Verfassung angenommen wurde, wehte die schwarz-rot-goldene Fahne vom Ostgiebel dieses Theaters. Fast ein ganzes Jahrhundert lang hatten deutsche Freiheitskämpfer jene Farben mit Mut und Stolz getragen. Sie waren enttäuscht, bestraft, zurückgeworfen worden. Nicht wenige hatten ihr Leben gelassen. Nun aber wehte Schwarz-Rot-Gold zum ersten Mal in der Geschichte als offizielle Staatsflagge über diesem Haus, als Symbol der parlamentarischen Republik. Und zugleich, vom ersten Tag an, wurde sie von den Feinden der Republik in den Schmutz gezogen, verdrängt, und nach der Machtübernahme 1933 musste sie dem Hakenkreuz weichen. Ist es nicht historisch absurd, wenn diese schwarz-rot-goldene Fahne heute am auffälligsten und am häufigsten ausgerechnet von denen geschwungen wird, die einen neuen nationalistischen Hass entfachen wollen? Nein, Schwarz-Rot-Gold, das waren immer die Farben von Einigkeit und Recht und Freiheit! […] Schwarz-Rot-Gold, das sind unsere Farben! Das sind die Wahrzeichen unserer Demokratie! Überlassen wir sie niemals den Verächtern der Freiheit!*

Nach dem Bundespräsidenten griffen auch andere in diese Neuauflage einer Patriotismusdebatte ein. So meldete sich Ende des Jahres 2018 Cem Özdemir in der »Zeit« unter der

Überschrift »Flagge zeigen. Schwarz, Rot und Gold sind die Farben der Demokratie. Unsere Fahne ist ein Symbol für das beste Deutschland, das wir je hatten« mit einem fulminanten Bekenntnis zu unserer Nationalflagge zu Wort. Anlass war das an sich bescheidene und auf der Hand liegende Ansinnen Özdemirs, als Vorsitzender eines Bundestagsausschusses eine schwarz-rot-goldene Fahne in seinem Büro aufzustellen. Ein Wunsch, der wohl nicht ohne Weiteres erfüllt werden konnte und sich schließlich durch die ebenso tatkräftige wie informelle Unterstützung eines anderen Ausschussvorsitzenden umsetzen ließ. Dieser hatte nämlich noch ein weiteres Exemplar vorrätig, das er seinem Kollegen in einem Akt parteiübergreifender Barmherzigkeit zur Verfügung stellte.

Wenn wir nicht wollen, dass uns die Symbole der Republik von radikalen und zum Teil extremistischen Kräften weggenommen werden, müssen wir diese Patriotismusdebatte in allen Teilen der Gesellschaft führen und uns im Klaren darüber sein, wie wichtig Symbole dabei sind. Darum geht es mir in diesem Buch. Von staatlichen und politischen Symbolen gehen große Kräfte aus. Wie ich noch zeigen werde, können sich diese ebenso stabilisierend wie destabilisierend auswirken. Es genügt hier, an die fatale Wirkung derjenigen Bilder zu erinnern, die von dem jüngst in den Medien verzerrend »Sturm auf das Reichstagsgebäude« genannten Ereignis ausgingen. Eine Gruppe aus gewalttätigen Rechtsextremisten, Reichsbürgern, Holocaust-Leugnern, Verschwörungstheoretikern und Impfgegnern hatte am 29. August 2020 im Verlauf einer gegen die Corona-Maßnahmen gerichteten Demonstration nach einem vorgefassten Plan die vor dem Reichstagsgebäude errichteten Absperrungen überrannt und neben einigen schwarz-rot-goldenen Fahnen vor allem mit zahlreichen schwarz-weiß-roten, schwarz-weißen Fahnen und Reichskriegsflaggen die vor dem Westportal gelegene Treppe gestürmt. Manche hielten die Reichsflagge falsch herum, sodass die Nationalflagge Jemens geschwungen wurde.

Ungeachtet dessen machte alles den Eindruck, als ginge es ihnen vor allem um die mit dieser Aktion verbundenen Bilder, denen sie wohl die Kraft einer symbolischen Inbesitznahme beimaßen. Auffällig ist, dass ihnen im Unterschied zu den Demonstrationen und Aktionen der vergangenen Jahre die Farben Schwarz-Rot-Gold nicht mehr genügten. Mit einigem Sinn für mediale Inszenierung wählten sie zu diesem Anlass die vorkonstitutionellen Farben und die Reichskriegsflagge als unzweideutige »Symbole der Demokratieverachtung«, wie es Bundestagspräsident Wolfgang Schäuble in der Plenardebatte vom 9. September 2020 ausdrückte.

Jeder Staat und jede Nation gibt sich eine Vielzahl von Symbolen, angefangen vom Staatsnamen und der Hauptstadt. Einige davon haben den offiziellen Rang eines Staatssymbols, der sich ebenso aus einer normativen Regelung ergeben kann wie aus einem mehr oder weniger förmlichen Akt der Proklamation. Manchmal ist es auch nur die Staatspraxis genannte Übung, die aus einem Symbol ein Staatssymbol macht.

Darüber hinaus haben alle Nationen weitere Symbole zur Verfügung, die die Gesamtheit aus Staat, Nation und Gesellschaft repräsentieren, ohne Staatssymbole im eigentlichen Sinne zu sein. Man denke an herausragende Bauwerke und Denkmäler nationaler Bedeutung oder andere Kulturgüter, seien sie auch lediglich ideeller Natur. Es mag auch an der oftmals fehlenden offiziellen Festlegung dieser Nationalsymbole aus der vielschichtigen Schnittmenge zwischen Kultur und Politik liegen, dass sie ihrer Natur nach eher einer Veränderung zugänglich sind als die eigentlichen Staatssymbole.

Für die »Berliner Republik« ist ein solcher symbolischer Identitätsort etwa der Dreiklang, der aus dem Brandenburger Tor, dem Reichstagsgebäude in seinem heutigen Zustand und dem Denkmal für die ermordeten Juden Europas besteht. Die »Bonner Republik« hatte ihre eigenen Symbole, etwa das Bundeshaus (angefangen vom Gebäude der vormaligen Pädagogischen Akademie), den Kanzlerbungalow und die Villa

Hammerschmidt. Ohne auf Einzelheiten eingehen zu können, kommen der Architektur und der Kunst eine für die staatliche Repräsentation entscheidende Bedeutung zu. Es genügt hier, auf die dem Provisorischen und der Transparenz verpflichtete Bauweise der Bonner Republik hinzuweisen, die sich als eine bewusste Abgrenzung zum Historismus und Obskurantismus der wilhelminischen Zeit sowie zur nationalsozialistischen Machtarchitektur verstand.

Für Staat und Nation gibt es viele Symbole, von denen nicht alle den Status eines Staatssymbols haben. Ich habe mich entschlossen, mit der Bundesflagge, dem Bundesadler und der Nationalhymne diejenigen Staatssymbole herauszugreifen, von denen die unmittelbarste und größte Kraft ausgeht. Dies bedeutet nicht, dass ich die anderen Symbole, etwa den Tag der Deutschen Einheit als Nationalfeiertag und andere Aspekte nationaler Feier- und Erinnerungskultur, gering schätzte – ebenso wenig die Symbole der Europäischen Union.

2. Kapitel
Symbolischer Verfassungspatriotismus heute

»Flagge zeigen!« ist ein Plädoyer für einen gelebten Verfassungspatriotismus. Mit ihm haben wir ein spezifisch bundesrepublikanisches Konzept, dessen Potenziale bei Weitem noch nicht ausgeschöpft sind. Mit einer Rückbesinnung auf den von Dolf Sternberger entwickelten Verfassungspatriotismus sollte es uns möglich sein, die im vorherigen Kapitel skizzierten „Irrungen und Wirrungen“ zu überwinden und dadurch auch zu einer größeren Stabilität unseres Gemeinwesens beizutragen. Zumal, wenn wir die symbolische Dimension von Verfassungspatriotismus stärker in den Blick nehmen.

> *Das Nationalgefühl bleibt verwundet, wir leben nicht im ganzen Deutschland. Aber wir leben in einer ganzen Verfassung, in einem ganzen Verfassungsstaat, und das ist selbst eine Art von Vaterland.*

Mit diesem Schlüsselsatz stellte Sternberger am 23. Mai 1979 sein Konzept des Verfassungspatriotismus als Meinungsbeitrag auf der Titelseite der »Frankfurter Allgemeinen Zeitung« vor. Es war der 30. Verfassungstag der Bundesrepublik.

Noch heute scheint unser Nationalgefühl verwundet. Auch drei Jahrzehnte nach der Wiedervereinigung und der Erlangung vollständiger Souveränität ist das Verhältnis von uns Deutschen zu unserem Land und dem eigenen Staat mit gemischten Gefühlen verbunden. Begriffe wie »Heimat«, »Patriotismus«, »nationale Identität« oder gar »Leitkultur« werden eher als Kampfbegriffe verstanden denn als sprachliche Ausdrucksmöglichkeit tragender Säulen eines jeden Gemeinwesens.

Die abschreckende Wirkung dieses terminologischen Minenfelds mag dazu beitragen, dass wir den von Bundespräsident Herzog ersehnten Zustand der »Unverkrampftheit« noch lange nicht erreicht haben. Obwohl wir im vergangenen Vierteljahrhundert durchaus einige Verkrampfungen lösen konnten.

Aus heutiger Sicht ist jedenfalls kaum nachzuvollziehen, wie hölzern und unbeholfen die 1994 und 2004 von den Bundespräsidenten Herzog und Köhler initiierten Debatten über Patriotismus und nationale Identität geführt wurden. Vor allem erstaunt mich, dass beide Präsidenten davon abgesehen haben, ihre Positionen mit einem Hinweis auf das Sternberger'sche Konzept des Verfassungspatriotismus zu untermauern.

Auf den Tag genau fünfzehn Jahre nach Sternbergers Beitrag in der FAZ hatte Roman Herzog nach seiner am 23. Mai 1994 – dem Verfassungstag – durchgeführten Wahl in seiner ersten Rede umrissen, wie er das von ihm zu repräsentierende Deutschland sieht:

> *Frau Präsidentin, meine Damen und Herren, ich will Deutschland in den nächsten fünf Jahren so repräsentieren, wie dieses Deutschland wirklich ist: friedliebend, freiheitsliebend, leistungsstark, um Gerechtigkeit zumindest bemüht, zur Solidarität bereit, tolerant, weltoffen und – was mir fast das Wichtigste erscheint – unverkrampft. [Beifall]*

> *Wir Deutschen waren nicht immer unverkrampft; das wird man nicht behaupten können. Wir haben es einigermaßen geschafft, die Verkrampfung der späten Nation abzulegen. Meine größte Sorge ist heute, daß das wieder eintreten könnte. Dem müssen wir – viel-*

leicht auch durch manche Eleganz in der Formulierung, durch manches lockere Wort – entgegenwirken. Dieses Deutschland muß in der Welt seine Rolle spielen, aber unverkrampft und ohne gefletschte Zähne. Das ist das Allerwichtigste, was wir in diese nächsten Jahrzehnte hineinbringen müssen.

Man glaubt es kaum, aber für diese Aussagen erfuhr unser Staatsoberhaupt aus den Medien und Reihen der SPD Kritik. Während sich der damalige SPD-Vorsitzende Rudolf Scharping mit den Worten »Ich hoffe, daß Herr Herzog ein Präsident wird, der besser ist, als seine erste Rede vermuten läßt« zitieren ließ, titelte »Die Zeit«: »Ein merkwürdig deutsches Pathos. Ouvertüre mit Patzern: Roman Herzogs erste Rede als neugewählter Bundespräsident führte schon im Tonfall weit weg von Richard von Weizsäcker.«

All dies mag Herzog angespornt haben, den Gedanken weiterzuführen, um dann in seiner am 1. Juli 1994 gehaltenen Antrittsrede ausführlich zu Fragen der nationalen Identität, des Patriotismus und einer angemessen-zurückhaltenden Symbolik Stellung zu nehmen:

Aber wenn wir uns das alles vornehmen, dann müssen wir auch unserer selbst etwas sicherer werden, als wir das im Augenblick sind. Sie ahnen, was jetzt kommt: die Frage der deutschen Nation, die wir aus guten Gründen lange Jahre ganz tief gehängt haben, die wir jetzt aber nicht irgendwelchen Rattenfängern überlassen dürfen.

[...] Ich habe mich damals zur deutschen Nation bekannt und will das auch in dieser Stunde wieder tun. Der Nationalstaat aber als alleinige Form politischer Gestaltung, der hat sich überlebt; das erfahren wir an allen Ecken und Enden. Aber ob wir es wollen oder nicht, ob wir Deutsche, Franzosen, Amerikaner oder Türken sind, wir

alle sind nun einmal – so wie die Dinge heute liegen – in eine Nation hineingeboren oder hineinversetzt. Jede Nation hat ihr eigenes historisches Erbe. Dazu gehört auch, daß die deutsche eine lange, reiche und vergleichsweise friedliche Geschichte hatte, ehe sie – später als andere – zum Nationalstaat wurde. Wir können auch diesen Teil unseres Erbes nicht ausschlagen.

Aber wir Deutschen haben allen Grund, uns in dieser Frage sehr, sehr vorsichtig zu bewegen. Dazu sollten uns schon die Schandtaten veranlassen, die in deutschem Namen begangen worden sind, genauso aber auch die Erfahrung, daß unser Volk, vielleicht mehr als andere, sowohl in der Niedergeschlagenheit als auch im Jubel zur Übertreibung neigt und daraus wieder neues Unheil und neues Unrecht entstehen könnte.

Ich rate uns aus allen diesen Gründen, meine Damen und Herren, die Liebe zu unserem Land nicht einen Augenblick zu verschweigen, uns dabei aber, wie ich vor sechs Jahren schon sagte, ausgesprochen leiser Töne zu befleißigen. Nationales Trara, Fanfaren und Tschinellen sind das letzte, was wir dabei brauchen können.

Ich pflege in diesem Zusammenhang meist einen Satz des politisch gewiß unverdächtigen Kurt Tucholsky zu zitieren, der genau zum Ausdruck bringt, was ich jetzt meine. 1929 hat er geschrieben:

»In allen Gegensätzen steht – unerschütterlich, ohne Fahne, ohne Leierkasten, ohne Sentimentalität und ohne gezücktes Schwert – die stille Liebe zu unserer Heimat.«

All dem würde ich zustimmen, einzig der Passage zur Fahne nicht.

2004 wurde Bundespräsident Horst Köhler kritisiert, als er nach der Wahl freimütig bekannte: »Ich liebe unser Land.« Ein Umstand, auf den er selbst bei seiner zur Amtseinführung am 1. Juli 2004 gehaltenen Rede einging:

Ich will Ihnen zunächst von etwas berichten, was mich in dieser Form schon etwas verwundert hat. Seit dem 23. Mai, dem Tag der Bundesversammlung, werde ich immer wieder gefragt: »Was genau lieben Sie an Deutschland?« oder »Warum lieben Sie denn Deutschland?« Wenn ich dann auf die Landschaften, die Dialekte, die Literatur, die Musik verweise, sagen die Leute: »Na ja, das ist sicher richtig.« Aber sie sagen auch: »Das allein kann es ja wohl nicht sein.«

Allein diese Stelle offenbart die vor allem im öffentlichen Diskurs immer noch vorhandene Verkrampftheit im Umgang mit Patriotismus. Ein Staatsoberhaupt, dessen Liebe zu dem durch ihn repräsentierten Staat hinterfragt wird?

In diesem Buch möchte ich zeigen, wie wichtig Gefühle für die Herausbildung von Identität sind. Genauer gesagt geht es um den heutigen Stellenwert patriotischer Emotionen in der Demokratie und die Bedeutung staatlicher Symbole für die Funktionsfähigkeit des Staates und die Integration von Staat und Gesellschaft. Die Frage lautet, wie wichtig eine patriotische Leidenschaft (technisch: »staats- und gemeinschaftsbezogene Affektbindung«) in Zeiten der Globalisierung ist, oder anders ausgedrückt: Können wir Deutsche uns weiterhin einen so verkrampften Umgang mit dem Patriotismus und den Symbolen von Staat und Nation erlauben?

Wie Ute Frevert gezeigt hat, nehmen Emotionen inzwischen einen prominenten Platz in der Forschung ein, sie sind für unterschiedliche Disziplinen ein lohnendes Objekt. Vor allem in den Sozial- und Kulturwissenschaften ist in den vergangenen zwei Jahrzehnten eine Auseinandersetzung mit dem Thema der Emotionen, Gefühle und Affekte regelrecht in Mode gekommen. Nachfolgend möchte ich die Aufmerksamkeit auf die emotionalen Implikationen des Politischen am Beispiel der staatlichen Symbolik lenken. Anhand dieser Symbole lässt sich die große Schnittmenge zwischen Politik und Kultur besonders prägnant verdeutlichen. Es sind gerade die Symbole von Staat und Nation, die auch in der politischen Auseinandersetzung instrumentalisiert werden, insbesondere von extremistischen Kräften. Daher lohnt sich die Auseinandersetzung mit der politischen Bedeutung unserer Staatssymbole. Auch, weil sie über ihren eigentlichen Symbolgehalt hinaus für die Bedeutung des Ganzen stehen. Derweil wird dieses Thema bisher von der politikwissenschaftlichen, juristischen und geschichtswissenschaftlichen Literatur rund um die Kulturgeschichte des Politischen weitgehend ausgeklammert. Und dies, obwohl die Staatssymbole ein essenzieller Teil jeder Verfassungskultur und eine unverzichtbare Voraussetzung für die Herausbildung nationaler Identität sind.

Umso erstaunlicher war es, dass mit der ehemaligen Präsidentin des Bundesverfassungsgerichts Jutta Limbach und dem ehemaligen Vizepräsidenten Winfried Hassemer gleich zwei prominente Mitglieder des höchsten deutschen Gerichts die Chance nutzten, in ihren 2002 und 2008 gehaltenen Abschiedsreden ausdrücklich auf die Bedeutung der Staatssymbole hinzuweisen und sie so für einen kurzen Moment ihrem bedauerlichen Schattendasein zu entreißen.

Zu selten und zu wenig selbstverständlich offenbart man sich in Deutschland als Patriot, außer vielleicht als Lokalpatriot. Wird das Wort Patriotismus dennoch benutzt, so bleibt es meist nicht allein stehen. Es singulär und bedingungslos zu verwenden, hieße für viele, ein nur schwer kalkulierbares Risiko der Fehlinterpretation einzugehen. Zu seiner Minimierung wird der Begriff dann ausführlich erläutert, eingeordnet und präzisiert. Auf der anderen Seite wird auf die lokale und europäische Dimension des Themas verwiesen, schließlich auf die Bezugsgröße des Weltbürgertums. Je nach Verständnis kann auch mit der Bezugnahme auf den Verfassungspatriotismus eine solche Relativierung verbunden sein.

Es gibt viele Arten von Patriotismus, vor allem aber zwei Hauptgruppen: den legitimen und den illegitimen. Unter letzterem ließen sich alle dem Nationalismus zugehörigen, übersteigerten und dadurch gefährlichen Erscheinungsformen einordnen, etwa der sprichwörtliche »Hurra-Patriotismus«. Legitime Formen kennen keinen Exzess und bleiben damit unter dieser Schwelle, die den Übergang zum Nationalismus markiert. Patriotismus kann eine eher traditionelle Erscheinungsform annehmen, mal bezieht er sich als Verfassungspatriotismus auf die Ebene höchster Normsetzung. Manchmal mag die emotionale Seite überwiegen, manchmal mit den Worten Ernest Renans die Eigenschaft eines »geistigen Prinzips«. Viele Bezeichnungen sind auf dem Markt, zuweilen ist von »aufgeklärtem Patriotismus« die Rede (Bundespräsident Köhler) oder von »Patriotismus mit leisen Tönen und gemischten Gefühlen« (Bundespräsident Steinmeier). In jedem Fall umschreiben sie eine angemessene emotionale Bindung des Bürgers an den Staat.

All diese Erwägungen und Klassifikationen haben gute Gründe. Insbesondere die klare Abgrenzung zu den Formen des übersteigerten Patriotismus, zu Nationalismus, Chauvinismus und Rassismus scheint aus naheliegenden historischen Gründen bei uns in Deutschland besonders nötig zu sein.

Über die berechtigte Auseinandersetzung mit den »Risiken und Nebenwirkungen« des Patriotismus darf aber nicht dessen Unverzichtbarkeit in Vergessenheit geraten. Ich glaube, dass entschieden mehr für den Stellenwert von Patriotismus in Deutschland getan werden muss, und dies besonders im öffentlichen Diskurs, der das Thema vor allem zwischen den Fünfziger- und Achtzigerjahren weitgehend ausgeklammert hat. In Teilen unserer Gesellschaft wirkt diese Sprachlosigkeit bis heute fort. Dabei ist die Grenze zwischen Tabuisierung und gewalttätiger Ablehnung bisweilen schmal, wie ich in der Einleitung gezeigt habe.

Es kann nicht darum gehen, anderen Nationen in ihrem Patriotismus und Symbolismus nachzueifern oder sie zu kopieren. Angesichts der unterschiedlichen historischen Entwicklungen und gesellschaftlichen Realitäten wäre dies falsch und unpassend. So dürfte etwa so gut wie niemand auf die Idee kommen, bei der Bundeswehr einen den italienischen »Frecce Tricolori« ähnelnden Kunstflugverband einzuführen, damit dieser an Feiertagen unsere Nationalfarben in den Himmel zeichnet. Das wäre der Mehrheit unserer Bevölkerung sicher zu martialisch. Diese Unterschiede gibt es aber nicht nur im Bereich des Militärischen und der weltlichen Repräsentation, sondern beispielsweise auch in der Kirche.

Ich muss dabei an das Foto denken, das ich im November 2019 aus Anlass des italienischen *Tages der nationalen Einheit und der Streitkräfte* (»Giornata dell'Unità Nazionale e delle Forze Armate«) erhielt. Zu sehen ist mein Vater, wie er am Ambo der barocken Pfarrkirche unseres Städtchens eine Ansprache zu diesem weltlichen Anlass hält, neben ihm der mit einer großen, wenn auch nicht hinreichend sorgfältig gebügelten grün-weiß-roten Flagge geschmückte Altar.

So viel zu Italien. Man kann aber nicht über diesen Aspekt schreiben, ohne die Vereinigten Staaten zu erwähnen. Zählte man etwa, wie oft die Wörter »Patriot« und »Warrior« bei den Trauerfeierlichkeiten für Senator John McCain gefallen sind, würde offenbar, dass Ähnliches in Deutschland undenkbar wäre. Sogar im zivilen Bereich wird in den USA nicht mit dem Attribut »Patriot« gegeizt. Beispielsweise berichtete die Presse 2019 ausführlich darüber, was für ein guter Patriot der mit dem »Trump-Russland-Komplex« betraute Sonderermittler Robert Mueller sei.

Nationalstolz

Die Nationalstolz-Debatte hat sich aber auch bei uns spürbar entkrampft – jedenfalls für deutsche Verhältnisse. So liest man seit einiger Zeit wieder häufiger, wer alles stolz darauf sei, Deutscher zu sein. Bundeskanzlerin Merkel sagte 2018 in einem Interview ausdrücklich: »Ich möchte, dass die Deutschen wieder stolz sind auf ihr Land.« Diese mit dem Gefühl des Stolzes verbundenen öffentlichen Bekenntnisse zur eigenen Nation wären noch vor einigen Jahren von vielen als ultimative Provokation aufgefasst worden, zu sehr hätten sie an die Aufnäher so mancher Skinhead-Jacke erinnert. Als hätte es Willy Brandts Wahlplakate aus dem Jahr 1972 nie gegeben, auf denen geschrieben stand: »Deutsche, wir können stolz sein auf unser Land«.

Abgesehen davon war der Weg zu solchen Bekenntnissen lang und steinig. Gleich zwei Bundespräsidenten haben sich in einer zumindest aus heutiger Sicht unglücklichen Weise zu ihrer emotionalen Verbundenheit mit Deutschland geäußert. 1969 war es Gustav Heinemann, der den berühmten Ausspruch tat: »Ach was, ich liebe keine Staaten, ich liebe meine Frau; fertig!« 2001 sagte dann Johannes Rau: »Man kann nicht stolz sein auf etwas, was man selber gar nicht zustande gebracht hat, sondern man kann froh sein oder dankbar dafür, dass man Deutscher ist.« Eine Aussage, die erhebliche Kritik erntete und zu der Replik des damaligen FDP-Generalsekretärs Guido Westerwelle führte: »Ich bin auch stolz auf meine Eltern, und ich habe sie nicht gemacht.« Bundeskanzler Gerhard Schröder griff mit einer etwas patriotischer gehaltenen Aussage in diese Debatte ein: »Ich bin auf die Leistungen der Menschen und auf die demokratische Kultur stolz. Und in diesem Sinne bin ich ein deutscher Patriot, der stolz auf sein Land ist.« Das Unbeholfene auch dieser Äußerungen ist nun wirklich nicht zu übersehen. Ebenso wenig der Umstand, dass sich weder Bundespräsident Rau noch Bundeskanzler Schröder auf das damals immerhin schon 22 Jahre alte Konzept des Verfassungspatriotismus berufen haben.

Im Übrigen gibt es aber ein deutliches Auseinanderfallen zwischen der über Jahrzehnte hinweg bestimmenden postnationalen Tonlage des öffentlichen Diskurses und dem Meinungsbild der deutschen Bevölkerung.

Dies zeigen etwa die Umfragen des Instituts für Demoskopie Allensbach, das seit Jahrzehnten Jugendlichen ab 16 Jahren und Erwachsenen die Frage stellt: »Sind Sie stolz darauf, Deutscher/Deutsche zu sein? Würden Sie sagen… sehr stolz/ziemlich stolz/nicht sehr stolz/überhaupt nicht stolz«. In Gesamtdeutschland beantworteten im April 2017 19 Prozent die Frage mit »sehr stolz« und 44 Prozent mit »ziemlich stolz, während 16 Prozent mit »nicht sehr stolz« und 7 Prozent mit »überhaupt nicht stolz« antworteten. Der positiv eingestellten Gruppe von insgesamt 63 Prozent stand demnach eine eher negativ eingestellte Gruppe von 23 Prozent gegenüber. Mit einigen Prozentpunkten Abweichung sind diese Werte seit 1991 relativ konstant. Für Westdeutschland gilt dies im Übrigen schon seit Langem. Bereits 1981 lag die positive Zustimmung bei 59 Prozent, bei einer eher negativen von 29 Prozent. In Ostdeutschland liegt die Zustimmung mit 66 Prozent gegenüber 20 Prozent noch etwas höher, erreichte allerdings im Januar 2015 in der Gruppe »sehr stolz« mit 11 Prozent einen historischen Tiefstand, was an der Debatte über Flucht und Zuwanderung gelegen haben könnte.

Auch wenn sich der Ton inzwischen etwas normalisiert hat, haben bestimmte Reizworte wie etwa »Leitkultur« und »Nationalstolz« noch immer das Potenzial eines Debattenkillers. Daran ändern auch die zuvor genannten Zustimmungsquoten nichts.

Das Nachrichtenmagazin »Der Spiegel« hat 1993 einmal gefragt, ob man über 60 Jahre alt (oder unter 20) sein müsse, um Deutschland an fehlendem Nationalbewusstsein leiden zu sehen. Das ist eine gute Frage, die jedenfalls heute nicht auf Altersgruppen beschränkt sein dürfte.

Bundesrepublikanische Identität

Die Frage nach der Identität war von Anbeginn der jungen Republik eine schwierige und so schienen viele andere Dinge eine höhere identitätsstiftende Kraft zu haben als Nation und Staat. Neben der emotionalen Bedeutung sportlicher, wirtschaftlicher und kultureller Erfolge seien hier exemplarisch die »Deutsche Mark« und das Internationale Unterscheidungskennzeichen »D« genannt, aber auch die Länder und Regionen Deutschlands und später die Europäische Union. Was die Verbindung der beiden letztgenannten Ebenen angeht, wurde dem Konzept eines »Europa der Regionen« vielleicht ein zu großer identifikatorischer Stellenwert beigemessen. Badener wollte man sein oder Hamburger, erst recht natürlich Europäer. Als Deutscher gab man sich dabei weniger klar zu erkennen.

Nur beim Fußball liegen die Dinge schon immer anders. Mitunter wird sogar von einem »Fußballpatriotismus« gesprochen, was für meinen Geschmack zu weit geht. Teile der Fankultur sind sicher mit einer patriotischen Gesinnung verbunden, ja sportliche Wettkämpfe bieten auch dank ihrer reichen Symbolik und habituellen Ausprägungen eine wichtige Gelegenheit, sich öffentlich zu seiner nationalen Identität zu bekennen und Patriotismus zu leben. Es handelt sich deshalb aber noch lange nicht um eine weitere Spielart von Patriotismus. Allerdings eignet sich Fußball zum Ausdruck paralleler Identitäten. So ist man etwa Fan eines bestimmten Clubs und zusätzlich auch der Nationalmannschaft. Dabei ist das Identifikationsobjekt nicht immer nur die jeweilige Mannschaft oder Auswahl, nicht nur der Verein, sondern eben auch eine bestimmte Stadt, Region oder Nation.

Verglichen mit diesen Bezugsgrößen war die identitätsstiftende Kraft der Bundesrepublik bescheiden. Der Historiker Ernst Nolte sprach gar von einer »Gesellschaft ohne Staatlichkeit«, womit er zum Ausdruck brachte, dass die Bundesrepublik im Vergleich zu Frankreich oder gar zum Deutschen Reich von Beginn an eine Gesellschaft gewesen sei, die ein ebenso kompliziertes wie fragiles Selbstverständnis besessen habe. Damit befand er sich in großer Nähe zu Karl Dietrich Bracher, der die Bundesrepublik schon 1976 als »postnationale Demokratie unter Nationalstaaten« beschrieben hatte.

Im Verhältnis zwischen Staat und Bürgern schienen bei uns Sachlichkeit und Vernunft die einzig wahre Münze zu sein. Und so war der Stil der Bundesrepublik stets von Sachlichkeit und Zurückhaltung geprägt. Allzu betonte Äußerungen von Emotionen oder gar deren Berücksichtigung im politischen Prozess wurden bis zu den großen Mobilisierungserfolgen populistischer Bewegungen zumeist misstrauisch beäugt. Abgesehen von dem für jede Sachpolitik wichtigen »menschlichen Anstrich«, also der für den politischen Erfolg nötigen Ergänzung der kommunikativen Botschaft um eine »menschliche Seite«, sollte alles möglichst sachlich sein.

Die emotionale Seite des Politischen

In Demokratien herrscht gegenüber der emotionalen Seite des Politischen ohnehin oft ein ambivalentes Verhältnis vor. Dies liegt nicht zuletzt daran, dass es in einem demokratischen Rechtsstaat auf die objektive Ebene des Rechts ankommen soll, nicht auf den Willen Einzelner. Dem Ideal nach verlaufen auch der innergesellschaftliche Aushandlungsprozess und der politische Willensbildungsprozess nüchtern, kontrolliert und gefühlsarm. Dazu passend fällt die staatliche Repräsentation in Demokratien zumeist karger aus als in Monarchien. Ein Phänomen, das John Quincy Adams, der sechste Präsident der Vereinigten Staaten, treffend umschrieb: »Democracy has no monuments; it strikes no medals; it bears the head of no man upon a coin; its very essence is iconoclastic.«

Aus historischen Gründen gilt diese grundsätzliche Zurückhaltung bei allen Aspekten des Symbolischen vor allem für Deutschland. Von der Wiege an gehörte eine gewisse Symbol- und Emotionslosigkeit zur politischen Kultur der Bundesrepublik. So begegnete man jeglichen emotionalen Ausdrucksformen in der politischen Sphäre skeptisch. Das Selbstbild dieses betont anikonischen Staates war ein nüchternes und postnationales, geprägt durch die Lektionen der jüngeren deutschen Geschichte und den ebenso provisorischen wie fragmentarischen Charakter der Bonner Republik, die einerseits nur einen Teil Deutschlands repräsentierte und zudem in ihrer Souveränität eingeschränkt war.

Andererseits war für alle Formen staatlichen Handelns das Bemühen prägend, sich in jeder Hinsicht klar von der nationalsozialistischen Gewaltherrschaft zu distanzieren. Dies war ein lange anhaltender negativer Grundkonsens, zu dem sicher auch die Abkehr von den propagandistischen Exzessen gehörte. In späteren Jahren galt diese Anstrengung auch der Formensprache der DDR, von der man sich mit Nachdruck abzugrenzen suchte.

Die Bonner Republik war ein Staat ohne Pathos, der jedem Übermaß an staatlicher Repräsentation und Symbolik eine nahezu aufdringliche Zurückhaltung entgegensetzte. Während in der DDR mit Flaggen nun wahrlich nicht gegeizt wurde, war die Beflaggungskultur der Bonner Republik etwas spärlich. Im Geiste einer würdevollen Zurückhaltung wurde von allen Hoheitszeichen nur überaus sparsam, manchmal freilich auch etwas verschämt und zögernd Gebrauch gemacht. Dem symbolischen Rausch folgte der Kater. Über viele Jahre war die junge Republik auf der Suche nach einem angemessenen Umgang mit ihren eigenen Symbolen. So widmete sich Bundespräsident Henrich Lübke 1961 in seiner Neujahrsansprache ausführlich den Staatssymbolen und dem gefühlsmäßigen

Verhältnis zwischen Bürger und Staat. 1962 forderte er dann ausdrücklich mehr Mut zur nationalen Symbolik. Der Erfolg dieser guten Initiative, die später von verschiedenen Bundespräsidenten aufgegriffen wurde, war durchaus bescheiden. Ein souveräner Umgang in diesem Bereich blieb bis zur Wiedervereinigung jedenfalls aus. Wahrscheinlich war die große propagandistische Kraft politischer Symbolik vielen noch allzu gut in Erinnerung. Eine Kraft, die Marcel Reich-Ranicki 2007 in einem in der »Frankfurter Allgemeinen Zeitung« erschienenen Beitrag zum 80. Geburtstag des Schriftstellers Ludwig Harig treffend umschrieb:

> *Eine Fahne – was ist das? Unter Brüdern: ein farbiges Tuch, im Grunde höchst überflüssig und auf jeden Fall weniger nützlich als ein Waschlappen. Nur kann dieses Tuch die Phantasie der Menschen auf ungeahnte Weise anregen und ihren Verstand ganz und gar außer Kraft setzen. Sehr bald wird der junge Harig von der Fahne verführt und verzaubert.*

Mit dem Ende des Zweiten Weltkrieges und dem vollständigen Verlust staatlicher Souveränität war eine sofortige Preisgabe aller staatlichen Symbole verbunden. Die Verantwortung für die »deutsche Katastrophe« (Friedrich Meinecke) und insbesondere die unbegreifliche Schuld, die Deutsche und der deutsche Staat mit dem Zivilisationsbruch der Schoah auf sich geladen hatten und die Karl Jaspers unmittelbar nach Kriegsende mit seinen Vorlesungen über die Schuldfrage zu debattieren angeregt hatte, führten zu einer lange andauernden Krise des nationalen Selbstverständnisses, die natürlich auch die staatliche Symbolik betraf. Treffend formulierte der Staatsrechtslehrer Roman Herzog 1971, dass den Staatssymbolen nach dem Verlust des Nationalgefühls nichts mehr zu symbolisieren geblieben sei. Symbole könnten immer nur dort integrierend wirken, wo das, was sie symbolisieren, selbst integrationswirksam ist. Für das hierfür notwendige Bekenntnis zur eigenen nationalen Identität war zunächst kein Raum.

Angesichts der weltweiten Erfolge populistischer Strömungen und des Einzugs des »Wutbürgers« in den Wortschatz und die politische Kultur unseres Landes, wird niemand die herausragende propagandistische Kraft gezielt hervorgerufener Emotionen, insbesondere der Empörung, bestreiten. Wie Studien zeigen, sind gerade die mit der Globalisierung einhergehenden Gefühle der Verunsicherung, Angst und Entfremdung ein wesentlicher Antrieb für rechtspopulistische Wahlentscheidungen. Offensichtlich ist, dass Gefühlsregungen im Politischen eine zweischneidige Sache sind, die politische Ordnungen ebenso stützen wie stürzen können. Demnach kommt es entscheidend darauf an, die für die Stabilität förderlichen Emotionen anzusprechen und zu verstärken und die konträren abzuschwächen.

Die in der Demokratietheorie beschriebene Differenz zwischen dem prinzipiell emotionsaffineren Republikanismus und dem sich auf eine Rationalisierung des politischen Prozesses stützenden, eher emotionsaversen Liberalismus (Gary S. Schaal und Felix Heidenreich) scheint sich zugunsten des republikanischen Modells verschoben zu haben. Damit soll nicht behauptet werden, dass die Errungenschaften der Aufklärung, etwa die Objektivität und Neutralität des auf einem Interessenausgleich gründenden Gemeinwesens, auf dem Spiel stünden. In unserer Zeit treten die Herausforderungen der rechtsstaatlichen Demokratien und der offenen Gesellschaft jedoch klarer zum Vorschein als früher. In diesem Sinne scheint mir offenkundiger zu werden, dass sich das Verhältnis zwischen Bürger und Staat nicht auf eine passive Bereitschaft beschränken kann, die staatlichen Normen zu akzeptieren.

Zur emotionalen Verbundenheit des Bürgers mit dem Staat

Hier ist neben aller argumentativen Rationalität und der Bereitschaft zur Regelbefolgung auch eine emotionale Verbundenheit vonnöten. Es war Ernst-Wolfgang Böckenförde, der mit seinem berühmten Diktum schon in den frühen Sechzigerjahren des letzten Jahrhunderts auf die Bedeutung dieser Verbundenheit in Freiheit hingewiesen hatte:

> *So stellt sich die Frage nach den bindenden Kräften von neuem und in ihrem eigentlichen Kern: Der freiheitliche, säkularisierte Staat lebt von Voraussetzungen, die er selbst nicht garantieren kann. Das ist das große Wagnis, das er, um der Freiheit willen, eingegangen ist. Als freiheitlicher Staat kann er einerseits nur bestehen, wenn sich die Freiheit, die er seinen Bürgern gewährt, von innen her, aus der moralischen Substanz des einzelnen und der Homogenität der Gesellschaft, reguliert. Anderseits kann er diese inneren Regulierungskräfte nicht von sich aus, das heißt mit den Mitteln des Rechtszwanges und autoritativen Gebots zu garantieren suchen, ohne seine Freiheitlichkeit aufzugeben und – auf säkularisierter Ebene – in jenen Totalitätsanspruch zurückzufallen, aus dem er in den konfessionellen Bürgerkriegen herausgeführt hat.*

Genau diese Abhängigkeit von einem freiwilligen, nicht verordneten Bekenntnis der Bürger zu ihrem Staat ist ein Wesensmerkmal der Demokratie. Es geht also darum, wie wir dieses große Wagnis möglichst minimieren können. Nachdem die destabilisierenden Kräfte politischer Emotionen offenkundig geworden sind, sollten wir uns verstärkt mit ihren stabilisierenden Möglichkeiten auseinandersetzen und etwa nach den auf die Gefühle und die Fantasie abzielenden Mitteln suchen, die sich günstig auf das freiwillige Bekenntnis der Bürger auswirken. Darüber hinaus haben diese Gefühle eine große Bedeutung für den gesellschaftlichen Zusammenhalt. Etwas altmodisch ausgedrückt, geht es um Eintracht. Auf die Stabilisierung von Sozialordnungen durch Gefühle hat auch Niklas Luhmann hingewiesen. Hierfür sei es erforderlich, passende emotionale Ausdrucksformen zu finden, weil diese anderenfalls verkümmerten.

Der Begriff eines Bekenntnisses zum Staat klingt für mich eine Spur zu sachlich. Mit Martha C. Nussbaum sollte eher von einem starken, der Nation geltenden Gefühl namens Patriotismus gesprochen werden. Patriotismus ist eine notwendige Antriebskraft für jede Gesellschaft, weil das Gemeinwesen stets davon abhängig ist, dass die Individuen auch solche Entscheidungen mittragen, die nicht mit ihren eigenen Interessen und Ansichten übereinstimmen. Der Kern eines jeden »sense of community« ist demnach eine gewisse Opferbereitschaft der Einzelnen, ohne die sich Freiheit und Gerechtigkeit nicht erzielen lassen. Mit anderen Worten sind der Konsens zur Solidarität und eine Kultur der Reziprozität wichtige Voraussetzungen für jeden Gemeinschaftssinn. Seuchen und Pandemien führen uns das komplizierte Verhältnis zwischen den Rechten und Interessen jedes Einzelnen und den Gütern anderer Individuen und schließlich der Gemeinschaft mit besonderer Deutlichkeit vor Augen.

Mit Dolf Sternberger kann man ruhig auch von Liebe und Vaterlandsliebe sprechen. Wem dies zu weit geht, begnüge sich mit Bürgersinn, Gemeinsinn, Bürgertugend, einem empathischen Band zwischen Bürger und Staat oder der Loyalität, die sich nach Theodor Heuss auf die »verhältnismäßig jungen Tatbestände der Nationen in ihrer spezifischen Bewußtheit« bezieht. Anders als Jürgen Habermas, der darauf hingewiesen hat, dass eine »Rechtspflicht etwa zur aktiven Wahrnehmung demokratischer Rechte […] etwas Totalitäres« hat, würde ich eher von einer Obliegenheit der Bürgerinnen und Bürger sprechen. Das von ihnen zugunsten einer Lebensfähigkeit des Staates erwartete Engagement erfolgt nämlich nicht im Interesse und zum Nutzen eines fremden Dritten, sondern auch im eigenen Interesse. Schließlich ist jeder Bürger Teil des Staates, worauf schon Carl Schmitt unter Rückgriff auf das bekannte absolutistische Motto mit der Formulierung »L'État c'est nous« hingewiesen hat.

Der ebenso abstrakte wie unsichtbare Staat wird durch emotionale Akte konkretisiert und sichtbar gemacht. Im Sinne einer emotionalen Aneignung wird aus *dem* Staat *mein* Staat. Dies ist eine wichtige Voraussetzung für jede Teilhabe des Staatsbürgers, für sein tätiges Mitwirken am Erfolg des Ganzen. Genau deshalb sollten wir den Staat aus seiner historisch gewachsenen Kultur des Geheimnisvollen und Geheimen herauslösen und auch Akte der staatlichen Repräsentation transparent machen und kritisch diskutieren. Friedrich Schiller, der in Sachen des absolutistischen Staates ein Schweigegebot postulierte (»›Woran erkenn ich den besten Staat?‹ Woran du die beste Frau kennst! daran, mein Freund, daß man von beiden nicht spricht.«), sei daher ausdrücklich widersprochen.

Das Konzept des Verfassungspatriotismus

Der freilich etwas unpräzise bleibende Begriff des Verfassungspatriotismus knüpft an diese Teilhabe des Staatsbürgers an. Einerseits ist der Begriff zwar zu einer Art Chiffre für die bundesdeutsche Identität geworden, andererseits scheint mir aber seine inhaltliche Bekanntheit nahezu diametral zu dessen Bedeutung zu sein. Ein Konzept, das immer wieder kontrovers diskutiert und über viele Jahre hinweg mehr mit Jürgen Habermas als mit seinem Schöpfer Dolf Sternberger in Verbindung gebracht wurde.

Schon in den späten Vierziger- und den Fünfzigerjahren

hatte sich Sternberger in einer beeindruckend vorausschauenden Weise mit den Begriffen »Vaterland« und »Loyalität« auseinandergesetzt und so wichtige Grundlagen für den Verfassungspatriotismus geschaffen. Nach einem 1947 in der von ihm mitherausgegebenen Zeitschrift »Die Wandlung« veröffentlichten ersten Aufsatz über den »Begriff des Vaterlandes« formulierte er in einer am 16. September 1959 in der »Frankfurter Allgemeinen Zeitung« erschienenen Leitglosse:

Das Vaterland ist die »Republik«, die wir uns schaffen. Das Vaterland ist die Verfassung, die wir lebendig machen. Das Vaterland ist die Freiheit, derer wir uns nur wahrhaft erfreuen, wenn wir sie selber fördern, nutzen und bewachen. Es wäre eine Erlösung, wenn wir das Wort mit Ernst und ohne Scheu gebrauchen dürften. Das Wort ist gefallen. Ein Anfang ist gemacht.

An anderer Stelle präzisierte er, dass es »uns aufgegeben ist, uns ein Vaterland, unser Vaterland erst in Freiheit selber zu errichten«. In der 1956 erschienenen Studie »Das Problem der Loyalität« kam er auf die »blasse Loyalität zur Bundesrepublik« und die zu geringe »Anhänglichkeit zum behelfsmäßigen Staat« zu sprechen. Interessanterweise verband er diesen Befund ausdrücklich mit den Empfindungen der Bürger für ihren Staat und der Sphäre politischer Symbolik im Lichte der nationalsozialistischen Vergangenheit:

Der problematische Charakter der Loyalität, die dem Gemeinwesen von seinen Bürgern entgegengebracht wird, findet auch in dem Schicksal der nationalen und staatlichen Symbole einen Ausdruck. Flaggen und Hymnen können bedeutende Faktoren der politischen Integration – wirksame Kristallisationskerne gleichsam – sein oder werden, wenn sich in den Empfindungen der Bürger starke Hoffnung oder glückliche Erinnerung mit ihnen

> *verknüpft. Rausch und Zwang des Dritten Reiches mit seinem theatralisch-imperialen Symbolrummel haben einen Überdruß an Symbolen zurückgelassen, die totale Niederlage hat vollends eine heilsame Furcht oder doch eine große Zaghaftigkeit nach sich gezogen, in diesem Felde entschiedene Schritte zu tun.*

In der FAZ vom 27. Januar 1970 verwandte er dann erstmalig den Begriff des Verfassungspatriotismus, in dem er unter der Überschrift »Unvergleichlich lebensvoll, aber stets gefährdet. Ist unsere Verfassung nicht demokratisch genug?« auf die zentrale Bedeutung einer emotionalen Verbindung zwischen Staatsbürger und Staat sowie seiner Verfassung hinwies:

> *[…] oder ob man gemeinsame Spielregeln findet und beachtet, die einen friedlichen Austrag und Ausgleich möglich machen, und das heißt doch wohl auch: ob ein ausreichendes Maß von Gefühl für das gemeinsame Interesse, also altmodisch gesprochen für das allgemeine Beste, ob ein ausreichendes Maß von Verfassungspatriotismus in einer Gesellschaft vorhanden ist, ohne welches die natürliche Interessendivergenz in gewissen Lagen zum Zerfall führen muß.*

Auch wenn es sich beim »Verfassungspatriotismus« um keine Wortschöpfung Sternbergers handelt, so ist es sein Verdienst, diesen seit dem 19. Jahrhundert hin und wieder vorkommenden Begriff zum Mittelpunkt eines modernen und auf die Gegebenheiten der europäischen Nachkriegsordnung angepassten Konzeptes des republikanischen Patriotismus und einer kollektiven Identität gemacht zu haben.

Nach dieser ersten Erwähnung dauerte es dann noch neun Jahre, bis Sternberger mit dem eingangs erwähnten Artikel vom 23. Mai 1979 sein verfassungspatriotisches Manifest vorlegte. Im ersten Absatz widmet er sich den besonderen

Bedingungen der Entstehung des Grundgesetzes. Bei seiner Verabschiedung drei Jahrzehnte zuvor habe es »kaum Begeisterung« gegeben. Bereits im zweiten Satz deutet er das Thema der Akzeptanz oder gar Legitimität der neuen Verfassung an, indem er feststellt, dass die Bevölkerung ihrerseits nicht allzu viel davon erfahren habe und auch nicht aufgerufen worden sei, ihr Votum abzugeben. Die Mitglieder des Parlamentarischen Rates hätten ihr Werk eher in einer »gedrückten Seelenlage« vollbracht, weil sie lediglich für einen Teil der Nation hätten handeln können:

> *So meinten viele von ihnen, auch dem Staat, den sie widerstrebend schufen, einen bloß vorläufigen oder bloß interimistischen Charakter aufprägen zu sollen. Der klanglose Name »Grundgesetz« zeugt von solcher Zurückhaltung. Man sprach gleichsam mit gedämpfter Stimme, arbeitete mit zögernden Händen – in der Trauer um die Zertrennung der Nation, in der zagen Hoffnung auf einen künftigen freien Akt des ganzen Deutschlands.*

In dem optimistischer formulierten zweiten Absatz skizziert Sternberger die Grundlagen seines Konzepts:

> *Noch immer trauern wir, noch immer hoffen wir. Doch ist den nationalen Gefühlen seither ein helles Bewußtsein von der Wohltat dieses Grundgesetzes zugewachsen. Die Verfassung ist aus der Verschattung hervorgekommen, worin sie entstanden war. In dem Maße, wie sie Leben gewann, wie aus bloßen Vorschriften kräftige Akteure und Aktionen hervorgingen, wie die Organe sich leibhaftig regten, die dort entworfen, wie wir selbst die Freiheiten gebrauchten, die dort gewährleistet waren, wie wir in und mit diesem Staat uns zu bewegen lernten, hat sich unmerklich ein neuer, ein zweiter Patriotismus ausgebildet, der eben auf die Verfassung sich gründet. Das Natio-*

> *nalgefühl bleibt verwundet, wir leben nicht im ganzen Deutschland. Aber wir leben in einer ganzen Verfassung, in einem ganzen Verfassungsstaat, und das ist selbst eine Art von Vaterland.*

Im Folgenden geht er auf die Bedeutung der Freiheit für Staat und Verfassung ein und weist darauf hin, dass »es keine Freiheit geben kann ohne Staat. Und keine Menschenrechte außerhalb des Staates, der sie nämlich in Bürgerrechte verwandelt. Und keinen Staat ohne Behörden. Überhaupt sollen wir uns nicht scheuen, das Wort ›Staat‹ zu gebrauchen.«

Vermutlich zur Vermeidung einer Verwechslung mit dem weiten, libertären Freiheitsbegriff der Sechziger- und Siebzigerjahre präzisiert er anschließend den Wirkungszusammenhang von Grundrechten, Demokratieprinzip und Rechtsstaatsprinzip und unterstreicht die fundamentale Bedeutung von Mehrheitsentscheidungen und der zeitlichen Befristung demokratischer Repräsentation:

> *Das Wort »Demokratie« kann kein Ersatz dafür sein, es führt eine Träumerei mit sich, als ob es eigentlich auch ohne Regierung ginge, wenn man das Volk nur machen ließe. Darum ist es besser, sich vor Augen zu halten, daß es in unserem Verfassungsstaat nicht das »Volk« ist, das »sich selbst« regiert, daß es darin vielmehr Regierende und Regierte gibt, eine Minderheit von Regierenden und eine Mehrheit von Regierten. Das ist unaufhebbar. Aber diese Regierten sind zugleich die Wähler, und diese Regierenden sind die Gewählten; die Regierenden hängen in gewisser Weise und in gewissem Maße von den Regierten ab. […] Wir haben eine Auswahl, ein Wechsel im Regierungsamt ist möglich, wenn auch mühsam.*

Hinsichtlich des Rechtsstaatsprinzips konzentriert sich Sternberger auf die Bedeutung der richterlichen Gewalt:

> *Das Leben der Verfassung spielt sich nicht allein in den Parlamenten des Bundes, der Länder und der Gemeinden, nicht allein in den Regierungen und Verwaltungen ab; hinzu treten die Gerichte als »dritte Gewalt«, zumal diejenigen, welche die Gesetzgebung und die Verwaltung zu kontrollieren, zu korrigieren, die politische Machtübung in Grenzen zu halten sich erstaunlich fähig gezeigt haben.*

Wenig überraschend kommt Sternberger am Ende auf die Freiheit zurück, wobei er auf die zentrale Bedeutung der Grundrechte verweist:

> *Die gesellschaftlichen Organisationen in ihrer Vielfalt existieren und wirken aus dem Grundrecht der Vereinigungsfreiheit, stellen Kräfte der lebenden Verfassung dar, auch wenn sie sich dessen nicht bewußt sind; es ist an den politischen Instanzen, ihr Recht zu berücksichtigen, ihren Übermut zu dämpfen. Jede Tarifverhandlung stellt ein Stück lebender Verfassung, die Autonomie der Tarifpartner, die keiner behördlichen Interventionen bedarf, gleichwohl in sich selber ein Stück Staat dar. Nicht zu reden von dem vielstimmigen Simultan-Gespräch der sogenannten öffentlichen Meinung, die aus dem Grundrecht der Meinungs- und Informationsfreiheit erwächst. Auch Bürgerinitiativen, auch Demonstrationen sind Verfassungs-Lebensvorgänge, der Staat ist nicht bloß in der Polizeimannschaft gegenwärtig, die sie zu begleiten, ihre verfassungsrechtlich gebotene Friedlichkeit zu sichern bestimmt ist.*

Dass Sternberger in der Freiheit das Fundament des Verfassungsstaates und die Essenz des Verfassungspatriotismus erkennt, stellt ihn in die Tradition der französischen Moralisten und der Aufklärung. Neben Jean de La Bruyère (»Il n'y a point de patrie dans le despotique«) und Montesquieu (»l'amour des lois et de la patrie«) sei hier besonders Christoph Martin Wieland genannt, der ausdrücklich auf den Zusammenhang zwischen »Constitution« und Patriotismus hingewiesen hat:

> *Wenn unsere dermalige gesetzmäßige Constitution das Einzige ist, was uns Deutsche zu einer Nation macht, und wenn sie augenscheinlich der Grund unsrer wesentlichsten Vortheile ist: was kann denn also deutscher Patriotismus anders seyn, als Liebe der gegenwärtigen Verfassung des gemeinen Wesens und aufrichtiges Bestreben, zu Erhaltung und Vervollkommnung derselben Alles beizutragen, was Jeder nach seinem Stande, Vermögen und Verhältnisse zum Ganzen dazu beizutragen fähig ist?*

Aber auch der von Sternberger einige Jahre später selbst erwähnte Thomas Abbt hat in seinem 1761 erschienenen Buch »Vom Tode für das Vaterland« in diesem Sinne formuliert:

> *Die Stimme des Vaterlandes kann nicht mehr erschallen, wenn einmal die Luft der Freiheit entzogen ist. […] Wenn mich die Geburt oder meine freie Entschließung mit einem Staat vereinigen, dessen heilsamen Gesetzen [im Sinne von Montesquieu ist hier die Verfassung gemeint, Anm. des Verf.] ich mich unterwerfe, Gesetzen, die nicht mehr von meiner Freiheit entziehen, als zum Besten des ganzen Staates nötig ist, alsdann nenne ich diesen Staat mein Vaterland.*

Sternbergers *Laudatio* zum dreißigsten Geburtstag des Grundgesetzes endet mit einem kraftvollen Appell an den Verfassungsschutz:

> *Es ist eine gute Verfassung, die all dergleichen und obendrein kräftige Führung möglich macht. Wir brauchen uns nicht zu scheuen, das Grundgesetz zu rühmen. Wir*

mögen im gegebenen Augenblick die Regierung tadeln, der Opposition Schwäche vorhalten, dem Parlament die Flut der Gesetze übelnehmen, bei den Parteien insgesamt Geist und Phantasie vermissen, von der Bürokratie uns beschwert fühlen, die Gewerkschaften für allzu anspruchsvoll, die Reporter für zudringlich halten – die Verfassung ist von der Art, daß sie dies alles zu bessern erlaubt, zu bessern uns ermuntert und ermutigt. Eine gewisse maßvolle Unzufriedenheit ist dem Staat förderlich. Sie mindert nicht die Treue, die der Verfassung geschuldet wird. Gegen erklärte Feinde jedoch muß die Verfassung verteidigt werden, das ist patriotische Pflicht.

Ich finde es erstaunlich, dass dieses wertvolle Konzept des Verfassungspatriotismus in den vergangenen Jahrzehnten so wenig erfolgreich dazu benutzt wurde, die für unseren Staat und unsere Gesellschaft essenziellen Fragen nach der Bedeutung des Nationalstaats und unserer nationalen Identität sowie unseres Patriotismus zu beantworten.

Mir scheint, dass das Wort »Verfassungspatriotismus« häufiger blind zitiert als zielgerichtet eingesetzt wurde. Dabei bietet gerade dieses Konzept die Chance, auch auf die wandelnden Herausforderungen und Schwierigkeiten einzugehen, die sich im Zusammenhang mit Fragen der nationalen Identität stellen.

In der Nachkriegszeit ging es vor allem um die Beseitigung eines augenscheinlichen Sinnvakuums und Identitätsdefizits, die sich dadurch ergab, dass sich die alten Rezepte eines traditionellen Patriotismuskonzeptes mit ihrer Anknüpfung an die Begriffe Volk, Nation und Vaterland nach dem Zivilisationsbruch der Schoah wie von selbst verboten. Heute gesellen sich Fragen hinzu, die aus der zunehmenden Einbettung Deutschlands in der Europäischen Union und aus der größeren ethnischen, religiösen und kulturellen Vielfalt unserer Gesellschaft ergeben. Die relative Unbestimmtheit des Konzeptes ermöglicht es uns, mit dem Verfassungspatriotismus Antworten auf Fragen zu finden, die sich infolge grundlegender politischer und gesellschaftlicher Veränderungen ergeben. Also durch Sachverhalte, an die Sternberger selbst nicht gedacht haben dürfte.

Verfassungspatriotismus ohne Patriotismus?

Allerdings bringt es diese konzeptionelle Unbestimmtheit auch mit sich, dass von Anfang an darüber gestritten wurde, was eigentlich unter Verfassungspatriotismus zu verstehen sei. Sowohl das Bestimmungswort »Patriotismus« als auch das Grundwort »Verfassung« leiden an einer beträchtlichen Unbestimmtheit, sodass das zusammengesetzte Wort mit ebenso großer Sinnvariabilität »listig in der Schwebe hält«, wie es der Staatsrechtslehrer Josef Isensee ausgedrückt hat, ob der Patriotismus im hergebrachten Sinne, also die Liebe zum Vaterland, durch die Zuwendung zur Verfassung angereichert oder aber ersetzt werden soll. Sofern man der letzteren Ansicht folgte, dass diese spezifische Form des Patriotismus als Alternative zu einem eher herkömmlichen Verständnis angelegt sei, lag der Vorwurf nahe, dass das Konzept zu theoretisch, trocken und kopflastig sei, also zu wenige Anknüpfungspunkte für eine emotionale Bindung aufweise.

Sternberger selbst verwies darauf, dass das Konzept zu abstrakt und die Begrifflichkeiten zu sperrig seien. Darüber hinaus führte die Offenheit der von ihm verwandten Formulierungen dazu, dass unterschiedlichste Inhalte allesamt als verfassungspatriotisch qualifizierbar waren. Es handele sich tatsächlich um ein offenes, ja sehr dehnbares Konzept.

Untersucht man das Werk Sternbergers, findet sich kein Hinweis darauf, dass er den Verfassungspatriotismus als Alternative zu einer klassischen, patriotischen Gesinnung verstanden hätte. Die wenigen ausdrücklichen Formulierungen sprechen im Gegenteil eher für ein auf Ergänzung angelegtes Konzept, dem zufolge ein »helles Bewußtsein von der Wohltat dieses Grundgesetzes« den mit keinem einzigen Wort in Zweifel gezogenen »nationalen Gefühlen« zugewachsen sei und sich hierdurch »unmerklich ein neuer, ein zweiter Patriotismus ausgebildet« habe. Wo es aber etwas Zweites gibt, gibt es auch ein Erstes, jedenfalls solange es nicht aus dem logischen Raum verdrängt wird.

Und so muss entgegen anderslautenden Interpretationen festgehalten werden, dass Sternberger anders als Jürgen Habermas, auf den ich noch eingehen werde, sein verfassungspatriotisches Plädoyer ausdrücklich als Ergänzung eines klassischen Verständnisses von Patriotismus verstanden wissen wollte, nicht als Ersatz. Sternberger wollte vielmehr darauf aufmerksam machen, »dass Patriotismus in einer europäischen Haupttradition schon immer und wesentlich etwas mit Staatsverfassung zu tun hatte, ja dass Patriotismus ursprünglich und wesentlich Verfassungspatriotismus gewesen ist – und freilich auch, daß er es heute in Deutschland noch und wieder sein könnte«.

In diesem Sinne geht es mir darum, die klare Botschaft Sternbergers von missdeutenden Interpretationen zu entkleiden. Leider war es dem Schöpfer dieses für unsere nationale Identität so wichtigen Konzeptes wegen seines Todes am 27. Juli 1989 nicht vergönnt mitzuerleben, wie kraftvoll sich der klassische Patriotismus in der Freiheits- und Einheitsbewegung der Bürgerrechtsbewegung der DDR ausdrückte. Ein solcher Ansatz bedeutet jedoch nicht, Rückfalltendenzen in einen »normalen Nationalstaat« befürchten zu müssen oder den Historikerstreit der zweiten Hälfte der Achtzigerjahre wieder aufleben zu lassen, bei dem am Rande auch über Patriotismus gestritten wurde.

Neben dem Wirtschaftswunder, der Westbindung und der »West-Mark« gehörte das Grundgesetz zu den Dingen, auf die man ohne Weiteres stolz sein konnte, mit denen eine Identifikation leichtfiel. Zwar ist es richtig, dass eine darüber hinaus gehende patriotische Gesinnung im öffentlichen Diskurs der Bundesrepublik zwischen den Fünfziger- und den Achtzigerjahren zunehmend an Bedeutung verloren hatte. Eine verständliche Entwicklung, wenn man die zeitliche Nähe zu den im Namen Deutschlands und des deutschen Staates begangenen Verbrechen zuvor nicht dagewesenen Ausmaßes und die Millionen Toten bedenkt, die ihr Leben »für Führer, Volk und Vaterland« verloren hatten. Die hiermit zusammenhängende kulturelle Gebrochenheit hat Mascha Kaléko in ihrem Gedicht »Im Exil« so treffend auf den Punkt gebracht: »Ich hatte einst ein schönes Vaterland – [...] O Röslein auf der Heide, dich brach die Kraftdurchfreude [...].« Bis zur Neuausrichtung der kollektiven Identität ab Ende der Achtzigerjahre spielten »nationale Gefühle« demnach in der bundesrepublikanischen Öffentlichkeit keine große Rolle.

Für eine vollständige Negation patriotischer Gefühle gibt es aber keinen Anhaltspunkt, weder bei Sternberger noch anderswo. Zumal man nicht übersehen darf, dass solche Gefühle in der Bevölkerung häufig stärker vertreten waren, als es dem öffentlichen Diskurs entsprochen hätte. Dies ergibt sich auch aus anderen Meinungsumfragen als den zum Thema des Nationalstolzes bereits erwähnten. In den nachfolgenden Kapiteln werde ich hierauf zurückkommen.

Allerdings war mit diesen patriotischen Gefühlen lange noch die Überzeugung verbunden, dass angesichts der Verbrechen des Nationalsozialismus eine symbolische Zurückhaltung geboten sei. So führte das Institut für Demoskopie Allensbach 1994 und 2006 eine Umfrage zu der Frage durch: »Wenn jemand sagt: Wir Deutschen sollten uns aufgrund unserer Vergangenheit im Dritten Reich mit Nationalgefühlen und nationalen Symbolen zurückhalten. Finden Sie das richtig oder nicht richtig?« Während 1994 die Nation in dieser Frage noch gespalten war (44 Prozent »richtig«, 44 Prozent »nicht richtig«, 12 Prozent »unentschieden«), fand erst 2006 eine deutliche Mehrheit von 58 Prozent die Aussage nicht richtig.

Aber auch hinsichtlich der Wechselbezüglichkeit von Staatlichkeit und nationaler Identität ist das Meinungsbild eindeutig. Wie noch zu zeigen sein wird, setzt ein funktionierender Nationalstaat einerseits eine nationale Identität der Bevölkerung voraus. Andererseits ist die Staatlichkeit ihrerseits auch wichtig für die Identität und den gesellschaftlichen Zusammenhalt, was auch eine kontinuierliche Mehrheit der Bevölkerung so sieht. Seit den späten Achtzigerjahren führt Allensbach eine Umfrage zur Frage »Was hält eine Nation zusammen?« durch, bei der den Teilnehmenden Karten gezeigt werden, auf denen folgende Begriffe notiert sind:

> *Sprache; Religion; Lebensgewohnheiten; Geschichte, Vergangenheit; Sitten und Gebräuche; Recht, Gesetzgebung; Gemeinsame politische Überzeugungen; Kunst und Literatur; Sportliche Erfolge; Bedrohung von außen; Nationalcharakter, gemeinsame Eigenschaften der Menschen; Wirtschaftliche Erfolge; Gemeinsame Werte und Überzeugungen; Gemeinsame Abstammung; Wissenschaftliche Erfolge.*

Die Befragten werden gebeten, die Begriffe entsprechend ihrer Bedeutung für das Zusammenhalten einer Nation zu verteilen. Seit 1994 sind nur gleichbleibende 5 bis 7 Prozent der Auffassung, dass der Staat die Nation *nicht* zusammenhalte. Mit anderen Worten sind weit über 90 Prozent der gegenteiligen Auffassung. Auch die Bedeutung einer gemeinsamen Abstammung wird rückläufig eingeschätzt. Während 1994 nur 16 Prozent angaben, dass diese eine Nation nicht zusammenhalte, sind es 2017 bereits 23 Prozent. Ähnlich verhält es sich mit der Bedeutung des Nationalcharakters und den gemeinsamen Eigenschaften der Menschen sowie der Bedeutung gemeinsamer politischer Überzeugungen. 1994 waren etwa nur 17 Prozent der Auffassung, dass diese für den Zusammenhalt der Nation nicht wesentlich seien, während es 2017 bereits 28 Prozent waren. An der Einschätzung der Bedeutung gemeinsamer Werte und Überzeugungen hat sich jedoch nichts geändert. Zwischen 1994 und 2017 sind lediglich zwischen 6 und 12 Prozent der Auffassung, dass diese die Nation nicht zusammenhielten.

Die Macht des Symbolischen

Das Verhältnis zwischen Staatsvolk und Staat betrifft den Wesenskern jeden Gemeinwesens, also die Gesamtheit von Staat und Gesellschaft. Um mit dem großen Staatsrechtslehrer Rudolf Smend zu sprechen, sind Staaten als Kollektivgebilde nicht statisch, sondern eine fortlaufend aktualisierte und reproduzierte »Sinneinheit reellen geistigen Lebens«. Nach diesem Verständnis ist der Staat kein »ruhendes Ganzes«, sondern überhaupt nur vorhanden in den einzelnen, den geistigen Gesamtzusammenhang bestätigenden Lebensäußerungen, die Smend als »geistige Akte« bezeichnet. Jeder Staat lebe durch einen Prozess beständiger Erneuerung, den er unter Rückgriff auf den Nationenbegriff von Ernest Renan als sich täglich wiederholendes Plebiszit beschreibt. Der Staat sei nur, weil und sofern er sich dauernd integriere, aus den Einzelnen das Gesamte als geistig-soziale Wirklichkeit aufbaue. Hiermit ist der Kern des von ihm als »Integration« bezeichneten Vorgangs skizziert.

Mit diesem Verständnis lässt sich zwar das dynamische Verhältnis zwischen Bürger und Staat anschaulich darstellen. In der Sache selbst bleibt es aber ein ebenso abstrakter wie komplexer Prozess, womit auch die Hauptschwierigkeit der Integrationslehre benannt sein dürfte. Smend selbst hatte schon erkannt, dass die Integrationswirkung des »Sachgehalts der staatlichen Gemeinschaft« ihre besondere Schwierigkeit habe, weil die »Totalität des Lebens« nicht in der Staatsgemeinschaft erfassbar sei. Um erlebt werden und integrierend wirken zu können, müsse sie gewissermaßen in einen Moment zusammengedrängt und hierdurch repräsentiert werden. Dies geschehe mittels der »Repräsentation des geschichtlich-aktuellen Wertgehalts« durch politische Symbole wie etwa Fahnen, Wappen, Staatsoberhäupter, politische Zeremonien und nationale Feste. Hierdurch wird ein System sachlicher Integration umschrieben, das neben dem Verfassungstext, dem Staatsgebiet und dem Prinzip der Staatsform auch die Symbole beinhaltet.

Bei der Suche nach den für patriotische Gefühle bestimmenden Faktoren gelangt man daher schnell zur staatlichen Repräsentation und den staatlichen Symbolen. Ganz im Sinne eines Handelns, das nach dem Schweizer Pädagogen und Philosophen Johann Heinrich Pestalozzi »Kopf, Herz und Hand« umfasst.

Die staatliche Symbolik hat für die Funktionsfähigkeit eines jeden Gemeinwesens eine fundamentale Bedeutung. Verkürzt formuliert, ist kein Staat ohne eine auch die Integration erst ermöglichende Repräsentation denkbar und keine Repräsentation ohne Symbole. Symbole sind somit staatsnotwendig.

Deshalb widmet sich dieses Buch dem politischen Stellenwert staatlicher Symbole in der Gegenwart, denen zwar nicht die Kraft eines demokratischen Abwehrzaubers zukommt, die aber sicher dazu beitragen können, die Konstitution und die Abwehrkräfte unserer freiheitlichen, demokratischen Grundordnung zu stärken. Dabei geht es nicht nur um die Symbole selbst, sondern vor allem um die Art und Weise unserer Symbolkultur, also wie wir die Symbole unseres Staates im Alltag einsetzen, um die gesellschaftliche Kohäsion und die Resilienz unseres Verfassungsstaates zu verbessern. Dies scheint mir ein Feld wichtiger Herausforderungen, das mit den heute etwas altmodisch anmutenden Begrifflichkeiten des Gemeinwesens, der Staatspflege und der Repräsentation abgesteckt wird.

Unabhängig von seiner Staatsform bedarf jeder Staat der Staatspflege, also wirkungsvoller Techniken zur Selbstdarstellung. Staatlichkeit als eine geistige und nicht nur rechtliche Existenz zu begreifen, geht ganz wesentlich auf den bereits erwähnten Rudolf Smend zurück, dem zufolge die staatliche Existenz auch von einem gemeinsamen Bewusstsein der Bürger gespeist sei, die von der Staatlichkeit wissen, sie bejahen und letztlich verwirklichen. Der Staat ist demnach kein selbstständiges Gebilde außerhalb oder jenseits der Gesellschaft, sondern mit dieser vielfältig verschränkt. Für die Mitwirkung der Bürger ist von entscheidender Bedeutung, dass der Staat für sie auf der rationalen *und* emotionalen Ebene erkennbar und erfahrbar ist. Das Gelingen von Staatlichkeit hängt hiervon entscheidend ab. Wie Herbert Krüger dargelegt hat, besteht die erste Aufgabe der Staatspflege darin, den Bürgern die Idee des modernen Staatsvertrages zu vermitteln.

Nur durch einen gut aufeinander abgestimmten Einsatz von rationalen und emotionalen Mitteln lässt sich eine auch auf der Gefühlsebene verankerte Bindung der Bürger an ihren Staat erreichen. Zu den emotionalen Mitteln gehören protokollarische Akte der staatlichen Repräsentation, Rituale, Gesten, aber auch die Persönlichkeit staatlicher Repräsentanten sowie historische und mythische Bezugnahmen. Vor allem aber sind die Staatssymbole wichtige Instrumente der Staatspflege.

Unter Selbstdarstellung versteht man nach Helmut Quaritsch die Gesamtheit der Mittel und Verhaltensweisen, die das eigene Erscheinungsbild bestimmen sollen. Demnach ist der Staat wie jede andere soziale Organisation darauf angewiesen, sein Dasein, seine Ziele und eine effiziente Zielerreichung dauerhaft vorzuweisen. Dies gilt völlig unabhängig von der jeweiligen Staatsform, weist aber stets einen eigenen Stil auf. Josef Isensee hat zu Recht darauf hingewiesen, dass es keinen Staat ohne Selbstdarstellung gibt.

Anders ausgedrückt, muss sich der Staat nach innen gerichtet als legitim, vertrauenswürdig, sinnvoll und erfolgreich präsentieren, um die für seine Existenz und Funktionsfähigkeit notwendige Zustimmung und Loyalität der Staatsbürger zu erreichen. Im Innenverhältnis ist hierfür neben Akten der rechtlichen und politischen Gestaltung sowie der Rechtsprechung vor allem auch eine konkrete, an das Empfinden der Bürger appellierende Staatspflege erforderlich. Anderenfalls ist das doch sehr abstrakte Gebilde des Staates nicht fassbar. Darüber hinaus muss die staatliche Existenz aber auch nach außen hin erkennbar sein, im Verhältnis zu anderen Staaten und deren Bürgern.

Die Symbolisierung der Legitimität ist dabei eine zweischneidige Sache. Einerseits gilt es, wahre Legitimität durch eine adäquate Symbolik zum Ausdruck zu bringen. Andererseits werden Symbole in undemokratischen Staatsformen gerne dafür eingesetzt, den Anschein einer in Wahrheit nicht vorhandenen Legitimität zu erzeugen. Man denke nur an die Parlamente totalitärer Staaten, die ihre politische Bedeutungslosigkeit mit einer übersteigerten Größe und einer überbordenden Symbolik zu kaschieren suchen. Heute könnte man deshalb von »Fake«-Symbolen sprechen, die von den wahrhaftigen Symbolen abzugrenzen wären. Nur die letzteren haben die für das Binnenverhältnis essenzielle integrative Wirkung, denn diese bleibt stets auf den symbolisierten Inhalt beschränkt. Bei jedem symbolischen Akt muss damit eine Kohärenz zum Inhalt bestehen. Schon Smend hat darauf hingewiesen, dass man keine Symbole für einen nicht vorhandenen Inhalt erfinden könne. Interessanterweise schlägt er in diesem Kontext den Bogen zu den »Schwierigkeiten der schwarz-rot-goldenen Reichsfarben«, die in der Undeutlichkeit des von ihnen im Gegensatz zu Schwarz-Weiß-Rot symbolisierten positiven Gehalts begründet seien.

Mit dieser Bezugnahme ist klar zum Ausdruck gebracht, dass es nie darum gehen kann, einem bloßen politischen Symbolismus jenseits des Inhalts das Wort zu reden. Entscheidend bleibt immer die Substanz, also etwa im Falle der staatlichen Repräsentation durch symbolische Akte die Existenz und Würde des Staates in seiner jeweiligen Staatsform oder darüber hinaus gehend die wie auch immer geartete, mit dem Symbol auszudrückende politische Botschaft. Dabei können Symbole nur in ihrem Kontext richtig gedeutet werden.

Oft wird unterschätzt, wie groß die Macht des Symbolischen ist. Gerade auch in der Politik, worauf der amerikanische Soziologe und Anthropologe David Kertzer mit dem prägnanten Satz »Politics is expressed through symbolism« hingewiesen hat. Jede politische Ordnung muss sichtbar sein. Als Bedeutungsträger, die eine Vorstellung sinnlich erfahrbar machen, sind Symbole ein wichtiger Aspekt der politischen Kultur und Semantik, wie ich in meinem Buch »Auf dem Parkett. Kleines Handbuch des weltläufigen Benehmens« näher dargestellt habe. Staatssymbole und andere nationale Symbole, wie etwa Denkmäler, Gebäude sowie Feier- und Gedenktage, versinnbildlichen Staat und Nation und stiften dadurch Identität. Sie sind wahrnehmbare Zeichen des Staates und seiner Einheit, darüber hinaus stellen sie auch die gesellschaftliche Einheit dar. Ich finde, dass wir uns dieser Bedeutung besser bewusst werden und die Symbole auch gegen verfassungsfeindliche Angriffe und Umdeutungsversuche schützen sollten.

Nach innen gerichtet wirken die Staatssymbole affirmativ im Sinne einer Bestärkung von gemeinsamen Werten und Grundüberzeugungen sowie eines Zusammengehörigkeitsgefühls (»Nationalgefühl«). Als wirkmächtige Instrumente einer – wie es Frank Biess ausdrückt – »demokratischen Gefühlspolitik« haben die Symbole von Staat und Nation ein beachtliches, auch in der Abwehr populistischer Angstpolitiken einsetzbares Potenzial, das gegenwärtig noch nicht ausgeschöpft ist.

Dabei kommt unserer Nationalflagge und unserem Willen, sie zu zeigen, eine zentrale Bedeutung zu. Im Außenverhältnis dienen diese Symbole als Kennzeichen zur Abgrenzung. Insgesamt betrachtet, ist ihre Relevanz deshalb vielschichtig: Zwischen Staat und Bürgern, zwischen den Bürgern untereinander, zwischen Staaten und zwischen Staat und Bürgern anderer Staaten.

Auch für Carl Schmitt waren Repräsentation und Identität zwei zentrale Begriffe jeder Staatlichkeit. Allerdings verknüpfte er sie in anderer Weise. Nach seiner Auffassung beruht der Staat als vorgegebene »politische Einheit auf einer Verbindung von zwei entgegengesetzten Gestaltungsprinzipien, dem Prinzip der Identität (nämlich des anwesenden Volkes mit sich selbst als einer politischen Einheit, wenn es kraft eigenen politischen Bewusstseins und nationalen Willens die Fähigkeit hat, Freund und Feind zu unterscheiden), und dem Prinzip der Repräsentation, kraft dessen die politische Einheit durch die Regierung dargestellt wird«. Von diesem Verständnis der Identität und Repräsentation ist es nur ein kleiner Schritt zur nationalsozialistischen »Volksgemeinschaft«, der »Gleichschaltung« und der Losung »Ein Volk – Ein Reich – Ein Führer«.

Dass Staatssymbole ein unverzichtbares Element jeder Staatlichkeit sind, zeigt im Übrigen auch die uralte Strategie, sie zu zerstören, wenn man den Staat selbst zerstören oder eine Nation besiegen will. So sind die Symbole von Staat und Nation ein beliebtes Ziel militärischer oder politischer Gegner. Es genügt hier, an die Strategie Stalins zu erinnern, die Schlacht um Berlin auf das Reichstagsgebäude zu konzentrieren. Obschon funktionslos und eben nicht Sitz des nationalsozialistischen Scheinparlaments, war es aus sowjetischer Sicht ein zentrales Symbol des Gegners. Als Beispiel für einen radikalen revolutionären Symbolismus kann auch Oliver Cromwells Ausspruch im Gerichtsprozess gegen König Karl I. gesehen werden: »I tell you we will cut off his head with the crown upon it.«

In diesem Sinne pflegen militärische Sieger die erbeuteten gegnerischen Symbole und Trophäen bei Siegesparaden oder aber in Museen in einer die Niederlage verdeutlichenden Art und Weise zu inszenieren. Noch heute kann ich mich gut daran erinnern, bei einem Besuch des *Zentralmuseums der Sowjetarmee* in Moskau Ende der Achtzigerjahre deutsche Flaggen aus dem Zweiten Weltkrieg auf dem Boden drapiert gesehen zu haben. Mitte der Neunzigerjahre saß ich dann bei einer Hochzeit im Pariser Invalidendom unter bunten Beutefahnen.

Anders liegt der Fall, wenn die Flaggenführung oder das Abspielen von Hymnen im Rahmen von Sanktionen untersagt wird. Zuletzt war dies etwa 2018 bei den XXIII. Olympischen Winterspielen der Fall, als das Internationale Olympische Komitee das russische Nationale Olympische Komitee wegen des staatlichen Dopings von den Winterspielen ausschloss, russischen Athleten aber unter strengen Auflagen die Teilnahme unter der olympischen Flagge und ohne die russische Hymne gestattete.

Kriege als Katalysatoren staatlicher Symbolik

Ich komme zurück zum Martialischen, das die Entwicklungsgeschichte von Staaten und ihren Symbolen entscheidend geprägt hat. Bei der Entstehung der europäischen Nationalstaaten waren insbesondere die Kriege eine Art Katalysator. Weltweit sind Fahne, Fahneneid und Fahnentreue eine für die Kriegsführung essenzielle Dreiheit. Ein schönes Beispiel ist auf dem neun mal sechs Meter großen Ölgemälde »Le Serment de l'armée fait à l'Empereur après la distribution des Aigles au Champ-de-Mars le 5 décembre 1804« festgehalten, das Jacques-Louis David 1810 geschaffen hat und das heute im Schloss Versailles hängt. Es zeigt Napoleon bei der Übergabe der nach römischer Tradition geschaffenen neuen Adler-Standarten an seine Truppen, die vor allem eine Schwurzeremonie war. Die bei Hans Hattenhauer wiedergegebenen Worte des neuen Kaisers waren dabei eindeutig: »Soldaten! Hier habt ihr eure Fahnen! Sie werden euch die Stelle bezeichnen, an der ihr euch zu sammeln habt; sie werden überall sein, wo euer Kaiser ihr Erscheinen zur Verteidigung seines Thrones und seines Volkes für notwendig hält. Ihr schwört, der Verteidigung dieser Fahnen euer Leben zu opfern, dieselben zu allen Zeiten mutvoll und tapfer hochhalten zu wollen auf der Siegesbahn. Ihr schwört es!« Ohne die auch biblisch begründete und in Feldpredigten zum Dogma erhobene Fahnentreue wären Kriege sicher anders geführt worden, jedenfalls nicht »bis zur letzten Patrone« und nicht bis »zum letzten Mann«.

Von den vielen Beispielen einer ebenso blutigen wie sinnlosen Befolgung dieses Dogmas, die im Nachhinein zudem häufig mythisch verklärt worden sind, sei hier aus dem Ersten Weltkrieg die »Letzter-Mann-Szene« aus dem für die deutsche Seite in einer Katastrophe endenden Seegefecht vor den Falklandinseln erwähnt. Wie auch auf dem Propagandagemälde »Der letzte Mann« von Hans Bohrdt festgehalten, hält ein auf dem gekenterten Rumpf des schon so gut wie untergegangenen Kleinen Kreuzers *SMS Nürnberg* kniender Matrose die Reichskriegsflagge an einem zerbrochenen Stock empor und schwenkt diese gegen den Feind, bis er selbst mit dem Rumpf untergeht. Wichtiger als alles andere war, »mit wehenden Fahnen« unterzugehen. Auch wenn sich die Authentizität dieses Geschehens nicht belegen lässt, verdeutlicht es doch das Phänomen an sich, nämlich das treue Festhalten am Fahneneid bis in den noch so sinnlosen Tod. Eine Haltung, die an diesem 8. Dezember 1914 dazu führte, dass bei der Kaiserlichen Marine der vollständige Verlust des Ostasiatischen Kreuzergeschwaders mit über 2000 Toten zu beklagen war, während bei der *British Royal Navy* zehn Soldaten fielen. Etwa ein halbes Jahr später wurden vor der mehr als 2500 Kilometer entfernten Küste Brasiliens die sterblichen Überreste eines deutschen Matrosen entdeckt, der die Kartuschbüchse einer 21-cm-Granate an sich befestigt hatte. Wasserdicht verpackt fand sich dort das Reserveexemplar der Reichskriegsflagge des ebenfalls versenkten Großen Kreuzers *SMS Scharnhorst*. Trotz der infernalischen Zustände auf dem in Brand geschossenen und sinkenden Panzerkreuzer wollte der Matrose sie vor dem Untergang retten.

Beim Flaggenzeremoniell wird manchmal auch nur der falsche Schein von etwas Offiziellem erzeugt. So sollen die Straßen Moskaus am 23. August 1939 zum Empfang von Hitlers Außenminister Ribbentrop, der zur Aushandlung des deutsch-sowjetischen Nichtangriffspakts angereist war, mit Hakenkreuzflaggen aus dem Fundus eines Filmstudios geschmückt worden sein.

Heute jedoch sind Staatssymbole meist eine höchst zivile Angelegenheit, die den militärischen und vorkonstitutionellen Kontext überwunden haben und auf friedfertige Weise den demokratischen Rechtsstaat der Gegenwart symbolisieren.

Akzeptanz? Ablehnung? Ambivalenz?

Staatliche Symbole rufen ganz unterschiedliche und manchmal auch überaus heftige Reaktionen hervor. Wie können wir mehr Menschen dazu bringen, positive Gefühle für die Symbole unseres Staates zu entwickeln, ja sich mit ihnen zu verbinden, weil sie ihren Sinn und Gehalt besser verstehen?

Auch in der Gegenwart sind Symbole von Staat und Nation lohnende Ziele für die Gegner des jeweils Repräsentierten, das es aus ihrer Sicht zu destabilisieren gilt. Es kann sich um Gegner im Inneren wie im Äußeren handeln, um solche von rechts wie links. Auf der anderen Seite kann sich aber auch eine gleichgültige Haltung zu den Staatssymbolen (der »Staatspflege«) destabilisierend auswirken. Hier meine ich beispielsweise die auch heute noch weit verbreitete intellektuelle Arroganz gegenüber den Staatssymbolen und ihrer emotionalen Kraft. Diese mag auf einem Irrglauben beruhen, staatliches Handeln ließe sich ausschließlich auf Rationalität beschränken.

Anders liegt der Fall bei der in Deutschland nach wie vor nicht unerheblichen Gruppe von Menschen, die bei Staatssymbolen (»Winkelementen«) und Akten der staatlichen Repräsentation ein Unwohlsein verspüren, weil diese ungute Erinnerungen an die Zeit des Nationalsozialismus oder der DDR hervorrufen. Zu hoffen wäre, dass dieses Unwohlsein mit einem noch größeren Abstand zum Nationalsozialismus und zu dem zeremoniell-propagandistischen Übermaß der DDR abnimmt.

Vielleicht tragen aber auch die gegenwärtigen Herausforderungen der westlichen Demokratien dazu bei, diese Gefühle auszublenden und sich stärker mit den Symbolen unseres Staates zu identifizieren. Jedenfalls ist es für die Stabilität unseres politischen Systems sicher kein Vorteil, wenn sich ein Bewusstsein für den Stellenwert von Flaggen eher in den Bereichen der Werbung (»Flagship-Store«, »Beachflag« und Werbebanner) und des Sports ausbildet als im staatlichen Bereich.

Die staatliche Symbolik der Gegenwart scheint von einer Art Paradoxon gekennzeichnet. Einerseits sind die zentralen Symbole unseres Staates insofern unangefochten wie selten, als es keine ernst zu nehmenden Initiativen zur Schaffung von alternativen Symbolen gibt. Wer fordert schon eine neue Bundesflagge, wer eine neue Nationalhymne? Allzu groß sind der Frieden und die Eintracht jedoch nicht, weil andererseits heftig um die Deutung dieser ihrer Art nach unstreitigen Symbole gerungen wird.

Darüber hinaus können sich auch misslungene Akte der staatlichen Selbstdarstellung destabilisierend auswirken. Für das individuelle Leben sprach Erving Goffman von »the arts of impression management« und prägte für performative Fehlleistungen den schönen Begriff der »Performance disruption«. In staatlicher Hinsicht wäre hier etwa an zeremonielle Fehlleistungen im Bereich der innerstaatlichen Repräsentation oder der Diplomatie zu denken oder an andere »unmeant gestures«, beispielsweise Fotos und Selfies von hohen staatlichen Repräsentanten, deren Tragweite sich erst nach der Veröffentlichung und weltweiten Verbreitung herausstellt.

Verfassungspatriotismus als Leitkultur

Verfassungspatriotismus sollte unser aller Leitkultur sein. Mit einer richtig verstandenen verfassungspatriotischen Gesinnung bietet sich im Übrigen auch eine Gelegenheit, aus der Sackgasse der bisherigen Leitkultur-Debatten herauszukommen und sich auf das zu verständigen, was für die große Mehrheit unstrittig sein dürfte: die freiheitliche demokratische Grundordnung des Grundgesetzes als unumstößlicher Grundkonsens unserer Gesellschaft.

Mit dem Verfassungspatriotismus haben wir eine bürgerliche Bekenntniskultur, die als demokratisches Handlungskonzept Rationalität und Emotionalität miteinander verbindet. Genau in diesem Punkt unterscheidet sich allerdings das, was Dolf Sternberger unter Verfassungspatriotismus verstand, von dem Habermas'schen Begriffsverständnis. Während sich Habermas bei seiner Aneignung des Begriffs mit Nachdruck auf die universalistischen Prinzipien und die Gestaltungskraft der Vernunft berief und den Verfassungspatriotismus von »normalem Nationalstolz« abgrenzte, unterstrich Sternberger von Anfang an auch die Bedeutung von Emotionen für das Gelingen jedes Gemeinwesens. Denn rein rational lässt sich keine Form der kollektiven Identität ausbilden, kein Staat könnte auf solch einem Fundament ruhen. Vielmehr ist auch die emotionale und damit irrationale Seite eine *conditio sine qua non* für das Gelingen von Gemeinschaft und jeder Staatlichkeit. Der klassische Nationalstaat oder neue Formen des Nationalpatriotismus haben hierauf kein Monopol. Im Gegenteil ist es gerade für den Erfolg von Verfassungspatriotismus entscheidend, sich dieser Kräfte durch Symbole, Rituale und Mythen zu bedienen.

Zwar ist es das unbestrittene Verdienst von Habermas, den Begriff des Verfassungspatriotismus im Zuge des bereits erwähnten Historikerstreits einer größeren Öffentlichkeit bekannt gemacht zu haben. Er forderte, den Begriff der Kulturnation durch eine Staatsbürgernation nach französischem Vorbild zu ersetzen, die sich an universellen Werten und Normen orientiere und von ihren Bürgern mehr verlange, als sich in die Kultur des jeweiligen Landes einzufügen. Dieses entkulturalisierte Verständnis von Verfassungspatriotismus sei durch seine universalistische Wertorientierung »der einzige Patriotismus, der uns dem Westen nicht entfremdet [...]«. Für ihn war die »vorbehaltlose Öffnung der Bundesrepublik gegenüber der politischen Kultur des Westens« die »größte(n) intellektuelle(n) Leistung unserer Nachkriegszeit, auf die gerade meine Generation stolz sein könnte«.

Ich glaube, dass sich diese auf die weitere europäische Integration gerichtete Herangehensweise zu sehr vom Grundgesetz selbst abwendet und darüber hinaus zu wenig auf die auch kulturelle Bedeutung des Nationenbegriffs und die emotionale Komponente von Patriotismus abstellt. So überzeugend es ist, dass sich die liberale Diskurstheorie im Kern auf die rationale Entscheidungsfindung durch einen Austausch von Argumenten unter Gleichberechtigten bezieht, so fehlt es ihr doch an konkreten Anknüpfungspunkten für eine *auch* emotionale Verbundenheit. Gerade das können aber die Staatssymbole eines konstitutionell begründeten Nationalstaats leisten. Sich zu dieser emotionalen Kraft unserer Staatssymbole zu bekennen und sie zuzulassen, ist nach meiner Überzeugung eine wichtige Ergänzung zu einem rationalen Verständnis von Staatlichkeit. Für die emotionale Verbundenheit zwischen Staat und Bürger sind die Staatssymbole als kulturelle Identitätselemente unverzichtbar.

Der hohe Abstraktionsgrad des Habermas'schen Verfassungspatriotismus lässt ferner die Frage aufkommen, wie alltagstauglich ein solcher Ansatz ist. Abgesehen davon findet dieser heute seine Grenzen in der Rechtsprechung des Bundesverfassungsgerichtes, das in seinen Entscheidungen zum Vertrag von Maastricht und zur Euro-Rettung festlegte, dass dem

»deutschen Staatsvolk« eigene Kernkompetenzen verbleiben müssen.

Hingegen stellte Sternberger von Anfang an dem richtigen »Rechtsverhältnis« ein »angemessenes Gefühlsverhältnis« an die Seite. In strikter Abgrenzung zu den Pervertierungen des Nationalsozialismus prägte er einen Begriff von »Vaterlandsliebe«, den er einerseits als »Liebe zur Demokratie, zur Volks- oder besser: Bürgerregierung« und als Liebe zu den Gesetzen und zur Gleichheit sowie andererseits als Liebe zur Pflicht im Sinne einer Partizipation des Bürgers am Gemeinwesen verstand. In diesem Sinne sah er den Bürger im aristotelischen Sinne als *zoon politikon*.

Je heterogener und pluralistischer aber eine Gesellschaft wird, desto wichtiger ist die Verständigung auf das Gemeinsame, das auch als Anknüpfungspunkt für die essenzielle emotionale Bindung der Bürgerinnen und Bürger an den Staat dient und geradezu eine Voraussetzung für jede Teilhabe darstellt. Dieses identitätsstiftende Gemeinsame ist maßgeblich für den Erfolg einer kulturellen Integration, also der einwanderungsbezogenen Integration in einer multiethnischen und multireligiösen Gesellschaft ebenso wie der Integration von Staatsbürgern aus unterschiedlichen Milieus, Klassen und Regionen. Weil sich die Staatsbürgerschaft eben nicht mehr ausschließlich aus der Abstammung und einer Sprachgemeinschaft ergibt, ist das Konzept des »Verfassungspatriotismus« davon abhängig, dass sich die Staatsangehörigen willentlich mit dem Staat, seiner Verfassung und seinen Werten verbinden. Eine Akzeptanz, die weit über die einwanderungsbezogene Integration für alle Teile der Gesellschaft Bedeutung hat.

Grundgesetz und Verfassungsrecht bilden als Fundament unseres Gemeinwesens ohne Zweifel den Kern dieser Gemeinsamkeit, also einen essenziellen, aber den Patriotismus im hergebrachten Sinne in keiner Weise ersetzenden Bestandteil des Verfassungspatriotismus. Richtigerweise wird man sich bei der Bezugnahme auf die Verfassung nicht auf die freiheitliche demokratische Grundordnung beschränken, sondern auch andere Teile des Verfassungstextes und der Rechtsprechung des Bundesverfassungsgerichts sowie darüber hinaus gehend auch solche Institutionen und Phänomene als identitätsstiftend begreifen, die rechtlich überhaupt nicht geregelt sind. Die Staatssymbole sind mit Bundesflagge und Hauptstadt etwa nur recht spärlich im Grundgesetz verankert (Art. 22 Grundgesetz). Auch die deutsche Sprache findet sich bislang nicht im Grundgesetz, sondern wird von der Verfassungsordnung vielmehr vorausgesetzt.

Gerade die Symbole und die Sprache haben aber eine herausragende Bedeutung für die Integration. Vereinfacht gesagt: Symbole entfalten ihre Wirkung dort am besten, wo der Staat sonst weniger gut zu fassen ist, weil sich die Inhalte des Verfassungspatriotismus wegen ihrer Abstraktheit nur schwer vermitteln lassen. Die Kraft der Symbole liegt in ihrer unmittelbaren Zugänglichkeit, während das Verfassungsrecht (und seine »Institute«) leider nicht ohne Weiteres zu verstehen sind. Es genügt hier, die emotionale Kraft von Hymnen und Flaggen mit der doch recht sperrigen Definition der freiheitlichen demokratischen Grundordnung zu vergleichen. Die Symbole der Bundesrepublik versinnbildlichen die Idee und Grundanliegen ihrer Staatlichkeit, allen voran »Einigkeit und Recht und Freiheit«.

Es scheint mir daher nur folgerichtig zu sein, dass auch die Staatssymbole Teil des Einbürgerungstests sind. Ungeachtet dessen wird auch das Grundgesetz selbst zunehmend als ein Symbol unseres Staates verstanden. Ein Symbol, das sich einer konstant hohen Wertschätzung der Bevölkerung erfreut.

Der in der Zeit der deutschen Teilung geborene Verfassungspatriotismus erweist sich damit als ein Konzept, das für unsere heutige Gesellschaft nicht aktueller sein könnte. Einerseits wegen der mit der Einwanderung einhergehenden Folgen, die sich unter dem Begriff der »postmigrantischen Gesellschaft« zusammenfassen lassen. Andererseits sind es aber auch die identitätspolitischen Ausdifferenzierungen unserer Zeit und darüber hinaus gehend die für die Globalisierung typischen Spaltungs- und Fragmentierungstendenzen, die unseren gesellschaftlichen Zusammenhalt in einer noch vor wenigen Jahren ungeahnten Weise herausfordern.

Der von Andreas Reckwitz in seinem Buch »Das Ende der Illusionen« beschriebene Konflikt um Kultur und Identität, bei dem sich das Modell eines Kulturessenzialismus und ein als Hyperkultur bezeichnetes kosmopolitisches Kulturverständnis gegenüberstehen, unterstreicht die Bedeutung universell gültiger Werte und Symbole für jede freiheitliche und demokratische Staatsform. Dies gilt zumal dann, wenn es sich um multiethnische und multireligiöse Gesellschaften mit den für die Spätmoderne typischen Differenzierungen nach soziokulturellen Klassen handelt. Es wird uns nur mithilfe eines alltäglich gelebten Verfassungspatriotismus gelingen, eine Kultur des Allgemeinen herauszubilden. Hierzu können die Staatssymbole einen herausragenden Beitrag leisten, gerade in einer »Gesellschaft der Singularitäten« (Reckwitz).

Vielleicht haben wir in der Vergangenheit auch unterschätzt, wie viele Menschen die Beschleunigung des Lebens in der globalisierten und digitalisierten Welt als disruptiv empfinden und sich im Sinne einer Polarisierung zwischen Kosmopolitismus und Kaff eher bei den »Somewheres« einordnen als bei den »Anywheres« (David Goodhart).

Zu diesen Phänomenen der Entfremdung passt, dass die Globalisierungsdebatte bisher von einem angeblich unvermeidlichen Bedeutungsverlust des Nationalstaates geprägt war. Das mitunter prophezeite »Ende der Politik« schien manchen eine logische Folge der »Entnationalisierung«.

Richtig ist dabei das Gegenteil: Ein effizienter Staat ist heute wichtiger denn je, weil er allein die Rechte und Interessen seiner Bürgerinnen und Bürger schützen und die negativen Auswirkungen von Globalisierung, Digitalisierung und Entgrenzung abfedern kann. Ein Umstand, der in Zeiten von

Pandemien vielleicht wieder stärker in den Mittelpunkt rückt. So wird uns durch die Corona-Krise ganz konkret vor Augen geführt, wie wichtig ein funktionierender Nationalstaat für das Wohl jedes Einzelnen und der gesamten Bevölkerung ist.

Im Übrigen können staatliche Strukturen und das mit ihnen einhergehende kollektive Erleben Gemeinsamkeit und soziale Kohärenz fördern. Im Sinne einer staatlichen und gesellschaftlichen Stabilität ist es daher das Gebot der Stunde, staatliche Handlungsfähigkeit in allen Politikfeldern zu fördern und zu demonstrieren. Hierzu gehört auch, den seit den Achtziger- und Neunzigerjahren propagierten Rückzug des Staates aus wichtigen Bereichen der öffentlichen Daseinsvorsorge und der Krisenprävention kritisch zu überdenken. Wie Andreas Reckwitz gezeigt hat, ging der Wandel von der industriellen zur digitalen Spätmoderne mit seinen Auswirkungen auf das kulturelle Bewusstsein radikaler vonstatten, als es zunächst den Anschein hatte.

Dieser Prozess machte eine Neubewertung der klassischen Bezugsgrößen von Nationalstaat und Patriotismus erforderlich und führte darüber hinaus bei einigen sogar zu einem Gefühl der Ohnmacht. Vielleicht waren es aber auch ein paar identitätspolitische Obsessionen und Privatideologien zu viel, sodass wir uns plötzlich in einer »Rottweiler-Gesellschaft« (Paul Collier) wiederfanden, in der es um vieles geht, aber eben nicht um den Sinn des sozialen Zusammenhalts. Dies ist ein gefundenes Fressen für Populisten und Ideologen aller Arten.

Deshalb sollten wir uns um eine Mehrung der Kräfte bemühen, die sich positiv auf das Gemeinsame und den gesellschaftlichen Zusammenhalt auswirken. In vollem Respekt vor der Freiheit und Diversität sollten wir die Logik des Allgemeinen und den Sinn für die Gemeinschaft stärken. Allenthalben wird über die Fragmentierung unserer Gesellschaft geklagt. Gegen diese Fliehkräfte, wie wir sie in unseren pluralen und zunehmend individualisierten Gesellschaften der globalisierten und digitalisierten Gegenwart erleben, sollte alles in Stellung gebracht werden, was die Einheit stärkt. Je mehr wir uns nämlich auf die Unterschiede konzentrieren, desto schwieriger wird es, den Blick auf die Gemeinschaft zu schärfen.

Schwarz-Rot-Gold ist ein starkes Zeichen dieser Einheit, ein Symbol unserer gemeinsamen Basis des Grundgesetzes und damit der Eintracht. Vielleicht müssen wir auch »Einigkeit« als erstes Wort unserer Nationalhymne neu interpretieren, weil seine Bedeutung heute sicher eine andere ist als im Sommer 1841.

Es wäre jedoch ein grundlegendes Missverständnis, in dieser Betonung der Konvergenz einen Widerspruch zu den individuellen Freiheitsrechten zu sehen. Mitnichten geht es um eine »Staatsanbetung« oder »Zivilreligion« (Jan-Werner Müller) und andere Formen der illiberalen Staatlichkeit, die in der Geschichte unseres Landes ja bereits in vielfältiger Ausprägung vertreten waren. Vielmehr geht es darum, einen Teil der emotionalen Kräfte auf den Staat als Repräsentanten des Ganzen und somit auf das »Wir« zu lenken, weil diese wie auch immer benannten Emotionen für den Staat unverzichtbar sind und nur er die Freiheitsrechte eines jeden garantieren kann.

Dabei ist unser Staat weit mehr als nur eine bloße Garantie der Freiheit, er selbst ist durch die Freiheit geprägt, weil diese die Essenz unseres Staatsverständnisses ist. In diesem Sinne ist das Ganze unauflöslich mit dem Individuellen verbunden. Durch die Stärkung des Bekenntnisses zum Ganzen werden somit auch die Freiheit und Vielfalt sichergestellt und nicht etwa hinterfragt oder gar eingeschränkt. Wenn ich mich also für eine Stärkung dessen ausspreche, was uns alle als Staatsbürger mit denselben Rechten und Pflichten verbindet, dann geht es mir nicht darum, die Unterschiede zu negieren oder andere Freiheitsrechte durch den allgemeinen Gleichheitssatz von Artikel 3 Absatz 1 Grundgesetz zu relativieren. Wir sollten uns aber nicht darauf beschränken, nur noch die identitätspolitisch geprägten Differenzen zu sehen. Ein solcher Schritt in

Richtung einer gelebten Verfassungskultur wäre eine wichtige Maßnahme zur Stabilisierung des Verfassungsstaates, denn kein Gemeinwesen funktioniert ohne Gemeinsinn.

Auch heute noch ist es vor allem der konstitutionell begründete Nationalstaat, der einerseits das menschliche Bedürfnis nach einer Geltung von fundamentalen Werten, Rechten und einer staatlichen Effizienz garantiert und andererseits ein in der Sehnsucht nach Halt, positiver Bindung und Zusammenhalt gründendes Gefühl der Sicherheit und Geborgenheit zu stiften in der Lage ist. Jedenfalls, wenn es sich um einen demokratischen Rechtsstaat handelt. Entgegen der Prophezeiung Carl Schmitts aus dem Jahr 1963 (»Der Begriff des Politischen«) geht die Epoche der Staatlichkeit nicht zu Ende. Durch die Folgen der Globalisierung sieht sie sich allerdings mit großen Herausforderungen konfrontiert.

Was die Sehnsucht nach Halt und Zusammenhalt angeht, steht diese nur scheinbar in einem Widerspruch zur menschlichen Autonomie, da sich der in das Gemeinwesen Einbezogene dank der gewährleisteten Freiheitsrechte und der vielschichtigen Wechselbeziehung zwischen Individuum und Gemeinschaft am Ende freier fühlen kann als ein vereinzelt und einsam Bleibender, dessen Rechte nicht durch effektive staatliche Strukturen garantiert werden. In Zeiten, in denen auch das Überforderungspotenzial von Freiheit und die »digitale Kälte« offenbar werden, scheint mir die Bedeutung von Rechtsgarantien auf der einen Seite sowie von Bindung und Vertrauen auf der anderen Seite naheliegend zu sein. In diesem Sinne sah auch Ralf Dahrendorf im Patriotismus eine Voraussetzung des Weltbürgertums, weil Menschen irgendwo hingehören müssten, bevor sie sich für weitere Horizonte öffnen könnten.

Dabei liegt in dieser Bedeutung des Nationalstaates kein Widerspruch zu einer weiter vertieften europäischen Integration und einer gleichzeitigen Einbettung in multilaterale Strukturen. Vielmehr stehen die Herausforderungen der postindustriellen Spätmoderne (Andreas Reckwitz) geradezu lehrbuchhaft für Szenarien, bei denen rein nationale Ansätze nie zum Erfolg führen können. In der Gegenwart wird hier jeder an Pandemien denken. So bleibt im Hinblick auf die Covid-19-Pandemie zu hoffen, dass die Bedeutung eines Gleichklangs zwischen einem funktionierenden Nationalstaat und multilateralen Strukturen besser im öffentlichen Bewusstsein verankert sein wird. In jedem Fall wird es in den nächsten Jahrzehnten um eine bessere Verzahnung der nationalen, europäischen und globalen Ebene gehen. Grund genug, sich über die Bedeutung der Nationalstaaten und von Patriotismus im Klaren zu sein.

Es ist damit zugleich Stärke und Herausforderung des Staates, sowohl auf der rationalen als auch auf der emotionalen Ebene zu wirken. Patriotische Gefühle sind in diesem Sinne nicht nur für den Staat wichtig. Sie helfen auch den einzelnen Bürgern, sich als Teil des Ganzen zu begreifen, das ansonsten auf einer rein rationalen Ebene doch reichlich theoretisch und wenig fassbar bliebe, wie schon Ernest Renans Verständnis der Nation als »geistiges Prinzip« zeigt.

Deshalb wäre es unter den Bedingungen der Globalisierung fatal, den demokratischen Rechtsstaat auf die Kraft des Wortes und eine rein rationale Ebene zu beschränken. Zwar ist die Republik eine versachlichte Staatsform, worauf ich bereits hingewiesen hatte. Dieser Imperativ der Sachlichkeit lässt jedoch genügend Spielräume für die emotionale Seite des Menschen. In Abgrenzung zu der deliberativen Demokratietheorie von Habermas braucht in besonderer Weise auch diese Staatsform ein an ihr politisches System angepasstes Emotionsmanagement. Ohne Staatssymbole lässt sich diese Aufgabe nicht bewältigen.

Staatssymbole wirken in zwei Richtungen, einerseits zum Bürger hin, andererseits vom Bürger her. In der ersten Richtung helfen sie, den unsichtbaren Staat sichtbar zu machen. Staatliche Repräsentation wäre ohne Symbolik schlichtweg undenkbar, wobei es hierbei aber nicht um eine gleich bleibende Formensprache geht. Die staatliche Repräsentation sieht sich vielmehr mit der nicht zu unterschätzenden Herausforderung konfrontiert, eine auf den politischen und gesellschaftlichen Wandel abgestimmte Symbolik einzusetzen. Revolutionen und historische Brüche kommen erschwerend hinzu, weil sie häufig dazu führen, dass hergebrachte Symbole ausgesondert werden und sich neue nicht ohne Weiteres durchsetzen.

Eine suchende Unbeholfenheit im Umgang mit staatlicher Symbolik kann die Folge sein, wie sie etwa für die ersten Jahrzehnte der Bundesrepublik typisch war. Andererseits wirken Staatssymbole aber auch als Mittel des Bürgers, seine Bindung an den Staat und seine Zugehörigkeit zur Nation zum Ausdruck zu bringen. Obwohl empirisch nicht ohne Schwierigkeiten messbar, erlaubt nicht zuletzt die Art und Weise des Umgangs mit den Symbolen von Staat und Nation Rückschlüsse auf das Ausmaß einer patriotischen Gesinnung und kulturellen Identität. Diesen Gradmesser gilt es zu lesen.

In diesem Sinne meine ich, dass wir alle Flagge zeigen und uns auch symbolisch zu unserem Staat bekennen sollten. Manchmal ist es besser, Schwarz-Rot-Gold zu entrollen als anderen die freiheitliche demokratische Grundordnung zu erläutern. Staatliche Symbolik sollte nicht nur vom Staat selbst eingesetzt werden, auch die Bürger bleiben aufgerufen, sich effektiv zur Stärkung des Gemeinsinns und der Identifikation mit dem Gemeinwesen einzusetzen. Eine Demokratie wird schließlich nur dann wehrhaft sein, wenn auch die Bürgerinnen und Bürger zu solchen rationalen und emotionalen Akten bereit sind. Eine Haltung, die Aristoteles in seiner staatsphilosophischen Schrift »Die Politik« treffend umschrieben hat: »Es muss immer derjenige Teil des Staates, welcher wünscht, dass die Verfassung bleibe, stärker sein als der, welcher das Gegenteil verlangt.«

Sonst eignen sich konträre Kräfte die Symbole an, wobei die Gefahr in diesem Umdeutungs- und Usurpationsprozess darin liegt, dass er schleichend verläuft, man ihn also unter Umständen erst zu spät bemerkt.

Lehren aus Weimar

Auch in diesem Punkt sollte man aus der Zeit der Weimarer Republik die richtigen Schlüsse ziehen. Einerseits waren es die Nationalsozialisten, die die verführerische Kraft des Symbolischen geschickt für ihre Propaganda einzusetzen wussten, worauf etwa Ernst Bloch frühzeitig hingewiesen hatte. Andererseits hat es die Weimarer Republik nie verstanden, sich in symbolischer Hinsicht zu definieren und gegenüber dem Kaiserreich, den Nationalsozialisten und Kommunisten abzugrenzen. Das »vaterländische Pathos«, wie es Sternberger nannte, hatten die Gegner der Republik für sich reserviert. Einige wenige Versuche einer eigenen, republikanischen Formensprache blieben zu zaghaft und neben einer modernen künstlerischen Ausgestaltung des Adlers und eines Reichsbanners vor allem auf große staatliche Trauerereignisse beschränkt, allen voran die Trauerfeiern für Walther Rathenau, Friedrich Ebert und Gustav Stresemann. Schon der Staatsname »Deutsches Reich« ließ ja keinen Schluss auf den republikanischen Charakter zu. Offizielle Besuche gab es kaum, Reisen gar keine.

Eine Schaffung eigener Orden blieb durch das in Art. 109 Absatz 4 der Weimarer Reichsverfassung verankerte Verbot der Verleihung von Orden und Ehrenzeichen grundsätzlich verboten, sodass die höchsten staatlichen Repräsentanten weiterhin ihre Dekorationen aus der Kaiserzeit trugen. Dies kann sicher als Abkehr von der feudal geprägten Ordenskultur der Kaiserzeit verstanden werden. Allerdings wurde dieser im Kern republikanische und die Gleichheit aller Bürger betonende protokollarische Neuanfang von der Bevölkerung wenig goutiert. Zu tief war das Bedürfnis nach Distinktion, was ja auch die Tatsache zeigte, dass Auszeichnungen für Verdienste in den Kriegsjahren 1914 – 1919 gemäß Art. 175 der Verfassung nach wie vor möglich bleiben sollten.

In der Folge wurde schon bald das Problem offenkundig, dass der Staat keine besonderen Leistungen mehr hervorheben und die Leistungsträger nicht an die junge Republik binden konnte. Reichspräsident Friedrich Ebert versuchte 1922, das Verbot durch Ehrengeschenke, etwa den »Adlerschild des Deutschen Reichs«, zu umgehen. Auch heute noch gibt es im Übrigen nur wenige Staaten, die auf Orden und andere sichtbare Auszeichnungen verzichten, so wie etwa der Staat Israel, der ausschließlich militärische Dekorationen verleiht. Dass die Weimarer Reichsverfassung in Art. 148 Absatz 3 Satz 2 selbst regelte, dass jeder Schüler bei Beendigung der Schulpflicht einen Abdruck der Verfassung erhält, erscheint ein wenig hilflos. Immerhin waren bei diesen Ausgaben aber die Staatssymbole aufgedruckt. Insgesamt betrachtet, kann die Symbolarmut der Weimarer Republik mit guten Gründen auch für ihren Untergang mitverantwortlich gemacht werden, worauf schon Karl Loewenstein hingewiesen hat.

In seiner Rede aus Anlass der 25-Jahr-Feier der Akademie für Politische Bildung in Tutzing wies Sternberger im Hinblick auf Weimar darauf hin, dass den republikanischen Gesinnungen der Parteien der Mitte, die mehr von den Lasten als von den Früchten des Friedens hätten leben müssen und denen das Regieren selber eine Last gewesen wäre, kaum eine herzhafte Empfindung aus dem Volke zugewachsen sei. Wie Marcus Llanque 2018 gezeigt hat, war auch die wissenschaftliche Literatur der Weimarer Zeit im Hinblick auf die Bedeutung des politischen Symbolismus wenig ausdifferenziert. Hans Kelsen lehnte vom Standpunkt seiner Reinen Rechtslehre die Beschäftigung mit Symbolen grundsätzlich ab. Aber auch seine Widersacher Hermann Heller und Carl Schmitt, der sich eher auf den Aspekt der staatlichen Repräsentation bezieht und sich bei den Staatssymbolen auf den Flaggenstreit beschränkt, fanden keinen Zugang zu den Phänomen der symbolischen Repräsentation. Eine Ausnahme machte Gustav Radbruch, der immerhin konstatierte, dass das Symbol »dem Dogma ebenso überlegen [ist] wie die Anschauung der Lehre, und hundert Fahnen sprechen eine eindringlichere Sprache als hundert Reden«. Mit seiner oben dargestellten Integrationslehre einen eigenen systematischen Ansatz zur Bedeutung der Symbole entwickelt zu haben, war jedoch Rudolf Smend vorbehalten.

Die Verteidiger der Weimarer Republik hätten früher und entschiedener erkennen müssen, dass man gerade für die neue Staatsform Gefühle mobilisieren muss. Von Anfang an fehlte es an einer offensiven Symbolpolitik.

In diesem Sinne sollten wir die systemstabilisierende Wirkung von emotionalen Reaktionen auf Symbole besser nutzen, andererseits aber auch im Hinblick auf deren destabilisierende Kraft wachsamer sein. Es ist kein Zufall, dass sich gegen eine bestehende Ordnung gerichtete Kräfte von Anfang an auch symbolischer Instrumente bedienen. Rechtsextremisten stehen in einer langen Tradition des politischen Symbolismus und wissen dessen besondere Kraft effektvoll einzusetzen, ob mit Flaggen, Kleidung oder auch mit Nummernschildern. Es mangelt auch heute nicht an mehr oder weniger versteckten politischen Botschaften und Bezugnahmen zum Nationalsozialismus. Viel zu lange hat es etwa gedauert, bis die zuständigen Behörden Mittel und Wege gegen »Wunschkennzeichen« gefunden haben, die verschlüsselte Bezüge zum Nationalsozialismus aufweisen.

Sachpolitik und Symbolpolitik

Aber natürlich hat auch im Politischen jeder Symbolismus seine Grenzen, er ist kein Allheilmittel. Wie gezeigt, begrenzt die Substanz des Wiedergegebenen jede Symbolik. Andererseits eignet sich auch nicht jedes Handlungsfeld für eine rein symbolische Herangehensweise. Manchmal ist eine ebenso praktische wie schmucklose Handlung vonnöten. Besieht man sich etwa die viel beschriebene Krise der westlichen Welt, die auch als »Stresstest der westlichen Demokratien« (Wolfgang Schäuble) oder als »demokratische Rezession« bezeichnet wird, hat man es in erster Linie natürlich nicht mit einem symbolischen Problem zu tun. Für die vielen Ursachen dieses krisenhaften Prozesses nenne ich hier nur die nicht zu übersehenden Probleme bei der Einlösung des für jeden Staat essenziellen Effizienz- und Problemlösungsversprechens (Ute Frevert). Diese Defizite scheinen in weniger liberalen Staatsformen nicht so deutlich zutage zu treten, wodurch sich sicher ein Teil der erheblichen Anziehungskraft autoritärer Herrschaftssysteme erklären lässt. Staaten müssen die Probleme der Bürger effektiv lösen, sonst droht ein massiver Vertrauensverlust, was zu gefährlichen Instabilitäten führt. Offenbar gehört es zu den destruktiven Moden der Gegenwart, dass sich leichter Mehrheiten *gegen* etwas finden als *für* etwas. Als Beispiel mag die Kaskade von Negativbeschlüssen dienen, die das House of Commons im Brexit-Prozess gefasst hat, weswegen man gar von einem Westminster-Phänomen sprechen könnte. Bei solchen Symptomen, die politische, rechtliche und strukturelle Gründe haben, hilft in erster Linie keine symbolpolitische Medizin. Vielmehr sind hier konkrete sachpolitische Entscheidungen und Reformen nötig, die durch eine kluge symbolpolitische Ausprägung begleitet werden sollten.

Nur der sichtbare und seine Aufgaben effizient wahrnehmende Staat fördert das Vertrauen in ihn. Mehr Vertrauen und weniger Angst sind jedoch ein gutes Rezept gegen jede Form von Populismus. Wie groß das Defizit ist, zeigen Meinungsumfragen mit großer Klarheit. So hielten bei einer vom Meinungsforschungsinstitut »forsa« für den Deutschen Beamtenbund 2019 durchgeführten Umfrage 61 Prozent der Befragten den Staat bei der Erfüllung seiner Aufgaben für überfordert.

Auch in symbolischer Hinsicht bleibt genug zu tun. Wir können uns diesen von Unwissenheit, Argwohn und Ablehnung geprägten Umgang mit den Symbolen unseres Staates nicht länger erlauben. Die eingangs geschilderten Demonstrationserfahrungen dienen nur als Beispiel, das nahezu täglich eine Fortsetzung findet.

Ignoranz

Am 5. Juli 2019 meldete sich etwa die ehemalige Grünen-Politikerin Jutta Ditfurth mit folgendem Tweet zu Wort: »Wer die Deutschlandfahne im Namen trägt, den blockiere ich. Der Versuch, die Fahne umzudeuten, ist gescheitert, scheitert, wird scheitern. Sie steht für alles, was an diesem spezifischen Deutschland schlecht ist. Kein naiver Wunsch wird daran etwas ändern. #reclaimthesymbol Don't.«

Es lohnt sich, diesen Tweet näher zu betrachten. Mit dem etwas aktionistisch gehaltenen ersten Satz stellt sich die Verfasserin in eine zwar geschwächte, aber eben noch lebendige Tradition von Teilen der westdeutschen Linken, bei denen Schwarz-Rot-Gold schlichtweg verpönt war. Gründe brauchte es hierfür keine, es war landauf landab feste Haltung. Mit dem zweiten Satz wird eine neue Begründung für diese alte Überzeugung bemüht, dass nämlich eine Umdeutung der Fahne, gegen die sie wohl nichts hätte, gescheitert sei. Offensichtlich geht Jutta Ditfurth hier von einer fehlgeschlagenen demokratischen Umdeutung aus. Ein Ansatz, der einerseits ihre Unkenntnis von der Geschichte und Bedeutung der Bundesflagge offenbart. Die deutschen Farben waren ja nie etwas anderes als ein Zeichen der Einheit und Freiheit und sind damit das einzige Staatssymbol, das keine Spuren einer nationalsozialistischen Kontamination enthält.

Dass sich aber ausgerechnet Jutta Ditfurth zu einer hypothetischen Verteidigerin einer recht verstandenen deutschen Trikolore aufschwingt, erscheint andererseits reichlich skurril, ist sie bisher doch nicht mit wohlwollenden Äußerungen zur staatlichen Symbolik aufgefallen. Im Gegenteil: 1987 ließ sie sich auf einer Fotografie dabei abbilden, wie sie eine Bundesflagge zerriss. Ein Scheitern der Umdeutung zu beklagen, ist in etwa so glaubwürdig wie die Klage des Brandstifters über gescheiterte Löschbemühungen. Wenn man von einer Umdeutung sprechen möchte, dann im Gegenteil doch nur von den Umdeutungsversuchen, die seit Herbst 2014 vonseiten rechter und populistischer Antisystembewegungen wie Pegida zu beobachten ist. Dass deren Umdeutung gescheitert sei, würde Jutta Ditfurth doch kaum beklagen wollen. Somit erscheint der dritte Satz, demzufolge die Bundesflagge für alles stünde, was an diesem spezifischen Deutschland schlecht sei, als völlig abwegig.

Wie sehr man in unserem Land auch in gemäßigteren Kreisen auf der Suche nach einem souveränen Umgang mit der Nationalflagge ist, zeigte sich gut drei Wochen später durch eine erstaunliche Wortmeldung des ehemaligen Bundesverfassungsrichters Udo Di Fabio. In einem »United States of Europe – nur Zukunftsmusik oder schon auf der Tagesordnung?« überschriebenen Gastbeitrag in der »Neuen Zürcher Zeitung« vom 29. Juli 2019 formulierte er ebenso pointiert wie falsch: »Nur Kleingartenvereine und AfD-Sympathisanten hissen noch Schwarz-Rot-Gold. Elite und Mitte der Gesellschaft tragen Blau mit goldenen Sternen.« Eine Zuspitzung, zu der er sich eine weitere Woche später vielleicht nicht mehr durchgerungen hätte. Welche symbolische Kraft von unseren Farben auch jenseits von Laubenpieper-Kolonien und »AfD-Sympathisanten« ausgehen kann, sah man in berührender Weise, als die Bilder des dreiundachtzigjährigen Überlebenden des Holocaust und des Münchner Olympia-Attentats von 1972 Shaul Ladany um die Welt gingen, der für das deutsche Maccabi-Team am Halbmarathon der *European Maccabi Games 2019* teilnahm: in einem Trikot mit Schwarz-Rot-Gold und der Aufschrift »Deutschland«. Dies war eine unglaubliche Geste des Überlebenden des Konzentrationslagers Bergen-Belsen, zu der dieser in einem Interview lediglich feststellte: »Deutschland hat sich geändert. Deutschland hat Verantwortung für das übernommen, was im Dritten Reich geschehen ist.«

Wenn sich aber einflussreiche Persönlichkeiten wie Udo Di Fabio auf diese Weise zu unserer Bundesflagge äußern, darf man sich über die vielen unsachlichen Wortmeldungen zum Thema kaum wundern. In Erinnerung geblieben ist mir eine »Menschenrechtskämpferin« mit 34 000 »Followern«, die am 8. August 2019 twitterte: »Wisst ihr was? Eigentlich ist eine Deutschlandflagge im Twitterprofil ein guter kräftiger Wink mit dem Zaunpfahl, dass man den Account blockieren kann, weil damit zu 98 Prozent nur rechtspopulistischer Unfug getwittert wird.«

Es ist Zeit für ein Plädoyer für Schwarz-Rot-Gold. Unser Land braucht mehr Patrioten, die niemand besser beschrieben hat als Gottfried Wilhelm Leibniz: »Patrioten sind amtlich Unzuständige, die sich um das Gemeinwohl kümmern.«

3. Kapitel

Unsere Farben, unsere Flagge

> *Das verbindliche Symbol und das herrliche Gefühl unbefangener und rückhaltloser Gemeinsamkeit seiner Verehrung wird uns nicht von gütigen Göttern geschenkt und nicht von bösen Göttern verweigert. Wir selber sind es, die daran schaffen, wenn wir die Gabe dazu haben. Herbeizwingen können wir's freilich nicht.*
>
> Dolf Sternberger

In vielerlei Hinsicht sind Flaggen etwas Besonderes und Nationalflaggen *das* herausragende Symbol eines jeden Staates. Dies mag auch damit zusammenhängen, dass sich die Essenz von Staatlichkeit mit dem vergleichsweise einfachen Mittel eines farbigen Stoffes kraftvoll und in einer universal verständlichen Weise zum Ausdruck bringen lässt. Vorausgesetzt, der Betrachter ordnet die Flagge richtig zu. Sicher ist es ein großer Vorteil jeder Flagge, dass sie aus sich selbst heraus wirkt. Anders als etwa eine Nationalhymne, deren Text und Melodie ja erst wirken, wenn sie richtig gesungen werden.

Um als optische Signale wirken zu können, müssen Flaggen klar gestaltet und gut erkennbar sein. Eine ähnliche Verständlichkeit wünschte man sich im Übrigen auch von der flaggenkundlichen Fachsprache, die dank ihrer althergebrachten Termini (»oberes Liek« und »unteres Flugteil«) einer Geheimsprache ziemlich nahekommt.

Letztlich prägen Farben und Flaggen die auch weit in das Private wirkende Stilisierung von Staatlichkeit. Im Kern geht es dabei um nichts weniger als die Würde des Staates und damit um den Kernbereich seiner Repräsentation.

Flaggen sind ein Kulturgut, das neben seiner aktuellen symbolisch-politischen Bedeutung im Laufe der Weltgeschichte eine enorme Wirkung erzeugt hat. Dabei ergibt sich ihr hoher ideeller Stellenwert auch aus einer quasisakralen Überhöhung, die dieses Symbol nahezu weltweit erfuhr. Diese Geltung muss man heute zweifellos kritisch sehen. Zu häufig waren Fahnen, Flaggen und Banner nämlich vor allem eines: Legitimationsgrund für menschliche Opfer im Krieg. Bereits im vorherigen Kapitel bin ich darauf eingegangen, dass sie für die Geschichte der Kriegsführung so etwas wie eine magische Antriebsfeder sind. Es liegt sicher auch an der gewachsenen Verbindung der Begriffe »Fahne«, »Fahneneid«, »Wehrdienst« (in der DDR ging man ja umgangssprachlich »zur Fahne«) und »Krieg«, dass hoheitliche Fahnen und Flaggen auch heute noch gegensätzliche Emotionen hervorrufen (Abbildung 12). Ganz zu schweigen von der Hakenkreuzfahne als zentralem Symbol für die nationalsozialistische Gewaltherrschaft und den ersten drei Worten des Horst-Wessel-Liedes (»Die Fahne hoch!«).

Wie jedes Staatssymbol wirken Flaggen als Kennzeichen nach außen, aber auch als Identifikationsmittel nach innen. Die nach außen gerichtete Ordnungsfunktion von Schwarz-Rot-Gold funktioniert problemlos. Weltweit verbindet man Deutschland mit dieser Trikolore; abgesehen von Neonazis, Reichsbürgern und ähnlich Gesinnten würde sich heute niemand an Schwarz-Weiß-Rot orientieren. Wie zum Beweis dieses effektiven »nation branding« sei an die Kennzeichnung einer Vielfalt von mehr oder weniger in Deutschland gefertigten Produkten erinnert, von Bratwürsten bis hin zu Feuerwerkskörpern. Anders als die Bundesflagge dürfen die Bundesfarben gemäß Paragraf 145 Abs. 1 Nr. 1 Markengesetz auch im geschäftlichen Verkehr ohne Weiteres verwendet werden. Eine Möglichkeit, die deutsche Unternehmen nicht nur im

Export intensiv nutzen. Die im politischen Kontext anzutreffenden Unsicherheiten und Kontroversen kennt der Handel nicht. Sicher werden die Nationalfarben und Nationalflaggen in anderen Ländern noch weitaus intensiver kommerziell genutzt. Ein schönes Beispiel ist etwa ein auf kleine Fahrzeuge spezialisierter, vormals britischer Automobilhersteller, der die Heckleuchten seiner Fahrzeuge ungeachtet der bayerischen Wurzeln seines Mutterkonzerns als *Union Jack* gestaltet, sodass allen hinter dem Fahrzeug befindlichen Verkehrsteilnehmern die britische Markentradition durch die aufleuchtende Nationalflagge des Vereinigten Königreichs Großbritannien und Nordirland verdeutlicht wird. In den USA wird die Nationalflagge zweifellos noch stärker kommerziell genutzt. Sogar dann, wenn dies eigentlich unzulässig ist, weil es die auf Unterwäsche und Bademoden omnipräsenten *Stars and Stripes* nach dem »United States Flag Code« eigentlich gar nicht geben sollte (»The flag should never be used as wearing apparel, bedding, or drapery«).

Wie gezeigt, funktioniert die nach innen gerichtete Wirkungsweise weniger problemlos. Diese Dysfunktionalität zu minimieren und Schwarz-Rot-Gold als identitätsstiftendes Symbol unseres Staates und unserer Gesellschaft zu stärken, ist das Hauptanliegen meines Buches. Auch wenn die Bundesflagge kein Allheilmittel ist und leider keinen »Abwehrzauber« gegen verfassungsfeindliche Kräfte entfalten kann, so sollte ihre identitätsstiftende Wirkung nicht unterschätzt werden. Eine Wirkung, die von der emotionalen Kraft dieses Symbols herrührt.

Im Umgang mit Fahnen und Flaggen genügen manchmal schon kleinste Gesten, um eine große Resonanz auszulösen. Man denke etwa an die zum Teil heftigen Reaktionen, die Bundespräsident Joachim Gauck hervorrief, als er am 12. Juni 2012 während einer Rede vor der Führungsakademie der Bundeswehr zwischen dem Satz »Und nun stehe ich vor Ihnen hier in Hamburg als Bundespräsident des vereinigten Deutschland« und dem folgenden »Ich stehe vor der Bundeswehr, zu der ich seit zweiundzwanzig Jahren auch ›meine Armee‹ sagen kann« mit der rechten Hand kurz die Truppenfahne berührte. Mit dieser Reverenz brachte er gestisch die Einheit des Staatsoberhauptes mit dem von ihm repräsentierten wiedervereinigten Staat und dessen Streitkräften zum Ausdruck. Eine ritualisierte Handlung, die einerseits an den Ursprung der Truppenfahne erinnerte – immerhin war es Bundespräsident Heinrich Lübke, der die Truppenfahne 1964 gestiftet hatte. Andererseits erinnert das Berühren des Fahnentuchs ein wenig an die Gelöbnis- und Vereidigungszeremonie der Bundeswehr, bei der eine Abordnung während der Gelöbnisformel die Hände auf die gesenkte Truppenfahne legt.

Gesten der Gemeinsamkeit sind auch außerhalb der Streitkräfte nötig. Zusammen mit den anderen Staatssymbolen kann die Bundesflagge dazu beitragen, Gemeinsamkeit zu schaffen und dadurch die in unserer Phase der Globalisierung beklagte Entfremdung zu überwinden. In diesem Sinne möchte ich der Frage nachgehen, wie es eigentlich dazu kommen konnte, dass ein in seiner Entwicklungsgeschichte so eindeutig positives und an Klarheit nichts zu wünschen übrig lassendes Zeichen so diffus rezipiert und links liegen gelassen wird. Denn nur wer diese Entwicklungen kennt, kann auch für Gegenwart und Zukunft die richtigen Schlüsse aus ihnen ziehen.

Bevor wir uns der Bundesflagge als Stoff gewordenem Patriotismus zuwenden, seien noch einige grundlegenden Begriffe erläutert.

Die auch *Landesfarben* genannten *Nationalfarben* sind meist die Farben eines Staates, die in der Nationalflagge oder auf anderen staatlichen Symbolen geführt werden, beispielsweise in Wappen und Kokarden sowie auf Orden, Ordensbändern und Uniformen. Auch schon vor der Existenz eines Staates kann ihnen eine wichtige Bedeutung zukommen, etwa als symbolisches Instrument einer nach eigener Staatlichkeit strebenden Nation. So vollziehen sich politische Umbrüche und Systemwechsel oft im Zeichen einer Farbe oder Blume. Besonders häufig wurden Revolutionen in den vergangenen Jahrzehnten nach solchen Erkennungszeichen benannt. So können etwa die »Nelkenrevolution« in Portugal, die »Rosenrevolution« in Georgien, die »Orangene Revolution« in der Ukraine, die »Zedernrevolution« im Libanon und die »Tulpenrevolution« in Kirgisistan unter dem Begriff der Farbenrevolutionen zusammengefasst werden.

Bei den Nationalfarben kommt es entscheidend auf die Reihenfolge der einzelnen Farben an. Regelungen dieser heraldischen oder vexillologischen Anordnung können sich aus der Verfassung oder anderen rechtlichen Quellen ergeben.

Unter einer *Flagge* versteht man ein beliebig reproduzierbares Tuch mit einer feststehenden Anordnung von Farben, Wappen, Symbolen und Applikationen, das an einem Mast oder Stock gehisst und eingeholt werden kann. Nationalflaggen symbolisieren Staaten oder Nationen, die eine eigene Staatsqualität für sich beanspruchen. In inhaltlicher Hinsicht sind sie nicht darauf beschränkt, die bloße Existenz, Unabhängigkeit und Einheit des jeweiligen Staates zu repräsentieren. Vielmehr können sie darüber hinaus gehend auch zentrale Staatsziele und politische Grundaussagen zum Ausdruck bringen. Hierauf werde ich für unsere Nationalflagge noch zu sprechen kommen.

Fahnen sind zunächst einmal Einzelstücke. Sie werden für konkrete Zwecke hergestellt und sind anders als Flaggen nicht ersetzbar. Wegen dieses Umstandes wird ihnen eine besonders hohe Symbolkraft beigemessen. In manchen Fällen sind Fahnen sogar geweiht und unterliegen besonderen Ritualen des Schutzes und der Achtung.

Zwischen Fahnen und Flaggen gibt es aber noch einen weiteren Unterschied. Fahnen sind nicht nur unersetzlich, sie sind auch unbeweglich. Anders als die zu hissenden Flaggen werden Fahnen nämlich an einer Fahnenstange (»Schaft«) befestigt. Und so steht eine der vornehmsten Fahnen unserer Republik im Plenarsaal des Deutschen Bundestages, worauf ich noch eingehen werde. Zur Unterscheidung mag die Eselsbrücke dienen, dass es »Fahneneid« heißt und nicht »Flaggeneid«.

Um es nicht zu einfach werden zu lassen, haben Fahnen und Flaggen zahlreiche unterschiedliche Formen, von denen hier nur die wichtigsten genannt werden. Die *Standarte* ist eine besondere Flagge, die heute zumeist als Hoheitszeichen eines Staatsoberhauptes oder aber (im Ausland) eines anderen Mitglieds einer königlichen Familie benutzt wird. Jeder wird die über Schloss Bellevue gehisste Standarte des Bundespräsidenten kennen, die in der »Anordnung über die deutschen Flaggen vom 13. November 1996« als »ein gleichseitiges, rotgerändertes, goldfarbenes Rechteck, darin der Bundesadler, schwebend, nach der Stange gewendet, Verhältnis der Breite des roten Randes zur Höhe der Standarte wie 1 zu 12« definiert wird. Eine Standarte kann an allen denkbaren Fahrzeugen geführt werden, in Deutschland wird sie beispielsweise als *Stander* am Kotflügel eines Autos montiert (Abbildung 17).

Unter einem *Banner* versteht man heute eine mittig an einem waagerechten Schaft hängende Fahne.

Wimpel sind längliche, meist dreieckige Flaggen, die häufig bei der Marine Verwendung finden.

In der Flaggenkunde wird ein auf der Flagge oder Fahne befindliches Viereck, das sich meist in der mastseitigen oberen Ecke, also am im »oberen Liek des Stockteils«, befindet, als *Gösch* bezeichnet. Die Handelsflagge der Weimarer Republik war beispielsweise Schwarz-Weiß-Rot mit einer schwarz-rot-goldenen Gösch. Dieser unglückliche Kompromiss konnte den zersetzenden Flaggenstreit, auf den ich später eingehen werde, nicht beenden und hat vielmehr den fehlenden politischen Konsens sowie die nur schwache Identifizierung mit der neuen Staatsform eindrucksvoll versinnbildlicht. So können wir von Glück reden, dass die Bundesflagge sehr gut ohne eine solche auskommt. Daran mag es liegen, dass die Bezeichnung »Gösch« heutzutage weitgehend vergessen ist.

Die Bundesflagge

Wie die Bundesflagge aussieht, ist im Grundgesetz verankert. Mit der für unsere Verfassung typischen Kürze und Prägnanz legt Art. 22 Abs. 2 Grundgesetz fest: »Die Bundesflagge ist schwarz-rot-gold.«

Bei einer ersten Lektüre dieser sechs Wörter glaubt man, es mit einem wenig komplizierten Sachverhalt zu tun zu haben. Verborgen bleibt, wie lange und wie heftig um diese scheinbar einfache Festlegung gerungen wurde. Ganz zu schweigen von den vielen Unsicherheiten im Umgang mit unserer Nationalflagge. So herrscht eine erstaunlich weit verbreitete Unwissenheit, was den durch diese Farben repräsentierten Inhalt und dessen Entwicklungsgeschichte angeht.

Mit der verfassungsrechtlichen Normierung der schwarz-rot-goldenen Bundesflagge geht das Grundgesetz deutlich über die entsprechende Regelung der Weimarer Reichsverfassung hinaus. Mit der Formulierung »Die Reichsfarben sind schwarz-rot-gold. Die Handelsflagge ist schwarz-weiß-rot mit den Reichsfarben in der oberen inneren Ecke« hatte deren Artikel 3 lediglich die Nationalfarben und die »Handelsflagge« definiert, nicht jedoch die Reichsflagge selbst. Eine normative Zurückhaltung, die sich für das weitere Wohl der jungen Republik als fataler Kompromiss erwies. Bis zum Schluss hatten die Weimarer Reichsfarben nie die Chance, eine staatliche und gesellschaftliche Einheit zu symbolisieren. Der Hauptzweck eines jeden Staatssymbols blieb so endgültig vereitelt.

Es ist als eine bewusste Abkehr hiervon zu verstehen, dass das Grundgesetz mit Artikel 22 eine Regelung der Bundesflagge enthält und die Bundesfarben nur mittelbar festgelegt werden. Dabei ist die Anordnung der Farben zwar nicht ausdrücklich geregelt, sie ergibt sich aber eindeutig aus der Geschichte dieses historischen Dreifarbs. Mitunter wurde die Ansicht vertreten, die Anordnung ergebe sich auch aus der

Tatsache, dass die Farben nicht in einer Abtrennung durch Kommata aufgezählt würden, sondern mit zwei Bindestrichen. Dies vermag jedoch nicht zu überzeugen, weil die drei Farben auch auf diese Weise anders angeordnet werden könnten, etwa in vertikaler Anordnung wie bei der belgischen Flagge. Komma oder Bindestrich sind demnach kein taugliches Differenzierungskriterium.

Dass man den Wortlaut von Verfassungen in Flaggenfragen auch andernorts nicht überbewerten sollte, zeigt anschaulich wiederum die Flagge Belgiens, die wohl weltweit als einzige Nationalflagge dem Wortlaut der Verfassung widerspricht. Anknüpfend an die Farben des vormaligen Herzogtums Brabant und der Belgischen Revolution von 1830/31 ist in Artikel 193 der belgischen Verfassung nämlich ausdrücklich geregelt, dass die belgische Nation die Farben Rot, Gelb und Schwarz gewählt habe (»La Nation belge adopte les couleurs rouge, jaune et noire [...]«). Eine kleine Differenz zu der vertikal angeordneten schwarz-rot-goldenen Flagge, wenn man davon ausgeht, dass die Aufzählung in der Reihenfolge ihrer Anordnung erfolgt ist.

Eine vergleichbare Ungenauigkeit enthält auch Artikel 22 Grundgesetz, in dem von Bundes*flagge* die Rede ist. Wer es mit der vexillologischen Terminologie ernst nimmt, könnte meinen, Fahnen fielen nicht unter diese Norm. Richtigerweise kann jedoch davon ausgegangen werden, dass das Grundgesetz nicht zwischen beiden Formen differenziert. Vielmehr ist hier der Wortbestandteil »-flagge« weit zu verstehen und umfasst somit auch Fahnen. Diese minimale Unschärfe ist dadurch zu erklären, dass sich der Verfassungsgeber am tradierten Sprachgebrauch des Kaiserreichs und der Weimarer Republik orientierte (»Reichskriegsflagge«, »Handelsflagge« usw.).

Schwarz-Rot-Gold: Richtig oder falsch?

Immer wieder wird gegen unsere Flagge vorgebracht, sie sei »falsch«, weil sie vexillologische und heraldische Farbregeln verletze. Nach dieser Geheimwissenschaft müssten »Farben« (hier Schwarz und Rot) immer durch ein »Metall« (Gold, Gelb, Silber, Weiß) voneinander getrennt werden, sodass die einwandfreie Farbenfolge Schwarz-Gold-Rot wäre. Man muss ja nicht gleich wie Theodor Heuss die Heraldiker als »bei Lichte besehen[e] Rindviecher« bezeichnen und sollte doch bei solchen Thesen Zweifel anmelden. Ebenso kann man die gerne zitierten, aber doch sehr subjektiven ästhetischen Maßstäbe hinterfragen, die man immer wieder an unsere Nationalflagge anzulegen pflegt.

Als sich etwa die Journalistin Mariam Lau in der von uns ausgelösten Debatte um die Berliner #unteilbar-Demonstration mit einem flammenden Plädoyer für Schwarz-Rot-Gold in der »Zeit« zu Wort meldete, bekam sie von ihrer Kollegin Seyda Kurt nicht nur in der Sache heftigen Widerspruch: »Die Trikolore aus Schwarz, Rot und Ockergelb (›Gold‹, jaja, von wegen)« sei auch »eine ästhetische Katastrophe«.

Bei Staatssymbolen geht es gerade nicht um Fragen des Geschmacks und Gefallens. Sie sind keine Mittel der Dekoration, sondern solchen Kategorien enthobene Zeichen seiner Existenz.

Flaggenchaos

Wechseln Staatsformen, wechseln meist auch die staatlichen Symbole. Es kann dann Jahrzehnte dauern, bis sich so etwas wie ein selbstverständlicher Umgang etabliert hat. Neue Symbole müssen geschaffen werden, vor allem aber müssen sie sich bei der Bevölkerung durchsetzen. So kann viel Zeit vergehen, bis Symbole im Bewusstsein verankert sind und sie Teil selbstverständlicher Gewohnheiten werden. Wie lange sich das hinziehen kann, zeigt gerade die jüngere deutsche Geschichte mit ihren vielen Flaggen- und Symbolwechseln. Insbesondere die Jahre zwischen 1813 und 1990 sind von einem kontinuierlichen Wechsel gekennzeichnet. Man könnte auch von einem Flaggenchaos sprechen.

In anderen Fällen werden Flaggen ausgetauscht, ohne dass sich das politische System geändert hätte. So hat Mississippi im Juni 2020 als letzter US-Bundesstaat die ehemalige Kriegsflagge der Konföderierten Staaten von Amerika von seiner Flagge gestrichen. Hier waren es die Proteste und Unruhen nach der Tötung von George Floyd und die Black-Lives-Matter-Bewegung, die zur Abschaffung dieses Symbols der Unterdrückung Schwarzer geführt haben.

In Deutschland ist das Wort »Flagge« sicher häufiger mit den Wörtern »Streit«, »Krise« und »Affäre« verbunden als in anderen Ländern. Weltweit dürfte es nicht viele Regierungen gegeben haben, die wegen eines Flaggenstreits zurückgetreten sind. Die Weimarer Reichsregierung hat dies 1926 mit dem Streit um die Flaggenverordnung unter Reichskanzler Hans Luther geschafft. Doch dazu später.

Flaggenwechsel in der Literatur

In literarischer Hinsicht verdanken wir Theodor Fontane in seinem Roman »Der Stechlin« eine besonders schöne Beschreibung eines solchen Flaggenwechsels. Als nach der Reichsgründung 1871 Dubslavs alter Diener Engelke der alten, schon ziemlich verschlissenen preußischen Flagge einen roten Streifen annähen wollte, wehrte der Hausherr dies mit den doppeldeutigen Worten ab: »Laß. Ich bin nicht dafür. Das alte Schwarz und Weiß hält gerade noch; aber wenn du was Rotes dran nähst, dann reißt es gewiß.«

Im Lichte meiner bikulturellen Prägung seien zur Herstellung einer gewissen Ausgewogenheit noch die wunderbaren Worte Don Fabrizio Corberas, des Fürsten Salina in Giuseppe Tomasi di Lampedusas »Gattopardo«, zitiert, mit denen er die neue Flagge Italiens versieht: »Die Trikolore! Bravo, die Trikolore! Sie stopfen sich das Maul voll mit diesem Wort, die Gauner. Und überhaupt, was soll dieses Nachäffen der Franzosen, was bedeutet dieses geometrische Symbol, das verglichen mit unserer reinen, weißen Fahne mit ihrem Gold des Lilienwappens so hässlich ist? Welche Hoffnung erweckt Ihnen dieses Sammelsurium aus unpassenden Farben denn bloß?« Die Farben der neuen italienischen Trikolore »Verde, Bianco, Rosso« begegnen den Lesern auch an vielen anderen Stellen dieses an Symbolen reichen Meisterwerks der italienischen Literatur, mal als Haarschleifen dreier »Nüttchen«, mal als dreierlei Likör.

Symbolische Diskontinuität

Die Gebrochenheit der deutschen Geschichte und das mit ihr verbundene Traditionsdefizit lassen sich besonders gut veranschaulichen, wenn man sich ihre konkreten Auswirkungen auf den Alltag eines jeden vor Augen führt. So bedürfte es einer aufwendigeren Kalkulation, all die unterschiedlichen politischen Systeme, Verfassungen, Hymnen, Flaggen, Währungen und Feier- und Gedenktage zu addieren, die etwa ein hochbetagter Münchner oder eine Leipzigerin im 19. und 20. Jahrhundert erlebt haben können: Für das Königreich Bayern seien nur der Gulden, »Heil unserm König, Heil!« und der 27. April als Geburtstag des Königs genannt, gefolgt vom Freistaat Bayern, der Räterepublik Bayern, Bayern im Nationalsozialismus und schließlich dem heutigen Freistaat Bayern als Teil der Bundesrepublik. Die fiktive Leipzigerin wäre noch im Königreich Sachsen geboren worden, also in einer Zeit, in der zum Geburtstag König Friedrich August III. von Sachsen am 25. Mai »Gott segne Sachsenland. Wo fest die Treue stand« gesungen und Rechnungen mit dem Doppeltaler beglichen wurden. Nach dessen Abdankung hätte sie dann die Weimarer Republik, den Nationalsozialismus, die DDR und 1990 die Deutsche Einheit und dadurch auch die Mitgliedschaft in der Europäischen Union erlebt. Gemessen daran erscheint die Phase der Kontinuität seit 1990 eine doch eher kurze und bescheidene zu sein.

Staat und Nation sind bei uns demnach keine über Generationen hinweg tradierten Institutionen, mit denen man sich wie selbstverständlich identifiziert. Sie noch stärker im allgemeinen Bewusstsein zu verankern, ist eine wichtige Aufgabe. Eine Aufgabe, zu deren Erfüllung die Deutschlandflagge nützlich sein kann.

Unsere Farben und ihre Anordnung

Artikel 22 Absatz 2 Grundgesetz legt also die Bundesflagge und die Bundesfarben als »schwarz-rot-gold« fest. Im Lichte der Geschichte dieses Staatssymbols ist damit eigentlich kein Raum für ernst zu nehmende Fragen zu den Farben und ihrer Anordnung. Dies gilt auch für die bereits erwähnte heraldische Frage, an welcher Stelle der Flagge sich das »Gold« befinden müsse, stets zwischen zwei Farben oder auch mal am Rand. Hierzu sei nur kurz bemerkt, dass man in einer Verfassung vieles regeln kann, sogar die Anordnung eines goldenen Streifens in einer Nationalflagge. Wer also die Positionierung desselben am Rand als kleinen heraldischen Fehler bewertet, erstrecke dieses Urteil auch auf einige andere Nationalflaggen, die denselben Makel aufweisen, zum Beispiel die gelb-blau-rote Flagge Ecuadors.

Um welchen Farbton es sich konkret handelt, ist stark von den eingesetzten Materialien sowie ihrer Umgebung abhängig.

Bestimmte Farben wirken etwa auf Polyester anders als auf Baumwolle oder Metall und im Sonnenlicht jedenfalls anders als unter künstlichem Licht. Bestes Beispiel ist Gerhard Richters beeindruckendes Kunstwerk »Schwarz, Rot, Gold«, das mit seiner Größe von 21 mal 3 Metern und einem Gewicht von sechs Tonnen im Reichstagsgebäude hängt und aus farbig emailliertem Glas besteht, dessen Schwarz in Wirklichkeit ein Schwarz wirkendes Braun ist (Abbildung 1).

Von diesem künstlerischen Einzelfall abgesehen wird vom Bundesministerium des Innern als Schwarz in der Regel »Verkehrsschwarz« (Ral-Farbe Nr. 9017) oder Tiefschwarz (Ral-Farbe Nr. 9005) und als Rot »Verkehrsrot« (Ral-Farbe Nr. 3020) empfohlen. So weit keine Unklarheiten. Diese entstehen anscheinend erst im Hinblick auf das Edelmetall Gold. Trotz des eindeutigen Wortlauts von Artikel 22 Absatz 2 Grundgesetz (»-gold«) kann statt eines goldfarbenen Streifens nämlich auch ein solcher in einem dunkleren Gelb, etwa dem mit der RAL-Nr. 1028 festgelegten Farbton »Melonengelb« oder Rapsgelb (Ral-Farbe Nr. 1021), gewählt werden. Dies entspricht den Regeln der Heraldik, nach denen Gold ebenso durch Gelb ersetzt werden kann wie Silber durch Weiß. Hellere und grellere Gelbtöne wie etwa Zitronengelb und Leuchtgelb bleiben jedoch für die Bundesflagge tabu. Die dem Verfassungstext und den Abbildungen des Anhangs zur Anordnung über die deutschen Flaggen (»Flaggen der Bundesrepublik Deutschland«) in einer noch vollkommeneren Weise Genüge tuenden Bundesflaggen mit goldfarbenem Streifen sind kostbarer und anfälliger und werden sich daher vor allem für den Einsatz in geschlossenen Räumen eignen.

Was die mögliche Reihenfolge der Bundesfarben angeht, gestattet die Flaggenanordnung vom 13. November 1996 inzwischen auch, die Bundesflagge als Banner zu führen, also als eine mittig an einem waagerechten Schaft hängende Fahne mit drei gleich breiten Längsstreifen, links schwarz, in der Mitte rot, rechts goldfarben. Dass sich bei Kokarden, die auch heute noch so manche Uniform schmücken, das Schwarz in der Mitte befindet, ist historisch gewachsen. Während Heraldiker von der mittleren Farbe gar von der »Herzfarbe« sprechen, würde ich mich mit einem Hinweis auf die Parallelität zur französischen Urform der Kokarde begnügen, bei der sich das Blau im Mittelpunkt befand.

Damit sollte hinreichend klar sein, wie die Bundesflagge aussieht. Was aber bedeutet sie?

Der Symbolgehalt von Schwarz-Rot-Gold

Die deutschen Farben symbolisieren eine aus den Komponenten der nationalen Einheitsbewegung und des Liberalismus bestehende Mischung, die erstmalig im 19. Jahrhundert verwendet wurde und dann nach einer langen Phase der Auseinandersetzungen und Wirrungen Ende des 20. Jahrhunderts durch die DDR-Bürgerrechtsbewegung erneut große Kräfte entfaltete. Hierauf werde ich im folgenden Abschnitt näher eingehen.

Für die Bundesrepublik ist Schwarz-Rot-Gold ein in dieser liberalen Verfassungstradition stehendes Symbol unseres Staates und der freiheitlichen demokratischen Grundordnung. Über die Freiheit in Einheit hinaus stehen die deutschen Farben demnach als eine Art Chiffre für die Essenz unseres Gemeinwesens, also für das, was das Bundesverfassungsgericht die »unabänderlichen obersten Wertprinzipien« unserer Demokratie nennt. Allen voran gehören zu diesen Fundamenten unseres Staates die Menschenwürde, das Demokratieprinzip und die Rechtsstaatlichkeit sowie die anderen Grundrechte und Verfassungsprinzipien des Grundgesetzes. Schwarz-Rot-Gold steht damit für »Einigkeit und Recht und Freiheit«, um die ersten Worte unserer Nationalhymne zu zitieren, die so etwas wie ein inoffizieller Wahlspruch unseres Staates geworden sind.

Jedenfalls repräsentiert unsere Flagge auch die zentralen drei Werte und Prinzipien der Französischen Revolution, denn Freiheit, Gleichheit und Brüderlichkeit sind essenzielle Bestandteile unserer Grundordnung, wenn auch teilweise anders bezeichnet.

Wenn wir die Symbole unseres freiheitlichen und demokratischen Staates nicht ebenso entschieden wie selbstverständlich nutzen, bekräftigen und für uns reklamieren, dann besteht die Gefahr, dass sich die Feinde unserer Verfassung ihrer bedienen. Hierauf hat Bundespräsident Steinmeier zu Recht hingewiesen. Wer um die Bedeutung dieser Symbole weiß, erkennt sie unschwer als effektives Mittel der Mobilisierung in jede Richtung. Und so bleiben unsere Geschichte und unsere Mythen ebenso wie unsere Symbole eine lohnende Beute für all diejenigen, die unsere freiheitliche demokratische Grundordnung abschaffen oder umdeuten wollen.

Wer aber in der Bundesflagge eine Chiffre für die Essenz unseres Gemeinwesens zu erkennen bereit ist, wird sich über eine Bemerkung wundern, die der vormalige Ministerpräsident des Saarlandes und jetzige Richter am Bundesverfassungsgericht Peter Müller 2009 über Fahrzeug-Stander gemacht hat. Was war geschehen? Nach übereinstimmenden Berichten hatte sich der damalige Präsident des Bundesrates geweigert, bei dem aus Anlass des sechzigjährigen Bestehens der Bundesrepublik in Berlin durchgeführten Staatsakt »mit Stander« vorzufahren, obwohl dies für alle Verfassungsorganrepräsentanten des Bundes gängige Praxis ist und ihm vonseiten des Protokolls auch mitgeteilt worden war. Statt diesen zeremoniellen Fauxpas einzuräumen, ließ er im Anschluss wissen, dass Stander seiner Auffassung nach »einen militärischen, vordemokratischen Hintergrund« hätten und ihm ihre Verwendung daher »in einem freiheitlich-demokratischen Rechtsstaat« als »nicht zeitgemäß« erschiene.

Das Gegenteil ist richtig.

Als Stoff gewordenes Zeichen des bundesrepublikanischen Verfassungspatriotismus können die Bundesfarben und die Bundesflagge eine besondere Kraft entfalten, weil sie im Gegensatz zu unseren anderen Staatssymbolen keine Kompromittierung durch die nationalsozialistische Gewaltherrschaft erfahren haben, anders als etwa Adler und Hymne. Unsere Nationalflagge bietet sich wegen ihrer auf die Emotionen abzielenden Wirkungsweise geradezu als eine ideale Ergänzung des zum größten Teil lediglich rational zu begreifenden und wegen seiner Abstraktheit nur schwer zugänglichen Verfassungspatriotismus an.

Wie alle Nationalflaggen repräsentiert die Bundesflagge aber nicht nur unseren Bundesstaat, sondern wirkt darüber hinaus auch für unsere Nation und Gesellschaft identitätsstiftend. Nach meiner Überzeugung ist es besonders wichtig, in der gegenwärtigen Phase der Globalisierung genau diesen emotionalen Aspekt zur Stärkung des Gemeinschaftssinns und eines Zusammengehörigkeitsgefühls zu nutzen.

Die Deutschlandflagge steht für die Gesamtheit aus Staat und Nation und symbolisiert damit nicht nur die politische und rechtliche Ordnung, sondern auch unsere Kultur und Wirtschaft. Für die Kultur sei hier neben der Sprache ausdrücklich auch die historische Dimension genannt, also unser Umgang mit der eigenen Geschichte. Für uns Deutsche meine ich hier vor allem die historische Verantwortung für die Verbrechen des Nationalsozialismus, die zu einem Kern unserer Identität geworden ist.

Ohne im Einzelnen definieren zu müssen, was zu einer vermeintlichen Essenz des Deutschtums gehört, oder doch jedenfalls zu dem, was man typischerweise mit Deutschland, uns Deutschen und unserer spezifischen Mentalität in Verbindung bringt, kann man mit der Flagge auf einfache Weise das zum Ausdruck bringen und verstehen, was sonst nur durch einen weiten Bogen von der Romantik über die Häufigkeit der Autowäsche bis hin zu Sandburgen und Weihnachtsbäumen möglich wäre. Ganz zu schweigen vom Heimatbegriff, der aber auf jeden Fall mehr umfassen sollte als die Anzeige der »Heimat-Uhrzeit« auf unserem Handydisplay, wenn wir im Ausland sind. Ergänzt werden müsste diese kleine Auswahl noch um eine Ode an den deutschen Fensterbau. In diesem Sinne hatte auch Bundeskanzlerin Merkel 2004 in einem Zeitungsinterview auf die Frage, welche Empfindungen Deutschland in ihr weckt, geantwortet: »Ich denke an dichte Fenster! Kein anderes Land kann so dichte und so schöne Fenster bauen.«

Jede nationale Identität erfreut sich damit sehr unterschiedlicher Zugänge, die zum Teil eher rational und abstrakt gehalten sind, zum Teil jedoch mehr emotional und symbolisch. Einen Königsweg scheint es mir nicht zu geben, vielmehr entspricht es gerade der so stark individualisierten und ausdifferenzierten Gegenwart, dass man sich durch unterschiedliche Angebote angesprochen fühlen darf.

Da es sich bei Nationen um hochkomplexe, theoretische Gebilde handelt, die auch noch zu einem erheblichen Teil auf Mythen beruhen und sicher nicht ohne Weiteres zu verstehen sind, sollten wir alle froh darüber sein, mit der Nationalflagge einen emotional wirkenden Code unserer eigenen kollektiven Identität zur Hand zu haben. Nutzen wir ihn!

Durch das Zeigen von Schwarz-Rot-Gold lassen sich im Übrigen viele knifflige Fragen nach unserer nationalen Identität vermeiden, etwa ob wahre Kunst nicht die Grenzen einer – häufig genug verflochtenen – nationalen Herkunft des Urhebers sprengt und daher Goethe und Beethoven ebenso wenig »nur« Deutsche waren wie Mozart Österreicher. Die Bundesflagge ist damit ein Zeichen der Einheit, mit dem sich unsere nationale Eigenheit doch ganz trefflich darstellen lässt und das gleichwohl genügend Raum für Individualität und Vielfalt lässt.

Auch wenn der Umgang mit der eigenen Nationalflagge sicher kein Allheilmittel zur Kompensation vorhandener Identitätsdefizite sein kann, sollten wir die Potenziale dieses besonderen Staatssymbols doch nicht unterschätzen. Zeigen wir also Flagge, um uns mehr auf unsere nationale Einheit zu besinnen und den Verfassungspatriotismus mit Leben zu füllen. Mit dieser Leitkultur machen wir es auch Eingebürgerten leichter, sich als Deutsche und uns allen zugehörig zu fühlen. Integration hat somit auch eine symbolische Komponente.

Vielleicht können wir Schiller inzwischen eines Besseren belehren, der uns mit seinem Satz »Zur Nation Euch zu bilden, ihr hofftet es, Deutsche, vergebens« schon früh einen nur schwachen Nationalcharakter attestiert hat. Friedrich Nietzsche hat es mit seinem bekannten Aphorismus »Es kennzeichnet die Deutschen, dass bei ihnen die Frage ›was ist deutsch‹ niemals ausstirbt« ganz gut auf den Punkt gebracht. Das zeigt ja auch das erste Kapitel.

Die Geschichte von Schwarz-Rot-Gold. Ein ewiger Flaggenstreit

Der Weg der deutschen Farben führte von den »Lützowern« über Jena, die Wartburg, das Hambacher Schloss, die Paulskirche, Weimar, Bonn, die Leipziger Montagsdemonstrationen zu uns nach Berlin. Die Etappen dieser Entwicklung verdeutlichen, wie sich Schwarz-Rot-Gold als die Farben von Einheit und Freiheit etabliert haben.

Fahnen und Flaggen entstehen weder in Designbüros noch in Agenturen für politische Kommunikation. Ihre Ursprünge liegen vielmehr in der dunklen Mischung historischer Ereignisse und ihrer mythischen Verklärung. Dass die Prozesse der Staatenbildung oftmals mit Revolutionen, Krieg und Opfern verbunden sind, habe ich bereits angedeutet. Während in manchen Fällen »History« überwiegt, ist es bei anderen Staatssymbolen eher »Mystery«. Auch bei Schwarz-Rot-Gold ist die Mischung gut ausgewogen. Einerseits haben wir es mit verbrieften historischen Ereignissen zu tun, andererseits auch mit einer gepflegten Mythenbildung.

Die historischen Wurzeln von Schwarz-Rot-Gold reichen bis in das frühe 19. Jahrhundert zurück. Das in diesem Zusammenhang ebenfalls immer wieder bemühte Mittelalter entpuppt sich bei näherem Hinsehen als in früheren Zeiten sorgfältig gepflegter Mythos ohne historische Substanz. Natürlich kommen die Farben Schwarz, Rot und Gold schon im Mittelalter vor. Für das Verständnis unserer Bundesfarben sind diese Ursprünge jedoch nur nachrangig von Bedeutung. In erster Linie kommt es auf die Freiheitskriege und die deutsche Burschenschaftsbewegung des 19. Jahrhunderts an.

Die mittelalterliche Nutzung wird hier deshalb nur knapp zusammengefasst. Im Mittelalter kommen die Farben Schwarz-Rot-Gold auf unterschiedlichsten Wappen, Flaggen und Fahnen vor. Oftmals verbunden mit dem Wappentier des Adlers, etwa bei der Kaiserfahne und der »Reichssturmfahne« des Heiligen Römischen Reiches Deutscher Nation, bei der ein schwarzer Adler auf gelbem Grund die rote Zunge und die roten Krallen seiner Fänge zeigt (»rot bewehrt«). Als gebürtigem Heidelberger sei mir hier der Hinweis auf die *Manessische Liederhandschrift* gestattet, in der sich mehrere solcher Wappendarstellungen befinden.

Es gibt aber auch martialischer anmutende Zeugnisse. Noch heute kann man in Wien etwa das beeindruckende Zeremonienschwert der Kaiser und Könige des Heiligen Römischen Reiches bestaunen, das ebenfalls in den Farben Schwarz, Rot und Gold gehalten ist. Dieser Anblick dürfte die Nürnberger schmerzen, weil sie es nach wie vor für einen großen Fehler halten, dass die Reichskleinodien in den Napoleonischen Kriegen vom Nürnberger Heilig-Geist-Spital in die Wiener Hofburg verbracht wurden, um sie vor den anrückenden französischen Truppen zu retten.

Am ehesten wird man von Schwarz und Gold als mittelalterlichen Wappenfarben sprechen können, mitunter um ein wenig Rot ergänzt. Es wäre jedoch eine Überdehnung dieser historischen Bezüge, sie zu »alten Reichsfarben« zu stilisieren und die Verwendung des »deutschen Dreifarbs« im 19. Jahrhundert in einer direkten Nachfolge mittelalterlicher Symbolik zu sehen. Vielmehr wurden dank der Staufer und Habsburger ab dem 14. Jahrhundert die seit dem Hochmittelalter üblichen Reichsfarben Rot und Weiß durch diese Farbkombination ergänzt.

So weit zum Mittelalter, in dem sich die Nutzung der Farben in Wappen und Fahnen auf Akte der Repräsentation im zivilen wie militärischen Kontext beschränkte.

Ob Schwarz-Rot-Gold schon in den Bauernkriegen des 16. Jahrhunderts eine symbolische Bedeutung hatte, lässt sich wohl nicht mit Gewissheit sagen. Die Legende schreibt jedenfalls dem Anführer des »Schwarzen Haufens« Florian Geyer eine Äußerung zu, die eine solche Symbolik suggerieren könnte: »Unser Gold haben Adel und Pfaffen aus unserem Schweiß geschlagen, bis unsere Trauer schwarz war wie die Nacht und unsere Wut rot wie Blut. Wohlan denn, Brüder, setzen wir ihnen den roten Hahn auf die Dächer.«

Von solchen mehr oder weniger konkreten Farbzuschreibungen oder gar psychologischen Farbinterpretationen, wie es sie bis heute gibt, halte ich wenig, da es ihnen an einer empirischen Substanz fehlt. Allerdings gebe ich zu, dass diese Ansätze verlockend sind, es wäre doch zu schön, wenn man unsere Nationalfarben so einfach erklären könnte. Geschichte und Gegenwart von Schwarz-Rot-Gold sind aber komplizierter.

Es sollte dann aber noch mehr als zweieinhalb Jahrhunderte dauern, bis sich die großen politischen Potenziale einer Beflaggung manifestierten. Erst mit der Französischen Revolution trat die Trikolore mit den Farben Blau-Weiß-Rot ihren bis heute andauernden Siegeszug an, in dessen Verlauf sie in vielen Ländern kopiert wurde, etwa im Prozess der staatlichen Einigung Italiens, aber auch bei uns. Dabei war die Trikolore keine französische Erfindung, sondern eine niederländische. Mit der *Prinsenvlag* kannten die Niederlande schon seit 1572 eine orange-weiß-blau gestreifte Flagge (Hans Hattenhauer).

Schwarz-Rot-Gold auf den Schlachtfeldern: die »Lützower«

Schwarz-Rot-Gold ließ noch ein wenig auf sich warten. Die deutsche Trikolore entstand erst im 19. Jahrhundert. Es war vor allem das von Ludwig Adolf Wilhelm Freiherr von Lützow gegründete »Königlich Preußische Freikorps«, das dieser Farbkombination einen beachtlichen Schub verlieh. Unabhängig von ihrer nur sehr bescheidenen militärischen Relevanz waren »die Lützower« der mit Abstand berühmteste deutsche Freiwilligenverband der napoleonischen Befreiungskriege.

Es war eine in jeder Hinsicht bunte und wenig disziplinierte Einheit, der allerdings eine große symbolische Bedeutung zukam. Die »Lützower« standen für eine um jugendlichen Heldenmut ergänzte vaterländische Gesinnung. Die propagandistische Durchschlagskraft und Begeisterungsfähigkeit des Freikorps hing sicher mit den vielen herausragenden Persönlichkeiten zusammen, die dort versammelt waren. Man denke hier nur an Joseph Freiherr von Eichendorff, »Turnvater« Friedrich Ludwig Jahn, Theodor Körner, Karl Friedrich Friesen, Friedrich Wilhelm August Fröbel (den Erfinder der Kindergärten) und mit Marie Christiane Eleonore Prochaska und Anna Lühring sogar zwei als männliche Krieger verkleidete Frauen.

Andererseits stammte der größte Anteil des für das preußische Heer gegründeten und später in ihm aufgegangenen Verbands nicht aus Preußen, sondern aus anderen deutschen Staaten. Gerade dieser Umstand bot sich für eine Verklärung als nationaler militärischer Widerstand gegen die napoleonischen Truppen an und wurde durch die in ihm versammelten Berühmtheiten auch gezielt eingesetzt. Und so verkündeten zahlreiche Berichte, Gedichte, Lieder und Bilder die mehr oder weniger wirklich begangenen Heldentaten der oftmals verwegen und hinter den feindlichen Reihen agierenden Freiwilligen. Es handelte sich um ein kleines »Volksheer«, dem eine minimale militärische, dafür aber maximale propagandistische

Wirkung zukam. Als Beispiel eines solchen Hymnus sei hier nur Theodor Körners sechsstrophiges Gedicht »Lützows wilde Jagd« genannt: »Und wenn ihr die schwarzen Jäger fragt: Es ist Lützows wilde verwegene Jagd.« Eine auch aus heutiger Sicht beeindruckende Propagandakampagne, die ihrer Zeit weit voraus war und ein wenig an die heutigen Informationskriege (»Information warfare«) erinnert.

Neben den einflussreichen Persönlichkeiten des Korps – heute wäre wohl von »Influencern« die Rede – lag es vor allem an den besonderen Uniformen, dass sich diese Truppe so im kollektiven Bewusstsein verankern und zu einem regelrechten Mythos entwickeln konnte. Ihr Rock war nämlich nicht in der für die preußische Uniform üblichen Grundfarbe (Preußisch-) Blau gehalten, sondern in dem zur damaligen Zeit ungewöhnlichen Schwarz. Da es an einer einheitlichen Uniform zunächst fehlte, weil sich die Freiwilligen selbst einzukleiden hatten, wurden die Kleidungsstücke zur Vereinheitlichung dieses Potpourris schwarz eingefärbt und mit roten Vorstößen und Aufschlägen sowie mit goldfarbenen Messingknöpfen versehen. Die dominierenden Farben waren also Schwarz und Rot, Gold nur ein Einsprengsel. Aus einer Notlösung wurde dann rasch ein starkes Symbol, ein Markenzeichen mit hohem Wiedererkennungswert der »schwarzen Schar« und der »schwarzen Gesellen«. Dass das Korps als einziger preußischer Truppenteil neben den Lanzenwimpeln der Ulanen tatsächlich auch eine eigene Fahne hatte, dürfte eher eine Legende sein.

Ohne Zweifel war allerdings die besondere Uniform ein Schlüssel zum *politischen* Erfolg der »Lützower«. Weil sie von Anfang an mehr als nur einen Sieg über die französische Fremdherrschaft anstrebten und ihre militärische Relevanz doch recht bescheiden blieb, lag ihre Bedeutung immer im Symbolischen und damit Politischen. In diesem frühen Stadium symbolisierten die Farben Schwarz-Rot-Gold jedoch nur den Einheitsgedanken, noch nicht den der Freiheit.

Der Verband war eine wahre Keimzelle der frühen Nationalbewegung, auf die sich die nach Einheit strebenden Kräfte noch lange beriefen. Dies lag nicht zuletzt an den viele Veteranen, die nach Gründung der »Urburschenschaft« in Jena am 12. Juni 1815 in der Burschenschaftsbewegung für die Verklärung ihres Verbandes sorgten.

Schwarz-Rot-Gold in der Aula: die Burschenschaftsbewegung

Kaum war der Pulverdampf verzogen, wechselten die schwarz-rot-goldenen Farben vom Schlachtfeld in den akademischen Hörsaal, wo ihnen in kurzer Folge ein weiteres Mal eine besondere politische Bedeutung zukam. Nach einer ersten militärischen Entwicklungsstufe des »deutschen Dreifarbs« ist die zweite eng mit der Burschenschaftsbewegung und damit einer wesentlichen Vorstufe der nationalen Bewusstseinswerdung und des langsam entstehenden deutschen Nationalstaats verbunden. Dabei kann das Streben, die an den Universitäten zuvor üblichen landsmannschaftlichen Zusammenschlüsse durch die »Allgemeine Burschenschaft« zu ersetzen und alle Studenten in einer alldeutschen Burschenschaft zu vereinigen, als ein erster Schritt hin zum ersehnten Aufgehen der deutschen Länder in einem Nationalstaat verstanden werden.

Auf Gründung und Ausgestaltung der Urburschenschaft hatten Friedrich Ludwig Jahn und andere Veteranen des Freikorps einen prägenden Einfluss, was nicht zuletzt in der Symbolik deutlich wurde. Das Feierkleid der Jenaer Studenten bestand aus einem schwarzen Rock mit roten, von goldenen Eichelblättern verzierten Aufschlägen und einer schwarz-roten, mit Gold durchwirkten Schärpe und ähnelte so der Lützower-Uniform auf verblüffende Weise. Auch die erste Fahne der Jenaer Urburschenschaft bestand aus drei senkrechten Streifen in den Farben Rot-Schwarz-Rot, ab März 1816 ergänzt durch einen recht auffälligen goldenen Eichenzweig in der Mitte und mit goldenen Fransen eingefasst. Diese um etwas Gold ergänzte zweifarbige Fahne wurde angeblich von »Frauen und Jungfrauen zu

Jena« genäht. Der von Jungfrauenhand genähte Fahnenstoff ist eine in der Geschichte häufig wiederkehrende Legende, die uns auch beim Hambacher Fest 1832 begegnen wird.

Die Jenaer Fahne war also dreifarbig, aber noch keine Trikolore, auch wenn dies in einigen kolorierten Stichen anders dargestellt wird. Hier haben wir es mit einer nachträglichen grafischen Verklärung und Legendenbildung zu tun.

Allerdings genügte den Jenaer Studenten die Bezugnahme auf das Lützower Freikorps nicht als Legitimationsquelle. Zur Erhöhung der Strahlkraft der schwarz-rot-goldenen Farben beriefen sie sich zusätzlich darauf, dass es sich um die »alten Reichsfarben« handele. Eine aus heutiger Sicht unhaltbare These, die aber dennoch einige Wirkung entfalten konnte.

Das Wartburgfest

Die damit bereits 1816 etablierten Farben erfreuten sich seit dem Wartburgfest 1817 einer größeren und überregionalen Bedeutung. Am 18. Oktober versammelten sich zu einer Feier des 300. Jahrestages der Reformation und des vierten der Völkerschlacht bei Leipzig knapp 500 Studenten unter dem Wahlspruch der Urburschenschaft »Ehre, Freiheit, Vaterland« zu einem »Nationalfest«. Sie sangen das Lied »Schwarz-Rot-Gold lebe!« von August von Binzer und trugen Fahnen, Armbinden und Kokarden in diesen Farben, die Jenaer Studenten hatten die Fahne der Urburschenschaft dabei.

Man kann darüber streiten, wie viel Substanz die auf der Wartburg verabschiedeten Grundsätze und Beschlüsse hatten. Ungeachtet der durchaus deutlichen Forderungen nach Einheit und Grundrechten, in denen ausdrücklich von Menschen- und Bürgerrechten und der Freiheit die Rede war, überstieg die symbolische Bedeutung des Festes die programmatische jedenfalls deutlich. Nicht zuletzt wegen seiner starken Symbolik hatte das Wartburgfest einen entscheidenden Einfluss auf die weitere Entwicklung der deutschen Einheitsbewegung.

Das Zusammenwirken der Wartburg und der neuen Flagge waren kongenial, weil sich das neue Zeichen der Sehnsucht nach einem geeinten und freien Deutschland mit dem alten Zufluchtsort Martin Luthers als wichtigem Nationalsymbol verband. Die vornehmlich protestantische Prägung der Burschenschaften versteht sich so wie von selbst.

Andererseits entstammten die schwarz-rot-goldenen Kokarden und Fahnen sowie der Festcharakter in klarer Weise der republikanischen Formensprache der Französischen Revolution, was der erschreckten Obrigkeit auch nicht verborgen blieb und zur baldigen Unterdrückung der Studentenbewegung beigetragen hat. In dieser republikanischen Tradition hat sich mit dem Wartburgfest der Freiheitsgedanke neben dem Einheitsgedanken als zweiter Hauptinhalt von Schwarz-Rot-Gold manifestiert. Seither sind Einheit und Freiheit unauflöslich verbunden als Wesenskern unserer Farben.

Im Übrigen erging es anderen Symbolen beim Wartburgfest weniger gut. Abends verbrannten die Feiernden in mehreren Siegesfeuern »gefakte« Bücher, also Altpapierbündel, die sie mit nachgemachten Titelseiten von Büchern umschlagen hatten. Angesichts der Kostbarkeit echter Bücher blieb es bei dieser symbolischen Verbrennung, der in durchaus effektvoller Weise unter anderem der »Code civil« und August von Kotzebues »Geschichte des Deutschen Reichs von dessen Ursprung bis zu dessen Untergange« zum Opfer fielen, dazu verschiedene Insignien der Fremdherrschaft und der Obrigkeitsstaaten wie ein Korporalsstock, der Schnürleib einer Uniform und ein Soldatenzopf.

Von Jena aus verbreitete sich die schwarz-rot-goldene Trikolore über alle Universitätsstädte und wurde rasch zu einem Zeichen der deutschen Burschenschaft. Vor allem entwickelten sich die Farben Schwarz-Rot-Gold aber zu einem immer wirkmächtigeren Symbol der nationalen Einheit und bürgerlichen Freiheit.

Die in der Folge des Wartburgfestes gegründete »Allgemeine

Deutsche Burschenschaft« gab sich dann im Oktober 1818 bei ihrem »Zweiten Deutschen Burschentag« in Jena ein gemeinsames schwarz-rot-goldenes Banner. Und wieder berief man sich zur Untermauerung des Strebens nach einer deutschen Einheit in Freiheit auf eine angeblich im Heiligen Römischen Reich Deutscher Nation gründende Tradition »alter Reichsfarben«.

Kotzebue-Attentat und Restauration

Mit dem Wartburgfest hatten die Liberalen und Deutschnationalen Schwarz-Rot-Gold als ihr Symbol bekannt gemacht, bald kam auch ein Märtyrer hinzu. Im März 1819 erdolchte der evangelische Student und Teilnehmer des Wartburgfestes Karl Ludwig Sand den im Milieu der Liberalen verhassten Schriftsteller und russischen Generalkonsul August von Kotzebue in Mannheim. Nur zwei Monate später wurde der Attentäter dort mit dem Schwert gerichtet. Thomas Nipperdey schildert eindrucksvoll, wie sehr die Hinrichtung als heldenhafter Märtyrertod inszeniert und verklärt wurde. Die Menge schluchzte und tauchte Tücher in das Blut und versuchte, die abgeschnittenen Locken und Späne vom Gerüst zu erlangen, Blumen und Trauerweiden wurden noch lange zum Richtplatz gebracht, der Henker, ein Pfälzer Demokrat, baute aus dem Schafott in einem Heidelberger Weinberg ein Gartenhaus, in dem dann die geheime Burschenschaft tagte. Es entwickelte sich ein regelrechter Opferkult mit einer Vielzahl von Reliquien, die der katholischen Kirche alle Ehre gemacht hätte.

Die Ermordung Kotzebues kann insofern als Zäsur gesehen werden, als mit ihr ein neues Kapitel der Restauration aufgeschlagen wurde. Richtigerweise wird man hier auch die antisemitischen Ausschreitungen nennen müssen, die sich im August 1819, ausgehend von Würzburg, über zahlreiche Städte ausbreiteten (»Hep-Hep-Unruhen«) und erst mit den im September verabschiedeten Karlsbader Beschlüssen aufhörten.

Die für den gesamten Deutschen Bund bestimmende Phase der Repression und Restriktion dauerte bis zur Märzrevolution 1848. Und so folgte dem symbolischen Aufschwung von Schwarz-Rot-Gold eine längere Phase des Abschwungs. Die Burschenschaften und ihr »Dreifarb« wurden verboten, was August von Binzer in seinem Studentenlied »Wir hatten gebauet ein stattliches Haus« mit der berühmten Strophe »Das Band ist zerschnitten, war schwarz, rot und gold, und Gott hat es gelitten, wer weiß, was er gewollt« zum Ausdruck brachte. Und so galt es, Schwarz-Rot-Gold zu retten. Die Fahne der Jenaer Urburschenschaft etwa wurde in die Schweiz in Sicherheit gebracht.

Julirevolution und Hambacher Fest

Auch wenn die Farben trotz aller Verfolgung nie ganz verschwunden waren, traten sie erst 1830 im Zuge der Unruhen nach der Pariser Julirevolution wieder in Erscheinung. Und erneut war es das große Vorbild der französischen Trikolore, in dessen Windschatten sich Schwarz-Rot-Gold etablieren konnte. Nachdem sich die Julimonarchie unter König Louis-Philippe I. statt der Bourbonenlilie die blau-weiß-rote Trikolore gegeben hatte, tauchte die deutsche Trikolore vielerorts wieder auf, vor allem in den südlichen Staaten des Deutschen Bundes. Gleiches gilt für die »Marseillaise«, die gerne bei den Protestaktionen der Liberalen gesungen wurde. Um das Verbot politischer Kundgebungen zu umgehen, fanden diese Versammlungen häufig unter dem Motto einer festlichen Veranstaltung statt, wie auch beim Hambacher Fest.

Dieses »Nationalfest der Deutschen« war der Höhepunkt der vormärzlichen Nationalbewegung und des bürgerlichen Protestes gegen die Unterdrückung der im Deutschen Bund versammelten Obrigkeitsstaaten. Nachdem Schwarz-Rot-Gold bei den »Lützowern« und in Jena geboren und durch das Wartburgfest erstmals überregional als politisches Symbol für Einheit und Freiheit wahrgenommen worden war, gelang der endgültige Durchbruch der schwarz-rot-goldenen Trikolore auf dieser Ende Mai 1832 für Freiheit, nationale Einheit und Volkssouveränität im pfälzischen Neustadt durchgeführten Protestveranstaltung. Eine heterogene Gruppe von etwa 25 000 bis 30 000 Menschen nahm an der eigentlich verbotenen Demonstration in »Neustadt an der Haardt im baierischen Rheinkreis« teil. Es war die bis dahin größte Massenveranstaltung unserer Geschichte. Die schwarz-rot-goldenen Fahnen wehten, die Teilnehmer trugen Armbinden, Schleifen und Kokarden in denselben Farben, aber auch blau-weiß-rote. Und wieder kam den Liedern eine besondere Bedeutung als Protestform zu. Beim Aufstieg zur Ruine der Kästenburg wurde das berühmte Lied des Journalisten und Mitinitiators des Hambacher Festes Philipp Jakob Siebenpfeiffer »Hinauf Patrioten! Zum Schloß, zum Schloß! Hoch flattern die deutschen Farben« gesungen.

An dieser beeindruckenden Demonstration für Demokratie, Freiheit und ein vereintes und freies Deutschland nahmen nicht nur Abordnungen aus nahezu dem gesamten Gebiet des Deutschen Bundes teil, sondern insbesondere auch solche aus Frankreich und Polen. Die deutschen Liberalen begeisterten sich für den Freiheitskampf der Polen im Novemberaufstand 1830/31, und so wurden die polnischen Freiheitskämpfer auch auf dem Hambacher Schloss ausgelassen begrüßt. Diese frühe Geste der Verbundenheit im Streben nach einer Selbstbestimmung freier Nationalstaaten in Europa ist der Grund dafür, warum noch heute französische und polnische Flaggen vor dem Hambacher Schloss wehen. Auch in den Reden war von Europa und einem »confoederierte[n] republikanischen Europa« die Rede.

Aus dem schwarz-rot-goldenen Fahnenmeer stach eine Fahne hervor: die »Urfahne« des Hambacher Festes, die der Neustädter Vorkämpfer der Demokratie Johann Philipp Abresch der Menschenmenge vorantrug und auf dem Schlossturm aufpflanzte. Die Farbanordnung dieser angeblich von

»edlen Frauen und Jungfrauen Neustadts« genähten und noch heute vorhandenen Fahne ist bereits wie bei unserer Bundesflagge, von oben nach unten Schwarz, Rot, Gold. In der Mitte sind die Worte »Deutschlands Wiedergeburt« golden eingestickt (Abbildung 7). Auf zeitgenössischen kolorierten Stichen wurde auch diese Fahne manchmal mit einer falschen Farbanordnung dargestellt. Da es die Urfahne heute ja noch gibt, lässt sich der Kolorierungsfehler in diesem Fall leicht nachweisen. In anderen Fällen ist es jedoch keine fehlerhafte Darstellung, weil es beim Hambacher Fest in der Tat auch Fahnen mit anderen Anordnungen gegeben hat, mal Gold-Rot-Schwarz, mal Rot-Gold-Schwarz.

Als historische Begebenheit und als Gegenstand vielschichtiger Verklärung und Mythenbildung hat das Hambacher Fest eine zentrale Bedeutung für unsere nationale und republikanische Identität. Daran hatte nicht zuletzt die deutsche Trikolore einen wichtigen Anteil, was auch Heinrich Heine in seinem Pariser Exil in zeitgemäß pathetische Worte fasste: »Pflanzt die schwarzrotgoldene Fahne auf die Höhe des deutschen Gedankens, macht sie zur Standarte des freien Menschentums und ich will mein bestes Herzblut für sie hingeben.«

Mit dem Hambacher Fest etablierte sich aber nicht nur die deutsche Flagge. Es wurde auch das Hambacher Schloss als Nationalsymbol geschaffen. Neben der Frankfurter Paulskirche ist die umgangssprachlich »Maxburg« genannte Ruine auch heute noch das wichtigste Symbol der frühen deutschen Demokratiegeschichte. Und damit bis in unsere Zeit auch Gegenstand politischer Deutungs- und Umdeutungsversuche, wie die unserer Tage durchgeführten Auflagen des von der »Neuen Rechten« organisierten »Neuen Hambacher Fests« zeigen.

Exkurs: Hambacher Fahnen

Heute wird die Urfahne im Museum des Hambacher Schlosses ausgestellt. Das Schwarz wirkt gräulich, der rote Streifen ist fast vollständig verblasst, wodurch die goldene Inschrift »Deutschlands Wiedergeburt« hervorsticht und sicher besser zu lesen ist als auf rotem Grund. Der goldene Streifen ist sehr löchrig und fadenscheinig, hat aber seine edle Farbe in einem etwas nachgedunkelten Ton behalten.

Auch im Landtag von Rheinland-Pfalz befindet sich eine Fahne, die mit einiger Wahrscheinlichkeit beim Hambacher Fest getragen wurde. Gegenwärtig ist sie wegen der Umbauarbeiten des »Deutschhauses« in Mainz eingelagert, wird aber bald wieder an ihren angestammten Platz zurückkehren.

Ein vergleichbar traditionsreiches Symbol ist der Bundesregierung und zunächst auch dem Deutschen Bundestag leider entgangen. Nahezu unbekannt ist nämlich die folgende Geschichte, die man gar nicht glauben mag. Am 5. Juni 1953 schenkte die Landesregierung von Rheinland-Pfalz Bundeskanzler Adenauer eine der wenigen Originalflaggen des Hambacher Festes. Diese sogar auf dem Schlossturm gehisste Flagge sollte im Palais Schaumburg, dem damaligen Sitz des Bundeskanzlers, ausgestellt werden. Obwohl dieser bei der Übergabe die naheliegenden Worte »wir werden die Fahne hoch in Ehren halten« und »der Geist von Hambach verpflichtet« gesprochen hatte, ist genau das Gegenteil geschehen. Nach einer kurzen Hängung im Kabinettssaal und später im Foyer verschwand das kostbare Tuch für vierzehn Jahre auf dem Dachboden des spätklassizistischen Gebäudes.

Ein erstaunlicher Affront, zumal das Bundeskanzleramt das Geschenk selbst erbeten hatte. Die Schmach kam schließlich dadurch zutage, dass sich der inzwischen im Ruhestand befindliche Innenminister von Rheinland-Pfalz Alois Zimmer bei der Sichtung seiner Korrespondenz des Vorgangs erinnerte

).1: Gerhard Richter, »Schwarz, Rot, Gold«, Westeingangshalle des Reichstagsgebäudes.

Abb. 2: Tweet des Verfassers vom 13. Oktober 2018.

Abb. 3: »PEGIDA«-Demonstration am 25. Januar 2015 m
Schwarz-Rot-Gold und Wirme
Flagge.

b. 4: Barbara Klemm, »Tag der deutschen Vereinigung«, Berlin, 3. Oktober 1990:
eude über die Wiedervereinigung.

. 5: Barbara Klemm, »Tag der deutschen Vereinigung«, Berlin, 3. Oktober 1990:
Flagge der Einheit wird erstmalig gehisst.

Abb. 6: Signalflagge »C« als Doppelstander, Haus der Geschichte, Bonn.

). 7: Hambacher Ur-Fahne mit der Aufschrift »Deutschlands Wiedergeburt«,
ıerausstellung des Hambacher Schlosses, Stiftung Hambacher Schloss.

. 8: Reichseinheitsflagge als Grundlage der Wirmer-Flagge.

Abb. 9: Beflaggung der Pädagogischen Akademie als Sitz des Parlamentarischen Rates durch Bonner Polizisten, Oktober 1948.

Abb. 10: Die Fußball-Weltmeister besteigen am 4. Juli 1954 mit ihrem Trainer Josef »Sepp« Herberger und dem Präsidenten des Deutschen Fußballbundes Peco Bauwens den Mannschaftsbus.
Im Hintergrund wird eine Bundesflagge hochgehalten.

Abb. 11: Überführung der sterblichen Überreste von Bundeskanzler Adenauer auf dem Rhein, 25. April 1967.

Abb. 12: Harald Hauswald, Fahnenflucht, 1. Mai-Demonstration, Alexanderplatz, Mitte, Berlin, 1987.

Abb. 13: Während des Honecker-Besuchs in der Bundesrepublik vom 7. bis zum 11. September 1987 werden Bundesflaggen neben DDR-Flaggen gehisst.

und sich dann in Bonn nach dem Verbleib der Fahne erkundigte. Einige Wochen später bekam er das zerknautschte Tuch in einem Päckchen zurück. Trotz dieses klaren Falls fehlenden Geschichtsbewusstseins versuchte es der ehemalige Minister unbeirrt weiter und schrieb 1968 Bundestagspräsident Eugen Gerstenmaier an, »in der Hoffnung, daß die Fahne künftig dem Bundestag in Bonn oder Berlin an repräsentativer Stelle dient«. Als ihm lediglich die Eingangshalle eines Abgeordneten-Wohnhauses angeboten wurde, zog der Pfälzer sein Angebot zurück und so verblieb die Fahne im Neustädter Heimatmuseum.

Wenn auch die Details letztlich im Dunkeln bleiben, spricht einiges dafür, dass man die historische Bedeutung dieses zunächst verschmähten Flaggenstoffs später doch noch erkannt und ihm zu einer würdevollen Präsentation verholfen hat. Bei der heute in der parlamentshistorischen Ausstellung »Wege – Irrwege – Umwege« des Deutschen Bundestages im Deutschen Dom am Berliner Gendarmenmarkt ausgestellten Hambacher-Flagge soll es sich nämlich um genau dieses Exemplar handeln.

Beim Bundesverfassungsgericht liegt der Fall etwas anders. Den Sitzungssaal des höchsten deutschen Gerichts zierte bis in die Neunzigerjahre eine historische Fahne, die ebenfalls mit einiger Wahrscheinlichkeit beim Hambacher Fest mitgeführt worden war. Wegen ihres schlechten Zustands wurde sie dann aber an ein Museum abgegeben.

In guter Hambacher Tradition bekam der Deutsche Bundestag zu seiner konstituierenden Sitzung am 7. September 1949 vom Präsidenten des Bundesrates und Ministerpräsidenten Nordrhein-Westfalens Karl Arnold die an einem hölzernen Mast befestigte Fahne geschenkt, die seither Aufstellung in den verschiedenen Plenarsälen des Hohen Hauses in Bonn und Berlin fand. Noch heute steht im Plenarsaal des Reichstagsgebäudes der originale Mast, lediglich der etwas brüchig gewordene und 1983 durch einen Farbbeutelanschlag beschmutzte Stoff, den die Bonner Fahnenfabrik hergestellt hatte, wurde inzwischen ausgetauscht. Vieles spricht dafür, dass es sich bei der in der parlamentshistorischen Ausstellung im Deutschen Dom ausgestellten Fahne um jene von 1949 handelt, die aus unischwarzem Baumwollsatin und einer mit einer Zwischenlage Steifleinen getrennten, aus dicht gewebtem Goldbrokat sowie aus schwarzer und roter Seide gefertigten Vorderseite besteht.

Der Farbanschlag geschah am 18. November 1983, als während der Bundestagsveranstaltung »Jugend fragt das Parlament« eine von der Fraktion »Die Grünen« ausgewählte Berliner Gruppe ihren Protest nicht nur mit Parolen, Flugblättern und einem Transparent (»El Salvador, Libanon und Türkei, bei jeder Schweinerei ist die BRD dabei«) zum Ausdruck brachte, sondern auch zwei rote und einen schwarzen Plastikfarbbeutel in Richtung des an der Stirnwand angebrachten Adlers schleuderte, sodass auch die etwa drei Meter entfernte Fahne durch Farbspritzer beschmutzt wurde.

1832–1848: Schwarz-Rot-Gold im Untergrund

Die Jahre zwischen dem Hambacher Fest und 1848 waren von einer massiven Unterdrückung aller liberalen Bestrebungen gekennzeichnet, zu der neben einer exzessiven Strafverfolgung und Zensur auch ein schon im Sommer 1832 durch Bundesbeschluss erlassenes Verbot der Farben Schwarz-Rot-Gold gehörte. Gegen den niederdeutschen Dichter Fritz Reuter wurde gar ein Todesurteil verhängt, weil er ein schwarz-rot-goldenes Band getragen hatte. Die Strafe wurde später in eine dreißigjährige Haftstrafe umgewandelt, von denen er immerhin sieben absaß. Wer in dieser Zeit der Repression nicht in das nahe oder ferne Ausland floh, ging als liberaler Patriot in den Untergrund, wo die Farben Schwarz-Rot-Gold jedoch im Bewusstsein fest verankert blieben.

Offen gezeigt wurden sie aber vor allem im Ausland, so etwa am 16. November 1847 in Rom, wo die Mitglieder der deutschen »Künstlerrepublik« den neuen Papst Pius IX. mit einem Festzug ehrten und dabei eine schwarz-rot-goldene Flagge mit sich führten (Dieter Richter). Während die deutschen Kolonien sonst eher durch reaktionäres Gedankengut und entsprechende Flaggen und Symbole auffielen, ist die deutsch-römische Künstlerkolonie der ersten Hälfte des 19. Jahrhunderts ein schönes Beispiel für ein republikanisches Laboratorium, im dem sich patriotische und liberale Gedanken in einer Weise verstärkten, die ihrer Zeit voraus war.

Märzrevolution von 1848

Nachdem der revolutionäre Funke von 1848 von Sizilien und Sardinien über Paris zu den Mitgliedstaaten des Deutschen Bundes übergesprungen war, brachte die Märzrevolution den Durchbruch für die schwarz-rot-goldene Trikolore als Zeichen aller, die sich gegen die exzessiven Repressionen dieses Staatenbundes wandten. Schnell wurde sie das offen gezeigte und omnipräsente Zeichen aller Liberalen, vor allem auch in den verlustreichen Gefechten und Barrikadenkämpfen gegen die Bundestruppen, wobei es immer noch unterschiedliche Anordnungen der Farben gab. Für kurze Zeit hatte der deutsche »Dreifarb« gesiegt, sogar der preußische König Friedrich Wilhelm IV. ritt mit schwarz-rot-goldener Schärpe durch die Straßen Berlins. Wenige Tage vorher hatte sich in Wien schon Kaiser Ferdinand I. mit einer schwarz-rot-goldenen Fahne am Fenster der Hofburg gezeigt. Auch auf dem Stephansdom wurde die schwarz-rot-goldene Flagge gehisst. Obwohl der König von Preußen noch am 19. März 1848 recht unwirsch auf die neue Fahne reagiert hatte (»Schafft mir diese Fahne aus den Augen!«), sprach er schon am 21. März bei seiner Proklamation die berühmten Worte: »Ich habe heute die alten deutschen Farben angenommen und Mich und Mein Volk unter das ehrwürdige Banner des deutschen Reiches gestellt. Preußen geht fortan in Deutschland auf.«

Am nächsten Tag erwies er mit einer schwarz-rot-goldenen Armbinde den etwa 150 bei den Straßen- und Barrikadenkämpfen Gefallenen (»Märzgefallenen«) die letzte Ehre und neigte sich barhäuptig vor ihnen. Die von den Aufständischen erzwungenen Bekenntnisse entbehrten jedoch jeglicher Überzeugung und waren nur von kurzer Dauer. Die dem preußischen König als dem »konstitutionellen Kaiser« am 2. April 1848 überreichte »deutsche Fahne« sollte sich nicht als Nationalsymbol etablieren können.

Zwar erfuhr die schwarz-rot-goldene Trikolore kurz darauf ihre demokratische Legalisierung durch die Frankfurter Nationalversammlung als erstes frei gewähltes und verfassungsgebendes nationales Parlament. Ganz Frankfurt und die Paulskirche standen im Zeichen dieser Farben, die Straßen, der Plenarsaal und die Emporen waren mit schwarz-rot-goldenen Fahnen und Girlanden geschmückt. Fahnenmeere, die auf zahlreichen Gemälden und Stichen festgehalten sind. Die Kanzel der ehemaligen Kirche war durch einen schwarz-rot-goldenen Vorhang kaschiert worden, die Orgel verbarg sich hinter einem Transparent mit dem berühmten Monumentalgemälde »Germania« des Frankfurter Malers Philipp Veit, auf dem die allegorische Figur ein langes Exemplar dieser kurz zuvor noch verbotenen schwarz-rot-goldenen Fahne in ihrer linken Hand hält. Eine erschlagend heldenhafte Pose mit dem schwarz-rot-goldenen Doppeladler des Heiligen Römischen Reiches auf der Brust. Überall trugen die Menschen begeistert die Farben der Revolution, mit denen sie auch ihre Häuser schmückten.

Auf den zunehmenden Druck der Straße hin erklärte die Bundesversammlung des Deutschen Bundes am 9. März 1848 in einem erstaunlichen Akt vorwegeilenden Gehorsams den Reichsadler zum Bundeswappen und die Farben Schwarz-Rot-Gold zu den Bundesfarben, wobei jede Bezugnahme auf die Burschenschafter vermieden wurde und stattdessen erneut die Legende einer im Mittelalter gründenden Tradition bemüht wurde (»Bundesfarben der deutschen Vorzeit [...] wo das Reichspanier schwarz, roth und golden war«). Kurz darauf folgte der Beschluss, der Schwarz-Rot-Gold für alle Uniformen der Bundestruppen und die Beflaggung der Bundesfestungen vorsah. Die ersten formellen Akte der Legalisierung des »Dreifarbs« wurden also noch vor der eigentlichen Revolution von den Gesandten der Fürstenhäuser beschlossen.

Am 31. Juli 1848 verabschiedete schließlich die in der Paulskirche tagende Nationalversammlung das »Reichsgesetz betreffend die Einführung einer deutschen Kriegs- und Handelsflagge«, das jedoch erst am 12. November 1848 von Erzherzog Johann von Österreich als Reichsverweser ausgefertigt wurde. In dessen Art. 1 wurde die deutsche Kriegsflagge geregelt, die »aus drei gleich breiten, horizontal laufenden Streifen, oben schwarz, in der Mitte roth, unten gelb« bestand mit dem Reichswappen in der linken oberen Ecke. Die deutsche Handelsflagge bestand gemäß Art. 3 aus »drei gleich breiten, horizontalen, schwarz, roth, gelben Streifen [...], wie die Kriegsflagge, jedoch mit dem Unterschiede, daß sie nicht das Reichswappen trägt«.

Schwarz-Rot-Gold: eine Wunschvorstellung

Schwarz-Rot-Gold sollte jedoch eine normative Wunschvorstellung ohne realistische Chance auf Verwirklichung bleiben, das Symbol eines nicht lebensfähigen und von anderen Staaten nicht hinreichend anerkannten Bundesstaates. An dem prekären völkerrechtlichen Status konnte auch das vor Helgoland ausgetragene erste Seegefecht der neu gegründeten Reichsflotte am 4. Juni 1849 nichts ändern, welches im Übrigen das einzige unter der neuen Flagge bleiben sollte. Im Ergebnis trennten sich die unter dem Befehl von Admiral Karl Rudolf Brommy (eigentlich: Bromme) stehenden deutschen und die dänischen Schiffe ohne Verluste. Was blieb, war ein später Akt der symbolischen Fürsorge: 1860 nahm Brommy die schwarz-rot-goldene Flagge seines Flaggschiffes *SMS Barbarossa* mit ins Grab. Denn immerhin hatte man bei der Abrüstung der Bundesflotte und dem Verkauf der Schiffe ein Mindestmaß an Pietät walten lassen und davon abgesehen, die schwarz-rot-goldenen Flaggen ebenfalls zu verkaufen.

Mit der Ablehnung der Kaiserkrone durch den preußischen König Friedrich Wilhelm IV., der »von Gottes Gnaden« und nicht dank einer Nationalversammlung herrschen wollte und außerdem die realpolitischen Erfolgsaussichten einer solchen Reichsgründung zutreffend als gering einschätzte, waren das erste deutsche Parlament und die Revolution gescheitert. Am 2. September 1850 wurden die Flaggen vom Turm der Frankfurter Paulskirche eingeholt. Schon bald waren alle schwarz-rot-goldenen Kokarden von den Uniformen entfernt. Auch war die gesetzliche Verankerung von Schwarz-Rot-Gold als deutscher Nationalflagge nur von kurzer Dauer, weil sie gemeinsam mit den anderen Errungenschaften der Revolution am 23. August 1851 durch den »Bundesbeschluß über Maßregeln zur Wahrung der öffentlichen Sicherheit und Ordnung im Deutschen Bund« aufgehoben wurde. In der Folge verschwand Schwarz-Rot-Gold aus Preußen und den meisten anderen Staaten des Deutschen Bundes, hielt sich aber als Trikolore in den Fürstentümern Reuß ältere Linie und Waldeck. Das Königreich Württemberg und das Großherzogtum Baden hatten zwar andere Farben, dennoch wurde Schwarz-Rot-Gold hier schon ab den frühen Fünfzigerjahren des 19. Jahrhunderts großzügig toleriert.

Einen besonders schönen Fall einer solchen Duldung kann man noch heute im Universitätshauptgebäude der Friedrich-Schiller-Universität Jena bewundern. Im ersten Stock des Ostflügels hängt dort ein großformatiges Ölgemälde des niederländisch-deutschen Malers James Marshall, das den Titel »Kurator, Prorektor, Dekane der vier Fakultäten und die Pedelle im

Festornat« hat und der Universität 1858 von Großherzogin Sophie von Sachsen-Weimar-Eisenach geschenkt wurde. Nicht wegen der gravitätischen Amtsträger ist das Bild interessant, sondern wegen eines kleinen, sehr dezenten Details, das aber eine große symbolische Wirkung entfacht. Durch ein geöffnetes Fenster ist im Hintergrund der rechten Bildhälfte eine kleine schwarz-rot-goldene Flagge zu sehen, die aus Anlass des Universitätsjubiläums 1858 auf dem Pulverturm der alten Stadtbefestigung gehisst worden war.

Norddeutscher Bund

Mit der Schlacht von Königgrätz 1866, durch die Preußen den »Deutschen Krieg« für sich entschied und seine Vorrangstellung gegenüber Österreich als vormaliger »Präsidialmacht« des Deutschen Bundes zementierte, wurde das nächste traurige Kapitel für Schwarz-Rot-Gold aufgeschlagen. Die besiegten Staaten mussten anerkennen, dass der Deutsche Bund aufgelöst war, was die Gründung des Norddeutschen Bundes ermöglichte. Spätestens mit der Verfassung von 1867 wurde aus diesem ursprünglich zu Verteidigungszwecken eingegangenen Bündnis ein eigener Bundesstaat. So trat zu der Souveränität der Mitgliedsstaaten langsam und behutsam ein weiteres staatliches Subjekt hinzu, das nun seinerseits auch der symbolischen Vermittlung bedurfte. Aber natürlich waren vor allem die Symbole der Fürstenhäuser präsent. Mit der entstehenden Bundesstaatlichkeit begann sich so in kleinen Schritten ein auf der nationalen Bewusstseinswerdung des frühen 19. Jahrhunderts gründendes Nationalbewusstsein herauszubilden, allerdings in den Grenzen der »kleindeutschen Lösung« des Norddeutschen Bundes, also ohne Österreich.

Dabei war auch Otto von Bismarck selbst zunächst vor allem »Borusse« und alles andere als ein glühender Verfechter der schnellen staatlichen Einheit, deren Grundlagen er dann in den folgenden fünf Jahren maßgeblich schuf. Zunächst führte er aber die Farben Schwarz-Weiß-Rot als Farben der Flotte des Norddeutschen Bundes ein, was beinahe komisch anmutet, da er für Staatssymbole sonst wenig zugänglich war. Fahnen waren ihm gleichgültig, aber eine bestimmte Fahne durfte es jedenfalls nicht sein, nämlich die schwarz-rot-goldene Fahne der Revolution von 1848 und der Paulskirche. Einerseits war die Erinnerung an die der preußischen Krone damals zugefügte Schmach zu präsent, andererseits waren die Gegner Preußens im Krieg von 1866 zum Teil mit schwarz-rot-goldenen Armbinden ins Gefecht gezogen. Schließlich sprachen auch außenpolitische Gründe gegen Schwarz-Rot-Gold. Es stand zu befürchten, dass diese Wahl der Farben Napoleon III. und den österreichischen Kaiser aus unterschiedlichen Gründen herausgefordert hätte. Insgesamt waren das keine guten Ausgangsvoraussetzungen für die republikanische Trikolore.

Bismarcks berühmte Äußerung »Sonst ist mir das Farbenspiel ganz einerlei, meinethalben grün und gelb und Tanzvergnügen oder auch die Fahne von Mecklenburg-Strelitz, nur will der preußische Troupier [gemeint war hier der König von Preußen] nichts von Schwarz-Rot-Gold wissen« stammt zwar erst aus dem Jahr 1870, dürfte aber auch schon für die Jahre 1866 und 1867 Geltung beanspruchen. Und so ergänzte Bismarck den Entwurf der Verfassung des Norddeutschen Bundes am 9. Dezember 1866 um einen handschriftlichen Randvermerk zu der Flaggenfrage: »Die Kauffahrteischiffe sämtlicher Bundesstaaten führen dieselbe Flagge: Schwarz-Weiß-Rot.« Daraus wurde kurze Zeit später Art. 55 der Verfassung (»Die Flagge der Kriegs- und Handelsmarine ist schwarz-weiß-roth«). Obwohl er gegen die Einführung von Nationalfarben oder einer Nationalflagge des Norddeutschen Bundes war, konnte er sich der Notwendigkeit der Einführung einer gemeinsamen Handels- und Kriegsflagge nicht versperren. Um eine Rückkehr zur Kriegs- und Handelsflagge von 1848 auszuschließen, wählte er die neuen und aus seiner Sicht historisch unbelasteten Farben. Jene vereinten die preußischen

Farben Schwarz-Weiß mit dem Weiß-Rot Brandenburgs und der Hansestädte.

Abgesehen von dieser maritimen Nutzung dominierten an Land weiterhin die Farben und Flaggen der einzelnen Mitgliedstaaten, die auch kräftig besungen wurden, etwa im »Preußenlied« (»Ich bin ein Preuße, kennt ihr meine Farben? Die Fahne schwebt mir weiß und schwarz voran ...«).

Allerdings ist es nicht so, dass Schwarz-Rot-Gold nach 1866 aus der Öffentlichkeit verschwunden wäre. Bis in die Neunzigerjahre des 19. Jahrhunderts blieben die alten Farben der Freiheit und Einheit ein durchaus sichtbares Zeichen demokratischer Kräfte. Als ihr treuer Verteidiger hat sich etwa der Berliner Verleger und Reichstagsabgeordnete Franz Duncker hervorgetan. Im Plenum des Reichstages beklagte er, dass man nicht Schwarz-Rot-Gold zu den Farben des Reichs erklärt habe, und ergänzte diese klare Haltung durch einen außerparlamentarischen Protest, indem er die Farben des Vormärz häufiger auf seinem Verlagshaus hissen ließ.

Das Deutsche Kaiserreich

Die Farben des 1871 gegründeten Deutschen Reichs waren Schwarz-Weiß-Rot. Allerdings etablierten sie sich nur langsam. Zuerst herrschten nach wie vor die jeweiligen Landesfarben vor. In der Spätphase des Reichs waren sie jedoch ein omnipräsentes und in vielen martialischen Liedern besungenes Symbol des Wilhelminismus und damit auch der Aufrüstung und Kriegsführung.

Seit Beginn des Ersten Weltkriegs wurden die Farben vor allem in der Version der »Reichskriegsflagge« bekannt. Diese war ein für die Propaganda unverzichtbares Symbol, das seine Ursprünge in der 1867 eingeführten Kriegsflagge des Norddeutschen Bundes hatte. Sie mutierte 1871 unverändert zur »Kaiserlichen Kriegsflagge«, die später mehrfach angepasst und schließlich als »Reichskriegsflagge« auch für das Heer und andere Dienststellen und Behörden eingeführt wurde. Die große propagandistische Kraft dieser Flagge reicht bis in unsere Zeit, ist sie doch ein seit Jahrzehnten etabliertes Symbol der rechtsradikalen und rechtsextremistischen Szene. Nach dem eingangs beschriebenen »Sturm auf das Reichstagsgebäude« verlautbarte Bremen als erstes Bundesland, dass das Zeigen der Reichskriegsflagge und der Reichsfarben in Bremen und Bremerhaven ab dem 21. September 2020 durch Erlass der Innenbehörde verboten sei.

Zu dem byzantinisch anmutenden Übermaß an Zeremoniell und staatlicher Repräsentation des Kaiserreiches gehörte ein ausgeprägtes Flaggen- und Wappenwesen mit unzähligen Schöpfungen und Anpassungen von Flaggen, Standarten und Wappen. Umso erstaunlicher, dass es nach der Reichsgründung zunächst gar keine Nationalflagge gab. Wie schon zu Zeiten des Norddeutschen Bundes sah Art. 55 der Verfassung des Deutschen Reichs lediglich eine Regelung der Handels- und Kriegsflagge vor. Es sollte noch ganze 21 Jahre dauern, bis Kaiser Wilhelm II. mit der Verordnung über die Führung der Reichsflagge vom 8. November 1892 eine echte Nationalflagge schuf. So lautet Paragraf 1 der Verordnung: »Die Bundesflagge in der durch die Verordnung vom 25. Oktober 1867 (Bundes-Gesetzbl. S. 39) für die Schiffe der deutschen Handelsmarine festgestellten Form bildet die deutsche Nationalflagge.« Wie sich aus dem Verordnungstext selbst ergibt, wählte der Kaiser für die Unterzeichnung einen zum Regelungsgegenstand passenden Ort: »an Bord Meines Panzerschiffs ›Baden‹«.

Die Farben Schwarz-Rot-Gold waren jedoch auch im Kaiserreich nie ganz verschwunden. Einerseits kam die vormärzliche Trikolore bei großen Erinnerungsakten wie etwa dem 150. Geburtstag Goethes 1899 zum Einsatz, bei dem die ganze Frankfurter Altstadt schwarz-rot-gold geschmückt war. Andererseits bedienten sich neben der Turnerbewegung und anderen republikanisch Gesinnten zunehmend auch die alldeutschen Kräfte dieser Farben, in denen sie ein willkommenes Zeichen gegen die kleindeutsche Lösung von 1866 und 1871 sahen. Mit Schwarz-Rot-Gold wurde demnach auch für eine Vereinigung mit Österreich geworben, wobei sich neben der stark antisemitischen »Alldeutschen Vereinigung« Georg von Schönerers auch die nationalsozialistische österreichische »Deutsche Arbeiterpartei« zu Schwarz-Rot-Gold bekannte.

Schwarz-Rot-Gold in der Weimarer Republik

Nie waren Symbole eines deutschen Staates heftiger umstritten als in der Weimarer Republik. Die Staatssymbole konnten damals keine Kraft zur Integration und Befriedung entfalten. Vielmehr manifestierte sich die politische Zerrissenheit des Volkes in einer Gespaltenheit des Reichstages und der politischen Symbolik. In der Bevölkerung blieben die gemäßigten Kräfte, die sich zu Schwarz-Rot-Gold bekannten, in der Minderheit. Die Anhänger der Deutschnationalen Volkspartei (DNVP) und der Deutschen Volkspartei (DVP) waren für Schwarz-Weiß-Rot und die anderen Symbole des Kaiserreiches und der einzelnen Staaten, während sich die Kommunisten unter der roten Fahne versammelten und zu »Hammer und Sichel« bekannten. Die Nationalsozialisten setzten neben Schwarz-Weiß-Rot und den »Braunhemden« der SA vor allem die Hakenkreuzfahne für ihre Propaganda ein.

Auf der anderen Seite war die Rückkehr zu den Farben des Hambacher Festes und der Paulskirche von Anfang an Teil des republikanischen Programms. Eines der frühesten Plädoyers für Schwarz-Rot-Gold als Symbol für ein demokratisches und einheitliches Deutschland verfasste der vierunddreißigjährige Theodor Heuss, der noch nicht einmal zwei Wochen nach der Proklamation der Republik in der Wochenzeitschrift »Deutsche Politik. Wochenschrift für Welt- und Kulturpolitik« am 22. November 1918 unter der Überschrift »Schwarz-Rot-

Gold« in einer beeindruckenden, auf vier Seiten komprimierten staatsphilosophischen Denkschrift schon im ersten Satz forderte: »Wir müssen die alten Fahnen und Farben des ersten deutschen romantischen Freiheitstraumes hissen, denn unsere Aufgabe ist, die deutsche Geschichte beim Werk des Jahres 48 wiederanzuknüpfen.« So forderte er, dass sich die »nichtsozialistischen Kreise« ihrer eigenen Macht bewusst bleiben müssten.

Obwohl bei den im Dezember 1918 stattfindenden »Verhandlungen im Reichsamt des Innern über die Grundzüge des der verfassungsgebenden deutschen Nationalversammlung vorzulegenden Verfassungsentwurfs« noch Einvernehmen darüber bestand, die »Frage der Reichsflagge« nicht zu entscheiden, fand sich bereits in dem von Innenminister Hugo Preuß gefertigten »Entwurf III einer Verfassung des Deutschen Reichs« vom 17. Februar 1919 mit der Formulierung von Art. 1 »Die Reichsfarben sind schwarz-rot-gold« ein klares Bekenntnis zu den Farben der Befreiungskriege und der Paulskirche. Diese symbolische Initiative begründete Preuß in der 14. Sitzung der Nationalversammlung vom 24. Februar 1919 ausführlich:

So wagt es denn auch die Verfassung, Ihnen in dem 1. Artikel vorzuschlagen, dem neuen Reiche neue Farben zu geben, neue Farben, die freilich alt sind und auch als solche für weite Kreise unseres Volkes einen Gefühlswert haben: schwarz=rot=gold. Ich begreife, daß es für viele eine schwere und schmerzliche Entschließung ist, die Fahnen, die Farben, die Jahrzehnte lang ruhmreich geweht haben, verschwinden zu sehen.

Aber es sind gewaltige Veränderungen, die die vergangenen Jahrzehnte seit den Ereignissen der 60er Jahre als eine in sich abgeschlossene Periode erscheinen lassen, und ein großer Teil der Parteien des Hauses hat ja das-

selbe bekundet, indem sie selbst gegenüber den alten Parteinamen eine neue Flagge gehisst haben.

(Widerspruch rechts.)

Schon in den verschiedenen »Volksparteien« liegt etwas wie das Hissen von schwarz=rot=gold.

(Sehr richtig! Links. – Widerspruch rechts.)

Ob diese Farben schwarz=rot=gold wirklich die Farben des alten Deutschen Reichs waren, was die Historiker zum größten Teil bestreiten, ob sie den Farben der Lützowschen Freischar entnommen sind, das ist nicht das Historische an ihnen. Das Historische an ihnen ist die Fülle von Gedanken, Zielen, Bestrebungen politischer Art, die im Verlaufe des 19. Jahrhunderts sich eng verbunden haben, ich möchte sagen: mit dem Prinzip schwarz=rot=gold.

(Widerspruch rechts.)

Es war zugleich der Gedanke politischer Freiheit mit dem der nationalen Einigung, und zwar der großdeutschen nationalen Einigung,

(sehr richtig! Links.)

der dann auch noch lange, als über dem kleindeutschen Reiche schon die schwarz=weiß=rote Fahne wehte, in Deutsch=Österreich das Schwarz=rot=gold in Ehren hielt. Es sind daher in neuerem Sinn doch schon historisch gewordene und tiefwurzelnde Erinnerungen, die das neue Reich aufnimmt, wenn es schwarz=rot=gold zu seinen Farben erklärt.

Erst nach den hochstreitigen Ausschussberatungen dreier Anträge stimmte dort eine denkbar knappe Mehrheit von 16 zu 12 Stimmen für den Kompromissantrag von »Dr. Quarck, Katzenstein, Molkenbuhr, Gröber, Trimborn«, der von der Mehrheitssozialdemokratischen Partei Deutschlands (MSPD), der Deutschen Zentrumspartei und Teilen der Deutschen Demokratischen Partei (DDP) unterstützt worden war. Danach waren die Reichsfarben zwar schwarz-rot-gold, die Handelsflagge aber schwarz-weiß-rot mit einer Gösch in der oberen inneren Ecke. Die streitige Debatte setzte sich im Plenum der Nationalversammlung fort, bevor dieser Kompromissvorschlag am 3. Juli 1919 mit einer breiten Mehrheit von 211 zu 89 Stimmen angenommen wurde.

Damit war zwar der Weg zu einer Verankerung der Reichsfarben in Art. 3 der am 31. Juli 1919 verabschiedeten Weimarer Reichsverfassung bereitet, doch kam es trotz dieser deutlichen Mehrheit zu keiner Befriedung der Situation. Im Gegenteil war der Kompromiss ein verhängnisvoller Fehler, eben nichts Ganzes und nichts Halbes. Der nur halb vollzogene Flaggenwechsel befriedete die Auseinandersetzung nicht, sondern heizte sie weiter an, weil sich sodann jede Gruppierung auf ihre Symbole bezog. Die Gegner der Republik verunglimpften die Reichsfarben als »Schwarz-Rot-Gelb/Senf/Mostrich« und hissten stattdessen wahlweise Schwarz-Weiß-Rot, die Reichskriegsflagge, die Rote Fahne, die Hakenkreuzflagge oder die Flaggen der einzelnen Länder.

Aber natürlich hatte Schwarz-Rot-Gold auch Anhänger und Verteidiger. So formulierte etwa Gustav Radbruch deutlich, dass die Reichsfarben »für uns der Gegenstand eines ebenso freudigen Kultes sein [müssen] wie das Sternbanner für den Amerikaner«. In symbolischer Hinsicht stellte sich die junge Republik ausdrücklich in die Tradition der Paulskirche, was etwa am 18. Mai 1923 bei einem großen Festakt deutlich wurde, der am 75. Jahrestag der ersten Sitzung der Nationalversammlung in Frankfurt stattfand.

Auch auf unterschiedlichen, später dargestellten juristischen Wegen versuchte die Weimarer Republik, die neuen Farben sichtbar zu machen und zu schützen. Abgesehen davon war es vor allem das 1924 von SPD, der Deutschen Zentrumspartei, der Deutschen Demokratischen Partei und Gewerkschaftern gegründete, gegen die Umsturzversuche von rechts und links gerichtete und in veränderter Form bis in unsere Tage existierende »Reichsbanner Schwarz-Rot-Gold, Bund der republikanischen Kriegsteilnehmer«, das sich dem Schutz der jungen Demokratie verschrieben hatte und der »SA«, »Stahlhelm« und kommunistischen Verbänden wie dem »Roten Frontkämpferbund« die Stirn bot.

Juristisch gesehen waren die Farben Schwarz, Rot und Gold mit der Verabschiedung der Weimarer Reichsverfassung 70 Jahre nach der Paulskirche und ein gutes halbes Jahrhundert nach der Auflösung des Deutschen Bundes zu den Farben der Deutsches Reich genannten Weimarer Republik erklärt worden.

Nur anderthalb Monate nach Inkrafttreten der Verfassung verabschiedete Reichspräsident Friedrich Ebert am 27. September 1919 den »Erlaß, betreffend Flagge des Reichspräsidenten, Flagge des Reichswehrministers und neue Reichskriegsflagge nebst Gösch«. Besonders interessant ist, dass die Weimarer Republik schon in ihrer unmittelbaren Anfangszeit eine Flaggenregelung für die Marine schuf, die allerdings erst zwei Jahre später von »Kaiserlicher Marine« in »Reichsmarine« umbenannt wurde. Die damals noch übliche kaiserliche Reichskriegsflagge sollte durch die Verwendung des neuen Reichsadlers und des Eisernen Kreuzes an die neuen Verhältnisse angepasst werden.

Eine gute Intention, deren Umsetzung aber aus nicht ganz nachvollziehbaren Gründen ausblieb. Der Erlass trat nämlich nie in Kraft, sodass die noch vorhandenen Schiffe und Boote der Marine bis 1921 weiterhin die kaiserliche Flagge führten.

Am 11. April 1921 unterzeichnete Reichspräsident Ebert

eine ins Detail gehende »Verordnung über die deutschen Flaggen«. In einer Flaggentafel sah diese zehn staatliche Flaggen vor. Auf der Grundlage von Art. 3 der Weimarer Reichsverfassung wurden etwa die Nationalflagge (»besteht aus drei gleich breiten Querstreifen, oben schwarz, in der Mitte rot, unten goldgelb«) und die Handelsflagge präzisiert sowie eine neue Reichskriegsflagge eingeführt.

Am Tag nach der Ermordung Rathenaus hielt Otto Wels in der am Sonntag, dem 25. Juni 1920, stattfindenden 236. Sitzung des Reichstages eine flammende Rede gegen die schwarz-weiß-rote Fahne der Gegner der Republik und antisemitischen Hetzer:

> *Verschwinden müssen die Symbole der alten Monarchie! Wir Sozialdemokraten sahen und sehen in der roten Fahne das Symbol unseres Kampfes für Völkerversöhnung und Völkerverständigung, und wir sehen in der schwarz=rot=goldenen Fahne der Republik das Bekenntnis zur Demokratie und zum friedlichen Aufbau. Millionen, die sich zu uns, zu unseren Farben bekennen, folgten einst den schwarz=weiß=roten Fahnen aus innerer Überzeugung, bis die Leiden unseres Volkes und die Verbrechen des alten Regimes sie zur Abkehr zwangen. Heute ist für alle […] die schwarzweißrote Fahne zur Mörderfahne geworden!*
>
> > *(Stürmischer Beifall bei den Sozialdemokraten und auf der äußersten Linken, Händeklatschen auf den Tribünen. – Entrüstete Rufe bei den Deutschnationalen und der Deutschen Volkspartei: Pfui !)*
>
> **Präsident:** *Kundgebungen von der Tribüne sind nicht gestattet. Ich bitte die Damen und Herren, sich solcher Kundgebungen zu enthalten.*

Wels, Abgeordneter: *Wir werden sie nicht mehr als Protest gegen die heutige Staatsform dulden. Wir rufen die Regierung auf, uns darin zu unterstützen; denn den Anfängen zu wehren, ist es zu spät. Jetzt muß mit harter Faust zugegriffen werden.*

(Sehr wahr bei den Sozialdemokraten und auf der äußersten Linken.)

Zwei Tage später gingen aus Anlass der Beisetzung Rathenaus Hunderttausende auf die Straße und bekannten sich zur jungen Republik. An diesem Tag der Trauer waren schwarz-rot-goldene Flaggen übrigens ausverkauft.

Infolge der Ermordung Rathenaus verabschiedete der Gesetzgeber im Juli 1922 das »Gesetz zum Schutze der Republik«, mit dem die zum Alltag gewordenen Verunglimpfungen der Reichsfarben unter Strafe gestellt wurden. Danach wurde mit Gefängnis bis zu fünf Jahren bestraft, wer öffentlich oder in einer Versammlung die »Reichs- oder Landesfarben beschimpft«. Zu einer signifikanten Verfolgung der Täter aus dem rechten Lager kam es in den Folgejahren jedoch nie.

Es hat alles nichts genützt. Alle normativen Versuche der Weimarer Republik, den Flaggenstreit zu beenden und die symbolische Spaltung des Landes zu überwinden, blieben letztlich erfolglos.

Mit dem Rücktritt der Reichsregierung unter Reichskanzler Hans Luther erreichte der Weimarer Flaggenstreit 1926 einen wahren Höhepunkt. Veranlasst war dieser durch einen heftigen Streit über eine neue Flaggenverordnung, nach der die gesandtschaftlichen und konsularischen Behörden des Reiches »an außereuropäischen Plätzen und an solchen europäischen Plätzen, die von Seehandelsschiffen angelaufen werden«, neben der Reichsflagge auch die schwarz-weiß-rote Handelsflagge verwenden durften.

Wie sich aus den Akten der Reichsregierung ergibt, schien

dieser eine solche Neuregelung sinnvoll, weil »nach den übereinstimmenden Berichten der in Frage kommenden deutschen Auslandsstellen die bestehende Verschiedenheit in den Flaggen der deutschen Handelsschiffe und der amtlichen Reichsvertretung als unerträglich empfunden wird. Sowohl von amtlichen wie von privaten Kreisen wird es als geboten bezeichnet, diese Verschiedenheit, die zu vielen Mißverständnissen und Unstimmigkeiten Anlaß gegeben hat, auszugleichen.«

Die erwähnten »privaten Kreise« umschreiben die eher reaktionären Auslandsdeutschen, unter denen es viele gab, die noch größere Schwierigkeiten mit den neuen Reichsfarben hatten als im Reichsgebiet lebende Staatsangehörige. Vor ihnen wollte die Regierung einknicken und den Auslandsvertretungen das Recht zugestehen, neben Schwarz-Rot-Gold auch die alten schwarz-weiß-roten Reichsfarben zu hissen.

Auch wenn sich im Inland Schwarz-Rot-Gold nur schwer gegen die »kaiserlichen Farben« durchsetzen konnte, führte diese symbolpolitische Kapitulation zu einem innenpolitischen Proteststurm, in dessen Verlauf die DDP in der Reichstagsdebatte vom 12. Mai einen Misstrauensantrag gegen Reichskanzler Luther einbrachte, der mit 177 zu 146 Stimmen angenommen wurde. Während in der Folge auch das gesamte Kabinett zurücktrat, blieb die Verordnung interessanterweise jedoch bis 1933 in Kraft.

War Schwarz-Rot-Gold hierdurch für den Bereich der auswärtigen Repräsentation bereits geschwächt, führte Reichswehrminister Otto Geßler im Folgejahr auch für die Reichswehr eine doppelte Beflaggung ein. In dem Wunsch, die Anhänger der alten Reichssymbole mit der Symbolik der Republik zu versöhnen, ordnete er durch Erlass vom 17. August 1927 an, dass neben der schwarz-weiß-roten Kriegsflagge künftig auch die schwarz-rot-goldene Nationalflagge gehisst werden sollte. Das alleinige Zeigen der alten Fahne wurde durch den Erlass untersagt. Gleichzeitig wurde Reichswehrangehörigen verboten, ihre Privatwohnungen nur mit Schwarz-

Weiß-Rot zu beflaggen. Auch von dieser Regelung ging keinerlei Befriedung aus, weil sie den republikanisch Gesinnten nicht weit genug ging und von den antirepublikanischen Kräften als Beweis für die Schwäche der neuen Staatsform gewertet wurde.

Weder die Reichsregierung noch die Regierungen der einzelnen Staaten schafften es ferner, die Reichsfarben bei vielen Städten und Gemeinden – von Unternehmen und Hotels ganz zu schweigen – durchzusetzen. Viele von ihnen weigerten sich sogar, am Verfassungstag die Nationalflagge neben den jeweiligen Staats- und Gemeindeflaggen auf den Dienstgebäuden zu hissen. Nachdem etwa eine entsprechende Aufforderung der (sozialdemokratischen) preußischen Regierung von den Städten und Kreisen ignoriert worden war, erließ diese hierzu eine Notverordnung, die jedoch 1927 vom Staatsgerichtshof in seiner Entscheidung zum »Potsdamer Flaggenstreit« mit der Begründung kassiert wurde, dass ein Flaggenstreit keinen Notstand begründe.

In seiner grundlegenden verfassungstheoretischen Arbeit, der »Verfassungslehre«, geht Carl Schmitt ausführlich auf den Weimarer Flaggenstreit und die mit ihm einhergehende symbolische Ambivalenz ein:

> *Die Mehrheit wenigstens der geschäftlich interessierten Bürger, möchte […] mit politischen Entscheidungen nicht unnütz belästigt werden. Ein augenfälliges, in der Öffentlichkeit sich abspielendes Beispiel dieser Abneigung gegen eine Entscheidung präsentiert sich gegenwärtig (1927) jedesmal, wenn die Bewohner des Deutschen Reiches flaggen. Die Weimarer Verfassung bestimmt in Art. 3: »Die Reichsfarben sind schwarz-rot-gold. Die Handelsflagge ist schwarz-weiß-rot mit den Reichsfarben in der oberen inneren Ecke«. In dieser Bestimmung liegt ein Kompromiß und keine innere Entscheidung zwischen den Farben schwarz-rot-gold und schwarz-weiß-*

rot. Eine überwältigende und entscheidende Akklamation des deutschen Volkes hat sich noch nicht ergeben. Das Resultat einer geheimen Einzelabstimmung würde wahrscheinlich von der Parteidisziplin bestimmt werden und keine Mehrheit ergeben, die dem überstimmten Teil als überwältigende Mehrheit erschien. Diese Art der Erledigung dürfte gegenwärtig noch nicht das geeignete Mittel einer solchen Entscheidung sein. Ein großer Teil der Bevölkerung [...] bekundet inzwischen in der Öffentlichkeit, daß sie sich auch nicht entscheiden wollen, indem sie entweder überhaupt nicht flaggen, oder eine »neutrale« Fahne zeigen, wie die Landesflagge, die städtische Lokalfahne, die päpstliche Fahne oder eine eigens angefertigte Geschäfts- und Privatfahne – als lebendige Illustration zu dem Satz »Mehrheit entscheidet«.

Mit dem aufblitzenden Nachsatz offenbart der Autor seine grundlegende Skepsis gegenüber der liberalen Demokratie und ihren Entscheidungsprozessen. Wenig erstaunlich nahm Schmitts Antipode Rudolf Smend auch in der Frage der Beflaggung die Gegenposition ein. In seinem Werk »Verfassung und Verfassungsrecht« misst er der »Festsetzung der Reichsfarben« eine große Bedeutung »als feierliche Absage vor In- und Ausland gegenüber dem bisherigen System hin zu einem ›neuen politischen Prinzip‹« bei.

Schwarz-Rot-Gold im Nationalsozialismus

Die Geschichte von Schwarz-Rot-Gold im Nationalsozialismus ist schnell erzählt. Mit den Braunhemden verschwand Schwarz-Rot-Gold aus Deutschland. Die Farben der nationalsozialistischen Diktatur waren Schwarz-Weiß-Rot, vor allem in Gestalt der von Hitler 1920 selbst entworfenen Hakenkreuzflagge. Von Anfang an wurden die Farben des Vormärz, der Paulskirche und der Weimarer Republik in einer Art und

Weise verunglimpft, die keinen Zweifel daran ließ, dass sie unter dem neuen Regime vollständig zu verschwinden hatten. Eines ausdrücklichen Verbotes bedurfte es hierfür nicht.

Es gehört zu den kleinen Kontinuitäten der an Zäsuren reichen deutschen Geschichte, dass Fahnen und Flaggen gerne recycelt wurden. So sind 1933 aus Roten Fahnen Hakenkreuzfahnen gemacht worden sein. Nach 1945 wurden die Hakenkreuze dann wieder abgetrennt. In manchen Fällen sind gar US-Flaggen aus alten Hakenkreuzflaggen genäht worden.

Eine neue Flaggenregelung ließ nicht lange auf sich warten. Mit dem »Erlaß des Reichspräsidenten über die vorläufige Regelung der Flaggenhissung« bestimmte Reichspräsident von Hindenburg bereits am 12. März 1933, also nur sechs Wochen nach Ernennung Hitlers zum Reichskanzler, dass »die schwarz-weiß-rote Fahne und die Hakenkreuzflagge gemeinsam zu hissen sind. Diese Flaggen verbinden die ruhmreiche Vergangenheit des Deutschen Reichs und die kraftvolle Wiedergeburt der Deutschen Nation. Vereint sollen sie die Macht des Staates und die innere Verbundenheit aller nationalen Kreise des deutschen Volkes verkörpern!«

Mit der »Verordnung über die vorläufige Regelung der Flaggenführung vom 31. März 1933« wurden einige Dienstflaggen angepasst und ferner festgelegt, dass die Schiffe und Boote des Reichs zusätzlich die Hakenkreuzflagge zu hissen hätten, sofern dies möglich sei. Von den weiteren flaggenrechtlichen Regelungen sei hier nur das Reichsflaggengesetz vom 15. September 1935 erwähnt, das der Reichstag auf dem Nürnberger »Reichsparteitag der Freiheit« gemeinsam mit den anderen sogenannten »Nürnberger Rassengesetzen«, also dem »Gesetz zum Schutze des deutschen Blutes und der deutschen Ehre« und dem »Reichsbürgergesetz«, verabschiedet hatte. Hiermit wurden die Reichsfarben Schwarz-Weiß-Rot bestätigt und die Hakenkreuzflagge zur alleinigen »Reichs- und Nationalflagge« sowie zur Handelsflagge bestimmt.

Zu diesem Gesetz war es wegen eines Zwischenfalls in New

York gekommen. Nach dem Einlaufen des Schnelldampfers *Bremen* waren einige Dockarbeiter an Bord gekommen und hatten die gehisste Hakenkreuzflagge in den Hudson geworfen, was zu einer breiten medialen Berichterstattung geführt hatte. Das Gerichtsverfahren endete mit einem Freispruch, da das amerikanische Gericht die Hakenkreuzflagge nicht als Nationalflagge anerkannt hatte. Im Vorjahr hatte sich bereits eine kuriose deutsch-italienische Flaggenaffäre zugetragen. Der aus politischen Gründen zunächst nach Italien emigrierte Völkerrechtler Fritz Gustav Anton Kraemer hatte 1934 während seines Sommerurlaubs im Golf von Sorrent eine kaiserliche Reichskriegsflagge an seinem Kajak befestigt und so die Aufmerksamkeit des deutschen Marineattachés auf sich gelenkt. Nachdem sich die Polizei geweigert hatte, dem sechsundzwanzigjährigen Kajakfahrer die Verwendung der Reichskriegsflagge zu untersagen, protestierte der deutsche Botschafter Ulrich von Hassel beim italienischen Außenministerium. Als auch dies keine Wirkung zeigte, beschritt die Reichsregierung über mehrere Instanzen den Rechtsweg, auf dem sie unter großer Anteilnahme der Medien krachend scheiterte. Bei der Kraemer'schen Aktion handelte es sich demnach um einen politischen Wasserspaß, der immerhin zu einer weiteren Eintrübung des zu dieser Zeit ohnehin schwierigen deutsch-italienischen Verhältnisses führte.

Schwarz-Rot-Gold kam erst wieder nach der Befreiung Deutschlands vom Nationalsozialismus zum Vorschein. Und zwar in beiden Teilen Deutschlands.

Schwarz-Rot-Gold als Symbol der Bundesrepublik

Die Flaggen und Symbole des Nationalsozialismus gingen mit diesem unter, ihr Besitz wurde unter Strafe gestellt. Nach der Verordnung Nr. 1 der Militärregierung drohte für ein provozierendes Zeigen nationalsozialistischer Flaggen gar die Todesstrafe. Die ersten Fahnen der neuen Zeit waren die weißen

Bettlaken der Kapitulation. Im östlichen Teil waren jedoch schon bald wieder rote Fahnen zu sehen, im Westen die Symbole der westlichen Siegermächte.

Die wenigen Schiffe und Boote, die in den ersten Jahren nach dem Krieg unter deutscher Flagge fuhren, hatten nach dem Kontrollratsgesetz Nr. 39 vom 12. November 1946 die Signalflagge »C« als Doppelstander zu führen (Abbildung 6). Mit dieser bis 1951 verpflichtenden Flagge, die für die Kapitulation stand (»Capitulate«) und der gemäß Art. I Nr. 3 des Gesetzes keinerlei Ehrbezeugungen zustanden, wurde die verlorene Souveränität Deutschlands symbolträchtig zum Ausdruck gebracht. Damaligen Zeitungen kann man entnehmen, wie froh die Bevölkerung war, als deutsche Schiffe und Flugzeuge ab 1950 die Bundesflagge führen durften. Schnell setzte sich der aus Seglerkreisen stammende Kosename »Adenauer« für unsere Flagge durch. Zwischen »dem Adenauer« und der »Spalterflagge« der DDR sollte sich in den Folgejahren eine wahre symbolische Antithese entwickeln, aus der sich manifeste Flaggenstreitereien entwickelten.

In dem Prozess der Verfassungsgebung, der zu unserem Grundgesetz führte, stellte sich die Frage nach den Nationalfarben und einer Nationalflagge schon recht bald wieder.

Im August 1948 wurde auf dem Verfassungskonvent von Herrenchiemsee kontrovers über die »Hoheitssymbole« diskutiert. Die überwiegende Mehrheit war für die sofortige verfassungsrechtliche Verankerung von Schwarz-Rot-Gold als Nationalflagge. Hiervon wich eine Minderheit ab, die zwar keine Einwände gegen diese Bundesfarben hatte, aber zur Vermeidung eines erneuten Flaggenstreits davon absehen wollte, die Flaggenfrage sogleich zu regeln. Nach deren Auffassung sollte die Entscheidung hierüber einem späteren Flaggengesetz vorbehalten bleiben. Schließlich wurde ein Kompromissvorschlag gemacht, nach dem bis zur Verabschiedung einer gesetzlichen Regelung lediglich Bundesbehörden, Auslandsvertretungen und Seeschiffe die Farben Schwarz-Rot-Gold führen sollten.

Allerdings gab es auch Einwände gegen die Farben an sich. So sprach sich der Vertreter Bayerns, Staatssekretär Josef Schwalber, gegen den deutschen Dreifarb aus. Er befürchtete, dass »das bayerische Volk die Farben schwarz-rot-gold ablehnen« werde, weil es darin eine »zu enge Verbindung mit dem Weimarer Staat erblickt. In Bayern besteht aber keine Geneigtheit, zur Staatsform von Weimar zurückzukehren«. In dieser Einschätzung mag sich bereits angekündigt haben, dass der bayerische Landtag das Grundgesetz in den frühen Morgenstunden des 20. Mai 1949 ablehnen und der Freistaat bei offiziellen Anlässen erstmals 1954 (!) neben Weiß-Blau auch die Bundesflagge hissen wird. Der Anlass für diese Änderung der Flaggenpraxis war allerdings kein republikanischer, sondern der 85. Geburtstag des letzten Kronprinzen Rupprecht von Bayern.

Artikel 23 des »Herrenchiemsee-Berichts« sah schließlich im Abschnitt »Völkerrechtliche Verhältnisse des Bundes« als Mehrheitsentwurf vor: »Der Bund führt die schwarz-rot-goldene Flagge der Deutschen Republik. Das Nähere bestimmt ein Gesetz.«

Die im Konvent begonnene Kontroverse wurde zwar im Parlamentarischen Rat fortgeführt, andererseits wehte aber schon seit Oktober 1948 eine große schwarz-rot-goldene Flagge auf dem Dach der als Tagungsort ausgewählten Pädagogischen Akademie (Abbildung 9). Ungeachtet dieser symbolischen Vorwegnahme des Ergebnisses wurde zunächst weiter darüber debattiert, ob man lediglich die Nationalfarben aufzählen oder aber darüber hinaus auch ihre Anordnung in der Flagge regeln sollte. Nach Auffassung einiger war eine Schreibweise mit Bindestrichen zu vermeiden, weil hierdurch die Trikolore nach ihrem historischen Vorbild festgelegt würde.

Die CDU plädierte für die Neugestaltung der Bundesflagge in der Form eines Kreuzes und verwandte hierfür die ein wenig unpräzis bleibende Formulierung: »Die Flagge des Bundes zeigt auf rotem Grund ein schwarzes liegendes Kreuz und auf dieses aufgelegt ein goldenes Kreuz.« In der Sache handelte sich um ein auf rotem Grund liegendes, zum Flaggenstock hin verschobenes schwarzes Kreuz (»Philippuskreuz«) mit goldenem Rand, auf das ich bereits im ersten Kapitel eingegangen bin. Der studierte Kunsthistoriker Theodor Heuss tat diesen Vorschlag jedoch als »Kunstgewerbe« ab.

Damit tat er dem für die Widerstandsgruppe des 20. Juli 1944 geschaffenen Flaggenentwurf sicher unrecht. Die Kreuzflagge wurde nicht von dem Juristen und Widerstandskämpfer Josef Wirmer entworfen, sondern von Ottfried Neubecker und Erik Wolf, die 1926 die Schrift »Die Reichseinheitsflagge. Ein Vorschlag« vorgelegt hatten und unter Rückgriff auf Ideen des 19. Jahrhunderts die Farben Schwarz-Gelb-Rot als Kompromiss für das Farbenschisma Schwarz-Rot-Gold versus Schwarz-Weiß-Rot vorschlugen. Neubecker war ein achtzehnjähriger Student und angehender Heraldiker, der später während des Nationalsozialismus für die linientreue Zeitschrift »Uniformen-Markt« schrieb, und Wolf ein vierundzwanzigjähriger promovierter wissenschaftlicher Assistent, der später als Rechtsphilosoph und Strafrechtler Karriere machte, sich aber auch klar zum Nationalsozialismus bekannte. Wie sehr er sich dann in seiner Zusammenarbeit mit der »Bekennenden Kirche« wirklich vom Nationalsozialismus distanziert hatte, bleibt bis heute ein wenig im Dunkeln.

Wirmer hatte diesen Entwurf für den erhofften positiven Ausgang des Attentats vom 20. Juli als Nationalflagge des neuen Deutschlands ausgesucht, sich aber für eine andere Farbreihenfolge entschieden. Während Neubecker und Wolf einen schwarzen Grund vorgeschlagen hatten, war dieser bei Wirmer rot. Im Ergebnis ist es ein Flaggenentwurf der Weimarer Zeit, der von zwei jungen Akademikern (die später in den Nationalsozialismus verstrickt waren) gemacht worden war, um von Josef Wirmer für die Widerstandsgruppe des 20. Juli abgewandelt zu werden. 70 Jahre später sind es dann wieder Gruppierungen der extremen Rechte und rechte Protestformen, die dieses Symbol für sich entdecken. Heute ist gar vom

»Pegida-Kreuz« die Rede. Mit Götz Kubitschek und seiner Frau Ellen Kositza umgaben sich auch die Vordenker der sogenannten Neuen Rechte, die in Wahrheit gar nicht so neu ist, mit Schwarz-Rot-Gold und dem Wirmer-Kreuz.

Außer diesem Vorschlag wurden beim Parlamentarischen Rat zahlreiche andere Vorschläge für eine Neugestaltung der Flagge eingereicht, unter anderem vom ehemaligen »Reichskunstwart« Edwin Redslob und dem Historiker Paul Wentzcke. Auch wenn keiner der Entwürfe eine Aussicht auf Erfolg hatte, erstaunt es angesichts dieser Ausgangslage nicht, dass sich die zum Teil durchaus lebhaften Beratungen über einige Wochen hinzogen.

Uneinigkeit herrschte nach wie vor auch darüber, ob man überhaupt über die Bundesflagge entscheiden dürfe oder ob dies nicht einer unmittelbar gewählten Volksvertretung vorbehalten bleiben müsse. Es war erneut Theodor Heuss, der sich mit Entschiedenheit für Schwarz-Rot-Gold aussprach und darauf hinwies, dass diese Farben bereits vom »Deutschen Volksrat« der Sowjetischen Besatzungszone als Nationalfarben beschlossen worden seien. Dank seiner Intervention setzten sich schließlich diejenigen durch, die für eine Regelung der Bundesflagge im Grundgesetz waren.

Heuss plädierte für eine schnelle und endgültige Entscheidung: »Wenn wir nun die Entscheidung über die Farben hinausschieben, dann geben wir den Propagandisten der Ostzone ein sehr billiges Argument in die Hand, daß wir eben doch nur verkappte Faschisten sind. Ich möchte soweit gehen, zu sagen, wir müssen trotz der ganzen Sauerei im Osten die gleiche Flagge haben.«

Im November 1948 erzielte der Bonner Hauptausschuss zunächst nur eine Einigung über die Farben, nicht jedoch über ihre Anordnung. Durch die entschiedene Reaktion von Theodor Heuss auf das symbolische Vorpreschen der Machthaber in der Sowjetischen Besatzungszone kam es aber immerhin auch für den Westteil Deutschlands zu einer frühen Festlegung der Nationalfarben. Die Verankerung der Bundesflagge im Grundgesetz war dann ein klares symbolisches Bekenntnis zur Kontinuität mit der Weimarer Republik.

Gerungen wurde damals übrigens auch um den Staatsnamen, der ja selbst ein Symbol des Staates ist. Im Ergebnis setzte sich »Bundesrepublik« gegen »Deutsches Reich« durch.

Über die in Art. 22 geregelte Bundesflagge wurde jedoch erst am 8. Mai 1949 abgestimmt. Dann aber mit einem überraschend einmütigen Ergebnis: Der Antrag von Carlo Schmid erhielt eine überwältigende Mehrheit von 49 Stimmen gegen eine einzige.

Auf diese Weise kam Schwarz-Rot-Gold 16 Jahre nach der nationalsozialistischen Machtergreifung als verfassungsrechtlich normiertes Staatssymbol der Bundesrepublik zurück. Was nicht bedeutet, dass sich die Farben von Anfang an einer breiten Zustimmung erfreut hätten. Zu tief war Schwarz-Weiß-Rot im Bewusstsein der Bevölkerung verankert, sodass einige Zeit vonnöten war, bis sich eine klare Mehrheit zu den neuen, alten Farben bekannte.

Schwarz-Rot-Gold in der öffentlichen Meinung

In den ersten Jahren nach Kriegsende waren sicher andere Fragen drängender als die der Beflaggung. Dieses Desinteresse spiegelte sich etwa in den Jahren 1947 und 1948 in einer strukturellen Ambivalenz im Verhältnis zu beiden Flaggen wider. Nach einer im Dezember 1948 veröffentlichten Umfrage des Instituts für Demoskopie Allensbach waren 25 Prozent für Schwarz-Rot-Gold und weitere 25 Prozent für Schwarz-Weiß-Rot, während jedoch die Mehrheit von 35 Prozent angab, keine eigene Meinung zu dieser Frage zu haben.

Bei einer 1951 durchgeführten Umfrage gab es dann zunächst eine klare Mehrheit für Schwarz-Weiß-Rot. Ab Ende der Fünfzigerjahre sprach sich immerhin eine relative Mehrheit für Schwarz-Rot-Gold aus. Mit 53 Prozent konnte die

Bundesflagge im Westteil unseres Landes aber erst 1962 eine absolute Mehrheit hinter sich vereinen. Eine Mehrheit, die bis heute unangefochten blieb.

Zwischen 1951 und 2015 führte Allensbach mit der Frage »Freuen Sie sich, wenn Sie irgendwo die schwarz-rot-goldene Bundesflagge sehen?« eine weitergehende, für den Patriotismus und die Akzeptanz der Staatssymbole essenzielle Umfrage durch. Was diesen Aspekt der Freude angeht, gibt es im wiedervereinigten Deutschland seit Anfang der Neunzigerjahre eine konstante Zustimmungsquote. Sie lag 1994 bei 58 Prozent und erlebte in den Jahren der Fußballweltmeisterschaften 2002 (mit 61 Prozent) und 2006 (mit 67 Prozent) zwei weitere Anstiege. Die negative Antwortquote nahm seit 1994 (mit damals 34 Prozent) kontinuierlich ab und erreichte im Juli 2006 im Zuge des »Sommermärchens« den historischen Tiefstand von nur 22 Prozent. Im Januar 2015 haben in Gesamtdeutschland 57 Prozent die Frage mit »Ja«, 26 Prozent mit »Nein« und 10 Prozent mit »gleichgültig, uninteressant« beantwortet.

Die Umfrageergebnisse aus Westdeutschland belegen eine seit 1951 stetig wachsende Freude an der Flagge. Während 1951 lediglich 23 Prozent die Frage bejahten, 33 Prozent mit »Nein« antworteten und 21 Prozent Gleichgültigkeit zum Ausdruck brachten, hatten sich die Zahlen schon zehn Jahre später grundsätzlich verändert (45 »Ja«, 22 »Nein«, 18 Prozent »Gleichgültig«). Bereits 1982 freuten sich 60 Prozent der Befragten, während die ablehnende Gruppe mit 33 Prozent konstant blieb, jedoch nur noch 3 Prozent mit »gleichgültig, uninteressant« antworteten. Die 2015 für Westdeutschland erhobenen Zahlen (56 »Ja«, 26 »Nein«, 11 Prozent »Gleichgültig«) sind einerseits nahezu identisch mit den Ergebnissen für Gesamtdeutschland. Andererseits entspricht der zustimmende Anteil genau dem bereits 1990 erhobenen Wert.

Auch der 2015 für Ostdeutschland erhobene Wert (59 »Ja«, 25 »Nein«, 8 Prozent »Gleichgültig«) stimmt nahezu mit den gesamtdeutschen Werten überein. In dieser Frage waren wir

Deutschen uns 2015 also einig. Im Übrigen ist diese positive Zustimmungsquote im Ostteil unseres Landes seit 1990 mehr oder weniger konstant zwischen 50 und 60 Prozent.

Eine große Mehrheit der Deutschen identifiziert sich demnach mit Schwarz-Rot-Gold und bringt der Bundesflagge sogar positive Empfindungen entgegen.

Seit 2015 gibt es leider keine solche Umfrage mehr. Dabei wäre es höchst interessant, wie sich die oben skizzierte Aneignung der Bundesflagge durch Gruppen der extremen Rechte und des Protestes seit Oktober 2014 auf die allgemeine Akzeptanz dieses Symbols und die emotionale Bindung an die Bundesflagge ausgewirkt hat.

Die Kenntnisse über den Symbolgehalt unserer Flagge scheinen recht bescheiden zu sein. So wusste nach einer am 14. Juni 2011 in der Zeitung »Neues Deutschland« veröffentlichten, leider nicht näher bezeichneten Umfrage lediglich ein Viertel der in der Altersgruppe zwischen 25 und 60 Jahren Befragten, was Schwarz-Rot-Gold bedeutet.

Die symbolische Grundausstattung der Bundesrepublik

Kaum war die Bundesflagge 1949 im Grundgesetz verankert, erließ der Bundespräsident die »Anordnung über die deutschen Flaggen« vom 7. Juni 1950, mit der die Bundesflagge als »aus drei gleich breiten Querstreifen, oben schwarz, in der Mitte rot, unten goldfarben, Verhältnis der Höhe zur Länge des Flaggentuches wie 3 zu 5« bestehend konkretisiert wurde. Damit wird in ausdrücklicher Weise das geregelt, was sich aus der Geschichte von Schwarz-Rot-Gold wie selbstverständlich ergibt. Auch in der Bundesrepublik sollte es bei einer waagerechten Anordnung der drei Farben als Querstreifen bleiben, die in der Fachsprache mit der Formulierung »geteilt zu Schwarz, Rot und Gold« umschrieben wird.

Außerdem wurden durch diese Anordnung die *Standarte* des Bundespräsidenten und die *Dienstflagge* der übrigen Bundesbehörden (»die gleichen Querstreifen wie die Bundesflagge, darauf etwas nach der Stange hin verschoben, in den schwarzen und den goldfarbenen Streifen je bis zu einem Fünftel übergreifend, den Bundesschild, den Adler nach der Stange gewendet, Verhältnis der Höhe zur Länge des Flaggentuches wie 3 zu 5«) geregelt. Für die Bundespostverwaltung wurde die *Bundespostflagge* mit ihrem goldfarbenen Posthorn geschaffen, die mit der Privatisierung 1994 leider abgeschafft wurde und heute nur noch auf sehr alten Lieferkisten und Fahrzeugen der Deutschen Post AG durchschimmert.

Mit diesen Sonderflaggen wurde innerhalb eines guten Jahres die symbolische Grundausstattung der jungen Bundesrepublik geschaffen, die rasch auch zu Wasser und in der Luft zum Einsatz kamen.

Während der doch recht schnell wieder beliebten Sommerurlaube wurden auch die Strände beflaggt. So berichtete die West-Berliner Zeitung »Telegraf« am 14. August 1951, die Bundesflagge sei zwar ausverkauft, über den Sandburgen und Strandliegen der deutschen Urlauber an der westdeutschen Ostseeküste sehe man aber mehrheitlich Schwarz-Weiß-Rot. Ein Urlauber leiste sich gar den »Widersinn, neben der schwarzweissroten die Europafahne zu hissen«.

Ab 1951 wurde auch kontrovers diskutiert, zu welchen Anlässen öffentliche Gebäude beflaggt werden sollten. Die Bandbreite der damals vertretenen Meinungen reichte etwa vom 1. Mai (Tag der Arbeit) über den 23. Mai als dem Verfassungstag bis zum 12. September als dem Tag der Wahl des ersten Bundespräsidenten. Eine hierfür verbindliche Regelung wurde erst nach den *Pariser Verträgen* geschaffen. Der »Erlaß der Bundesregierung über die Beflaggung der Dienstgebäude des Bundes« vom 14. April 1955 sah unter anderem eine tägliche Beflaggung der Dienstgebäude und regelmäßige Beflaggungstage vor. In den folgenden Jahrzehnten erließ die Bundesregierung insgesamt sechs neue Regelungen, zuletzt den bis heute gültigen Erlass vom 22. März 2005.

Dass die schnelle Rückkehr zu hoheitlichen Flaggen nicht unumstritten war, zeigten auch erste Entwendungen und Verunglimpfungen (»Schändungen«) der Bundesflagge ab 1951. Doch dazu später.

Als früher Verteidiger von Schwarz-Rot-Gold erhob Dolf Sternberger die Stimme, was uns nach den obigen Ausführungen zur Bedeutung des Symbolischen für das Konzept des Verfassungspatriotismus kaum noch überraschen kann. Noch unter dem Eindruck der Krönungszeremonie Königin Elisabeths II. setzte sich Sternberger mit seinem am 14. Juni 1953 in der Zeitung »Welt am Sonntag« erschienenen Artikel »Die schwarz-rot-goldene Fahne. National-Symbole bei uns und anderwärts« mit dem symbolischen Gehalt der Bundesflagge als historisch gewachsenem Ausdruck eines »freien Willens« zu einer »freiwilligen Einigung« auseinander und grenzte sie von Schwarz-Weiß-Rot als Zeichen der Macht ab:

> *Was wollen wir lieber verehren, das Symbol der Macht oder das Symbol des freien Willens? [...] die Macht ist vergänglich, und diese Macht ist sogar vergangen. Der freie Wille zur Selbstbestimmung und Selbstregierung, die Hoffnung auf eine freiwillige Vereinigung aller Deutschen ist unvergänglich.*

Zum Schluss dieses frühen Plädoyers für Schwarz-Rot-Gold appelliert er an die Selbstermächtigung der Bürger:

> *Das verbindliche Symbol und das herrliche Gefühl unbefangener und rückhaltloser Gemeinsamkeit seiner Verehrung wird uns nicht von gütigen Göttern geschenkt und nicht von bösen Göttern verweigert. Wir selber sind es, die daran schaffen, wenn wir die Gabe dazu haben. Herbeizwingen können wir's freilich nicht.*

Ein Appell, der moderner nicht sein könnte.

Was die Farben und Flaggen angeht, war die Symbolgebung der jungen Bundesrepublik damit schnell und traditionell geregelt, wenn auch nicht unumstritten. In einer Hinsicht beschritt man allerdings einen damals unüblichen Weg, man verzichtete auf eine besondere Kriegsflagge, obwohl diese damals doch gemeinhin als unerlässliches Symbol eines jeden Staates betrachtet wurde, der über Streitkräfte verfügte. Das aber war mit Bundespräsident Heuss nicht zu machen. Und so entschied sich dieser im Herbst 1955 nach einer mehrmonatigen Debatte, in der allerlei Vorschläge unterbreitet worden waren, ganz im Sinne des »Staatsbürgers in Uniform« gegen eine »eigene Flagge für die ›Wehrmacht‹«. Seither wird auch bei der Bundeswehr die Bundesdienstflagge gehisst, was sich besonders gut bei den morgendlichen und abendlichen Flaggenparaden beobachten lässt.

Zwei kleine Ausnahmen gestattete Bundespräsident Heuss dann doch noch. Einerseits führte er für die Marine mit seiner »Anordnung des Bundespräsidenten über die Dienstflagge der Seestreitkräfte der Bundeswehr« vom 25. Mai 1956 die Bundesdienstflagge in der Form eines Doppelstanders ein. Andererseits bestimmte er mit Anordnung vom 1. Oktober 1956 das Eiserne Kreuz zum Erkennungszeichen der Luftfahrzeuge und Kampffahrzeuge der Bundeswehr. Von Anfang an hatte sich die Bundeswehr auf die Tradition der preußischen Tapferkeitsauszeichnung des Eisernen Kreuzes berufen. So fand etwa schon die Ernennung der ersten Rekruten der neu aufgestellten Bundeswehr am 12. November 1955 vor einem riesigen Eisernen Kreuz statt.

1964 war es dann Bundespräsident Heinrich Lübke, der »als äußeres Zeichen gemeinsamer Pflichterfüllung im Dienst für Volk und Staat« für Bataillone und entsprechende Verbände die Truppenfahnen der Bundeswehr in den Farben schwarz-rot-gold mit Bundesadler stiftete. Eine Entscheidung, die bei dem damaligen FDP-Vorsitzenden und Vizekanzler Erich Mende auf Kritik stieß. Er hätte das Eiserne Kreuz als

ɔ. 14: Kippa mit der Flagge Israels und Schwarz-Rot-Gold.

Abb. 15: Davoud Changizi in seinem Geschäft »Bio Fein Bio« in Berlin © Frank Roesner, Porträt im Rahmen der von Robert Eysoldt ins Leben gerufenen Initiative »Farbwerte, Projektbüro für schwarz-rot-goldene Angelegenheiten«, die sich seit 2009 inhaltlich und gestalterisch mit Deutschland und seiner schwarz-rot-goldenen Flagge auseinandergesetzt und zu zahlreichen Workshops und Ausstellungen im In- und Ausland geführt hat.

Abb. 16: Bundespräsident Gauck während seiner am 12. Juni 2012 in der Führungsakademie der Bundeswehr gehaltenen Rede. Im Hintergrund die Truppenfahne mit dem Bundesschild.

Abb. 17: Bundespräsident Gauck am Dienstwagen »01« mit Stander.

ɔ. 18: Regina Schmeken, Berlin 12/98, Reichstag, Bundestagspräsident Wolfgang Thierse
:hüllt den neuen Bundestagsadler, 1998.

ɔ. 19: Zerlegbarer Adler für die Bundesversammlung, der etwas dynamischer aussieht
der Bonner Gies-Adler. Hier ist die Bundesversammlung vom 17. Juli 1954 in der Berli-
Ostpreußenhalle abgebildet.

Abb. 20: Emil Doepler d. J, Reichsadler, 1919.

Abb. 21: Reichsadler, Entwurf von Sigmund von Weech (1921) und Entwurf eines Reichswappens von Tobias Schwab (1927).

Abb. 22: Karl-Tobias Schwab, Bundeswappen, Bekanntmachung über die farbige Darstellung des Bundeswappens vom 4. Juli 1952, Gemeinsames Ministerialblatt, Nr. 18, 4. September 1952.

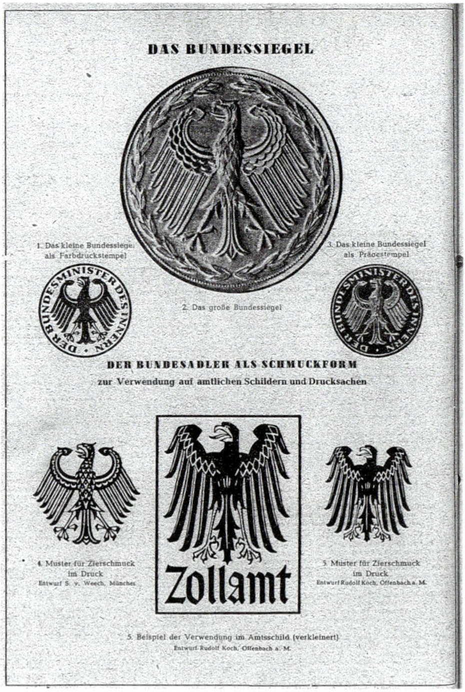

Abb. 23: Das Bundessiegel und der Bundesadler als Schmuckform zur Verwendung auf amtlichen Schildern u Drucksachen, Erlaß über die Dienstsiegel vom 20. Januar 1950, BGBl. I, 1950, Nr. 6 v. 1. Februar 1950.

ɔ. 24: Hans Kindermann, Relief eines Bundesadlers, 1969, Sitzungssaal des
ndesverfassungsgerichts in Karlsruhe.

. 25: Arno Lederer, Bundesadler aus 2360 LED-belichteten Plastikröhrchen für den
porären Sitz des Bundesverfassungsgerichts in Karlsruhe.

Abb. 26: Deutsche Bundesbank, Note zu 100 Deutsche Ma
mit Kopfbild von Sebastian Münster vom 26. Februar 1962
Bundesanzeiger Nr. 34 vom 17. Februar 1962.

Abb. 27: Deutsche Bundesbank,
Fünf-Deutsche Mark-Münze, 1951.

ɔ. 28: »Waldi«, Maskottchen der Olympischen Spiele in München, 1972,
utsches Historisches Museum.

ɔ. 29: Grüne in Schwarz-Rot-Gold: Annalena Baerbock, Katrin Göring-Eckardt und Robert
ɔeck beim Parteitag in Bielefeld 2019.

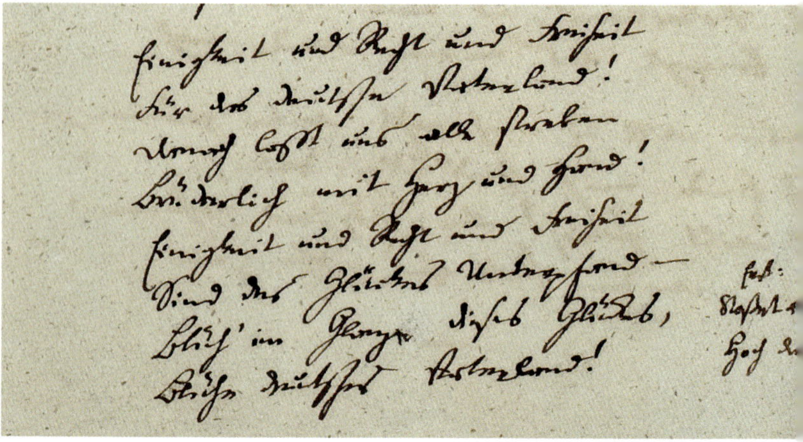

Abb. 30: August Heinrich Hoffmann von Fallersleben, Das Lied der Deutschen, 1841, Autograph, Staatsbibliothek zu Berlin Preußischer Kulturbesitz.

Abb. 31: Nationalhymne der Bundesrepublik Deutschland, Text mit Noten.

Symbol bevorzugt. Als Ritterkreuzträger war ihm dieses wohl ans Herz gewachsen.

Die Truppenfahnen sind keine Flaggen, sondern an einem schwarz lackierten Fahnenstock aus Holz befestigte, individuell aus Seidenstoff angefertigte Fahnen in Form eines quadratischen Tuches mit der Seitenlänge von einem Meter, die die Bundesdienstflagge zeigen und deren Rand mit goldfarbenen Borten eingefasst ist. Als Besonderheit ist »als historisches Symbol soldatischer Pflichterfüllung« an der Spitze des Stocks ein in einen Lorbeerkranz eingefasstes Eisernes Kreuz angebracht.

Truppenfahnen sind besonders gut bei den »Hochämtern« militärischen Zeremoniells zu sehen, also etwa bei der Begrüßung ausländischer Staatsoberhäupter mit militärischen Ehren oder beim Zapfenstreich. Sie haben aber auch bei Gelöbnissen eine prominente Rolle, weil die Truppenfahne dann vor der Gelöbnisabordnung geneigt wird, damit sie von den die Gelöbnisformel sprechenden Rekruten berührt werden kann.

Somit war die junge Republik recht schnell mit allerlei hoheitlichen Flaggen und den hierfür notwendigen Rechtsnormen ausgestattet. Hinsichtlich einer täglichen (»regelmäßigen«) Beflaggung der Verfassungsorgane und obersten Bundesbehörden hatte sich hierdurch seit Mitte der Fünfzigerjahre ein Mindestmaß an staatlichem Flaggenzeremoniell herausgebildet.

Bei anderen Behörden war man aber noch weit von einer souveränen Praxis entfernt. So staunte der damalige niedersächsische Ministerpräsident Heinrich Hellwege nicht schlecht, als er im März 1956 den »Zonengrenzkontrollpunkt« Helmstedt inspizierte und dabei auf der östlichen Seite zahlreiche rote und schwarz-rot-goldene Flaggen erblickte, auf der westlichen aber nur die Flaggen der westlichen Alliierten. Obwohl der damalige Bundesminister des Innern Gerhard Schröder schon im Dezember des Vorjahres verfügt hatte, dass an den Grenzübergängen die Bundesflagge zu hissen sei, war dies unterblieben, weil man sich mit den Vertretern der »Westmächte« zunächst nicht darüber habe verständigen können, an welcher Stelle der für die Bundesflagge vorgesehene Mast zu errichten sei.

Standerfragen

Solche Kontroversen waren aber durchaus auch zwischen Repräsentanten der deutschen Verfassungsorgane möglich. So begehrte im Sommer 1962 der damalige Präsident des Bundesverfassungsgerichtes Gebhard Müller einen größeren Stander für sein Auto. Völlig zu Recht machte der Vertreter des höchsten deutschen Gerichtes geltend, dass die ihm ursprünglich zugebilligte Größe von 18 x 25 cm unangemessen sei, weil er dadurch wie die Staatssekretäre des Bundes behandelt würde und eben nicht wie das »Haupt eines Verfassungsorgans«, dem 30 x 30 cm zustünden. Schon bevor dem Ansinnen durch eine Änderung des 2. Anhangs zur »Anordnung über die deutschen Flaggen« entsprochen wurde, ließ er seinen Mercedes mit der größeren Variante ausstatten.

Dabei hatte schon eine zehn Jahre zuvor in der »Frankfurter Rundschau« publizierte Kontroverse der Frage gegolten, welcher Stander die junge Republik bedürfe und welcher nicht. Unter der Überschrift »Wer braucht den Führer(-Stander?)« sezierte in der Ausgabe vom 3. April 1952 ein Autor namens »UNUS« die Flaggenordnung für den Bundesgrenzschutz in einem Ton, der auf einen verspäteten Aprilscherz schließen lässt. Als Ouvertüre diente die zufällige Begegnung eines nicht juristischen Laien mit dem Bundesanzeiger, in »welchem der in Kanzleideutsch aufgelöste Amtsschimmel sich fünfmal wöchentlich austoben darf – zur Freude der Anhänger und Verfechter des verdorrten Juristendeutsch«. Eine Lektüre, die sieben Jahre nach Kriegsende offenkundig zu größtem Staunen geführt hatte:

Man schaut einmal, man schaut zweimal, man reibt sich die Augen und zitiert im Stillen das Berliner Wort »Nanu, denk' ick, ick denk': Nanu, da hat doch eener dran jedreht!« Es hat aber keener dran jedreht – denn da steht es wirklich und wahrhaftig: Wir haben einen Führer. Er selbst ist zwar noch nicht ganz da, aber sein Stander flatterte ihm bereits voran, denn siehe da, in der neuen »Flaggenordnung für den Bundesgrenzschutz« ist der Führerstander nicht nur vorgesehen, sondern bereits abgebildet! Auf gelbem Grunde thront ein schwarzer Adler mit reichlich großen und roten Füßen und einem nicht weniger roten und großem Schnabel und herausgestreckter Zunge.

Unklar ist, auf wen sich die herausgestreckte Zunge eigentlich bezieht. Man ist da völlig auf Vermutungen angewiesen.

Noch unklarer ist, wozu wir überhaupt einen Führerstander brauchen. Die Notwendigkeit der übrigen […] Fahnen […] sowie Standarte des Bundespräsidenten – mag einleuchten, obgleich man sich lebhaft vorstellen kann, welche Bedeutung unser Bundespräsident diesem seinen Hoheitssymbol beimißt.

Am unklarsten – um dies falsch gebildete Wort ausnahmsweise einmal zu benutzen – ist aber, wie unser Bundespräsident einen Erlaß unterzeichnen konnte, der einen »Führerstander« aus der Versenkung in die Taufe hebt. Ueber der Parteien Haß und Hader, über dem Gezänk der Menschen und Gruppen thront – von allen einmütig als die größte Säule der Humanität und Toleranz, als das Sinnbild der Güte und des Selbstverständnisses anerkannt – unser Bundespräsident, von dem wir uns einfach nicht vorstellen können, daß er seinen wahrhaft guten Namen unter irgendein Gesetz oder einen Erlaß setzt, dessen Inhalt nicht nach allen Regeln der Logik und wirklichen Menschentums zu verantworten ist. Wie aber kommt der Name Heuß unter die Flaggenordnung mit dem »Führerstander«? […] Klar ist nur eines: Bei allem Respekt vor den Symbolen und Hoheitszeichen der Bundesrepublik – einen Führerstander brauchen wir nicht!

Leider ist der wahre Name des Verfassers bis heute unbekannt geblieben. Heuss antwortete zwei Tage nach der Philippika von »UNUS« durch einen ebenfalls in der FR platzierten Artikel mit der Überschrift »Der ›Führer‹ wird aus der Quarantäne entlassen. Bundespräsident Theodor Heuss antwortet der FR«. Mit wohl gewählten, in gleicher Weise ironischen Worten verteidigt er darin, dass die neue Flaggenordnung auch einen »Führerstander« vorsieht, wobei er jedoch eine gewisse Distanz zum Sujet durchaus konzedierte:

das anmutige Entsetzen über den »Führer-(Stander)«, das in Ihrer Nummer vom 3. April vorgetragen wird, habe ich mit Vergnügen gelesen. Unus, der Verfasser, hat wohl recht, wenn er vermutet, daß ich in solchen Dingen wie Flaggenordnungen sachlich und seelisch nicht ganz zu Hause bin, aber ich weiß, daß sie nicht nur Konvention sind, sondern, zumal bei Seefahrtsangelegenheiten, einer gewissen international verwandt gerichteten [sic] Regelung unterliegen. Daß er meinen biederen Namen unter solchen Dingen findet, schmerzt ihn.

Vielleicht kann ich ihn mit ein paar Sätzen unterrichten und damit auch trösten. Er meint offenbar, daß mit dem »Führerstander« ein nationalsozialistisches Requisit »aus der Versenkung zur Taufe« gehoben worden sei. Da liegt er schief. […] hat einfach das Fahrzeug zu bezeichnen, auf dem sich in einem Schiffsverband der Kommandant der Gruppe befindet. So etwas muss es natürlich auch bei Grenzschutzpolizei zur See geben.

Ich lade Unus zu einer einfachen Überlegung ein: hätte Hitler etwas davon erfahren – schließlich hat er doch nicht alles gewußt –, daß irgendein Leutnant mit ein paar kleinen Booten hinter sich durch einen »Führerstander« gekennzeichnet würde, hätte er bei seinem Drang, dieses Wort für sich zu monopolisieren, ganz gewiß für Remedur gesorgt. Was Unus für ein politicum hält, ist eine Sorgenfrage der Philologie. Viele von uns konnten langehin das Wort »Führer« eben nur mit Anführungszeichen sprechen – man musste diese »–« im Tonfall mithören. […] die Verlegenheit bleibt… also mag man sich den »Führerstander« ohne zu arge Staatsängste hinnehmen.

Aus heutiger Sicht ist nur schwer vorstellbar, dass sich ein Bundespräsident so rasch und auf vergleichbare Weise selbst in eine Debatte einlässt. Heuss hat jedoch immer wieder besonders gerne selbst zu seiner journalistischen Feder gegriffen und teilweise auch die an Bürger gerichteten Antworten formuliert, um sie dann von seinen Mitarbeitern unterschreiben zu lassen. Die kleine Auseinandersetzung über den »Führerstander« fiel im Übrigen in eine Zeit, in der er sich ohnehin intensiv mit Staatssymbolen beschäftigte. Es war die Zeit des im fünften Kapitel dargestellten »Hymnenstreits«.

Zur protokollarischen Formensprache der jungen Bundesrepublik

Über die tägliche Beflaggung hinaus entwickelte der Bund für den Bereich der staatlichen Repräsentation von Mitte der Fünfzigerjahre bis Ende der Achtzigerjahre mit knapp zwanzig Staatsakten und knapp dreißig Staatsbegräbnissen eine Formensprache, in der die Bundesflagge und eine Halbmastbeflaggung einen ebenso zentralen wie selbstverständlichen Platz einnahmen. Darüber hinaus ordnete die Bundesregierung von

Anfang an auch bei großen Unglücksfällen eine bundesweite Trauerbeflaggung für ihre Liegenschaften an, so etwa nach dem schweren Grubenunglück in der Gelsenkirchener Zeche »Dahlbusch« am 20. Mai 1950, bei dem 78 Bergleute starben. Man hatte die richtigen Schlüsse aus der Symbolmisere der Weimarer Republik gezogen und sich früh mit einer eigenen Formgebung der jungen Republik beschäftigt.

Freudige Ereignisse nationalen Ausmaßes, wie etwa die Rückkehr der letzten Kriegsgefangenen aus der Sowjetunion, waren jedoch kein Anlass, die Bundesflagge zu zeigen. Allerdings wurde in diesem Fall die Hymne gesungen, hier jedoch häufiger die den Soldaten bekannte erste Strophe.

Was die zwischenstaatlichen Beziehungen angeht, entwickelte sich in wenigen Jahren ein klassisches diplomatisches Besuchszeremoniell, dessen flaggenzeremonielle Ausprägung dazu führte, dass man sich in Bonn rasch an die für Staatsbesuche und andere Besuchstypen übliche Beflaggung gewöhnte. Zwar war beim Antrittsbesuch Bundeskanzler Adenauers bei den Hohen Alliierten Kommissaren am 21. September 1949 noch keine schwarz-rot-goldene Beflaggung auf dem Petersberg zu sehen. Bei dieser Begegnung mit John J. McCloy (mit dem er über seine Frau entfernt verschwägert war), Brian Robertson und André François-Poncet stand mit dem berühmten Schritt Adenauers auf den Teppich vielmehr ein anderer Aspekt der protokollarischen Ausgestaltung im Vordergrund. Für seine Ansprache betrat Adenauer den Perserteppich, statt vor ihm stehen zu bleiben. Ein Schritt, der allgemein als Geste des Anspruchs auf Gleichrangigkeit interpretiert wurde.

Beim ersten Besuch eines französischen Außenministers in der jungen Bundesrepublik ging es dann vor allem um Flaggen: Als Robert Schuman am 15. Januar 1950 nach Bonn kam, kommentierten die Zeitungen ausführlich, dass zum ersten Mal seit langer Zeit deutsche und französische Nationalflaggen nebeneinander gehisst waren und das Ehrengeleit ausschließlich von der deutschen Polizei gestellt wurde und nicht von den

Alliierten. Eine symbolische Verbundenheit, die angesichts der erst langsam erstarkenden Souveränität alles andere als selbstverständlich war. Überhaupt war die bilaterale Begegnung erst dadurch möglich geworden, dass sich der amerikanische Hohe Kommissar McCloy wegen eines Erholungsurlaubs in den Alpen entschuldigen ließ, während sein britischer Kollege Robertson wegen einer Erkältung in seinem Hauptquartier verblieb. Beide Entschuldigungsgründe wurden allgemein dahin gehend gedeutet, dass die Vereinigten Staaten und das Vereinigte Königreich mit einem rein deutsch-französischen Treffen zur Wiederbelebung des nachbarschaftlichen Verhältnisses und der Erörterung der Saar-Frage einverstanden seien.

Nach der Revision des Besatzungsstatuts nahm die Bundesrepublik dann aber zügig klassische diplomatische Beziehungen zu anderen Staaten auf, was sich auch in der zeremoniellen Ausprägung widerspiegelte. So empfing Bundespräsident Heuss am 4. April 1951 erstmalig acht ausländische Botschafter zur Übergabe ihres Beglaubigungsschreibens in der Villa Hammerschmidt, was unter Berücksichtigung des üblichen Flaggenzeremoniells geschah. Seither waren die Leiter der ausländischen Vertretungen nicht mehr bei der »Alliierten Hohen Kommission für Deutschland« akkreditiert, sondern bei der Bundesrepublik.

Etwas komplizierter war die Festlegung der bundesweiten Feier- und Gedenktage, aber auch hier fand man vergleichsweise schnell zu einer einheitlichen Beflaggungspraxis. Schon der Beflaggungserlass von 1955 enthielt die sogenannten »regelmäßigen allgemeinen Beflaggungstage«, an denen ohne besondere Anordnung zu beflaggen war. Dies betraf den Neujahrstag, den Tag der Arbeit (1. Mai), den Jahrestag der Verkündung des Grundgesetzes (23. Mai), den Tag der deutschen Einheit (17. Juni), den »Nationalen Gedenktag des deutschen Volkes« (den 7. September als Jahrestag der Konstituierenden Sitzung des Deutschen Bundestages und des Bundesrates) und den Volkstrauertag. Außerdem entschied das

Bundeskabinett in seiner Sitzung vom 13. Juli 1960 »trotz gewisser Bedenken«, dem Vorbild des Berliner Senats zu folgen und die Berliner Bundesgebäude zum 20. Juli zu beflaggen. Mithin etablierte sich Schwarz-Rot-Gold im ersten Jahrzehnt der neu gewonnenen Staatlichkeit problemlos in den Bereichen der staatlichen Repräsentation und der Diplomatie. Darüber hinaus ließ man in Bonn aber äußerste Zurückhaltung walten.

Hierfür sind auch die amtlichen Postwertzeichen ein prägnantes Beispiel. Es dauerte lange 24 Jahre, bis sich die deutschen Farben auch auf einen Briefumschlag kleben ließen. Abgesehen von einem Ersttagsbrief zum 100. Geburtstag von Friedrich Ebert im Jahre 1971 gab die Deutsche Bundespost aus Anlass der Aufnahme der Bundesrepublik in die Vereinten Nationen erstmals 1973 eine Briefmarke heraus, die neben dem UNO-Wappen auch die Bundesflagge zeigte. Im Jahr darauf folgte dann anlässlich des 25. Jahrestages der Staatsgründung eine Marke mit Schwarz-Rot-Gold und dem Bundesadler, interessanterweise dem Bundestags-Adler, der hier als gesamtstaatliches Symbol genutzt wurde. Ab Mitte der Achtzigerjahre gab es dann häufiger Motive mit den Bundesfarben oder der Bundesflagge, im Jahr der Deutschen Einheit dann gar eine eigene Marke mit der Aufschrift »175 Jahre Schwarz-Rot-Gold. Deutsche Burschenschaft«. Ein Motto, das richtig und wichtig ist, die republikanische Tradition aber nicht hinreichend zum Ausdruck bringt. Erst im Jahre 1998 folgte dann eine mit Schwarz-Rot-Gold verzierte Briefmarke zu »50 Jahre Parlamentarischer Rat und 150 Jahre Paulskirchenverfassung«.

Schwarz-Rot-Gold im gesellschaftlichen Bereich

Jenseits dieser originär staatlichen Sphäre wurden die Bundesfarben im gesellschaftlichen Bereich der Bundesrepublik aber noch lange nur sehr zaghaft gezeigt. Was ja angesichts des oben dargestellten Meinungsbildes auch kein Wunder ist, immerhin bekannte sich erst seit Ende der Fünfziger- und Beginn der Sechzigerjahre eine Mehrheit der deutschen Bevölkerung zu Schwarz-Rot-Gold. Der Umgang mit der staatlichen Symbolik blieb noch auf Jahrzehnte auffällig unsicher, was man etwa bei sportlichen Ereignissen gut erkennen kann.

Was den Sport angeht, kam es mit dem Titelgewinn bei der Fußballweltmeisterschaft von 1954 schon recht bald zu einem historischen Sieg. Das berühmte Endspiel zwischen Deutschland und Ungarn fand in dem ziemlich verregneten Berner Stadion Wankdorf statt. Abgesehen von der offiziellen Stadionbeflaggung sieht man auf historischen Fotografien vor allem vielerlei Regenschutz, aber nur sehr wenige Nationalflaggen, wobei die schweizerischen sicher in der Mehrheit waren (was wohl auch heute noch so wäre). Es war noch nicht die Zeit, in der »Schlachtenbummler« massenhaft mit Fahnen und Fanartikeln mit »Nation Branding« ausgestattet waren.

Eine offizielle Beflaggung des Stadions mit Flaggen aller teilnehmenden Länder war aber schon damals gängige Praxis. Wobei von dieser flaggenzeremoniellen Übung für die deutsche Mannschaft abgewichen wurde. So war beim Endspiel die ungarische Flagge neben der FIFA-Flagge gehisst, der Fahnenmast daneben blieb jedoch leer. Die mit dieser Leere erzeugte Symbolwirkung erschließt sich dem Betrachter der alten Fotografien auch heute noch ohne Weiteres. Nicht ganz zu klären war, ob das Fehlen der Bundesflagge letztlich technische Gründe hatte oder aber absichtsvoll geschah. Die Interpretation der deutschen Botschaft Bern, die Seile hätten sich verheddert und seien dann gerissen, vermag im Lichte der Vorgeschichte nicht ganz zu überzeugen. Immerhin hatte sich die »Flaggenfrage« auch bei den Qualifikationsspielen gestellt, und so war etwa beim Spiel Deutschlands gegen das Saarland aus diesem Grunde auf Hymnen und Flaggen verzichtet worden. Auch die Kommentierungen in der Berichterstattung gingen nicht von technischen Ursachen aus.

Mit dem emotionalen Rückenwind des WM-Titels sah man

aber rasch über die erlittene Zurücksetzung hinweg. In diesem Sinne formulierte die »Westdeutsche Allgemeine Zeitung« am 7. Juli 1954: »Man mag darüber denken, wie man will, eins steht fest: Die Haltung, in der die deutsche Mannschaft spielte und gewann, hat jedes andere Symbol ersetzt.«

Einige wenige Fans zeigten auch im Berner Stadion schwarz-rot-goldene Flaggen, teilweise mit fußballtypischen Aufschriften versehen, zum Teil aber auch in ihrer puren Form. Ein besonders schönes Foto zeigt Trainer »Sepp« Herberger und den Präsidenten des Deutschen Fußball-Bundes Peco Bauwens beim Einstieg der Weltmeister in den Magirus-Deutz-Mannschaftsbus, während im Hintergrund eine Bundesflagge hochgehalten wird (Abbildung 10). Welche Wirkung von diesen Flaggen und der ebenfalls erklingenden Nationalhymne ausging, kann sich heute nur vorstellen, wer sich klarmacht, dass das Ende des Zweiten Weltkriegs erst neun Jahre zurücklag. Welche Gefühle mag es hervorgerufen haben, als bei der Hymne viele Zuschauer in alter Gewohnheit die erste Strophe anstimmten? Auch bei den Triumphzügen und den zahlreichen Begrüßungen der »Helden von Bern« in der Heimat waren die Bundesfarben nur spärlich vertreten.

Für den Bereich des Fußballs änderte sich das rasch. In den folgenden Jahren wurde Schwarz-Rot-Gold zum omnipräsenten Begleiter unserer Nationalelf bei allen Länderspielen, vor allem bei den Welt- und Europameisterschaften. Bei der WM 1966 in England denkt jeder an das Finale Deutschland gegen England mit seinem berühmten Wembley-Tor. In staatssymbolischer Hinsicht zeichnete sich dieses Turnier aber dadurch aus, dass wegen der fehlenden diplomatischen Beziehung zwischen dem Gastgeber und Nordkorea weitestgehend auf das Abspielen von Nationalhymnen verzichtet wurde. Schwarzrot-goldene Flaggen waren jedoch vorhanden. Vor allem bei der 1974 in der Bundesrepublik ausgerichteten WM, bei der Deutschland den zweiten Titel holte, gab es in den Stadien beachtliche schwarz-rot-goldene Flaggenmeere.

Etwas später kamen die Bundesfarben auch auf die Trikots der Fußballnationalmannschaft. Erste zarte Spuren von Schwarz-Rot-Gold enthielten die Trikots bei der 1986 in Mexiko ausgetragenen WM. Statt der bis dahin üblichen Beschränkung auf die Farben Weiß und Schwarz gab es am Kragen und den Ärmeln zusätzlich rote und goldene Streifen.

Ab Mitte der Achtzigerjahre lässt sich im gesellschaftlichen Bereich auch jenseits der Fußballplätze ein anderer Umgang mit den deutschen Farben erkennen. Etwa beim Tennis. So wurde Boris Becker mit seinem noch heute als sportlichen Ausnahmeerfolg zu qualifizierenden Wimbledon-Sieg vom 7. Juli 1985 zu einer für die nationale Identität wichtigen Ikone des Sports, dicht gefolgt von Steffi Graf. 1987 zeigte sich Becker dann nach seinem legendären Sieg über John McEnroe beim *Davis-Cup* im amerikanischen Hartford offen als patriotisch gesinntes Mitglied der Nationalmannschaft, indem er nach dem Sieg Schwarz-Rot-Gold über den blauen Court trug.

Nachdem Sigmund Jähn 1978 als erster deutscher Kosmonaut mit der DDR-Flagge ins All geflogen war, sorgten die Astronauten Ernst Messerschmid und Reinhard Furrer mit der D1-Mission erst 1985 dafür, dass die Bundesflagge gleichziehen konnte. Nach ihrem siebentägigen Raumflug schenkten sie Bundeskanzler Kohl einen kleinen schwarz-rot-goldenen Wimpel, der die Welt zusammen mit beiden Schenkern 112 Mal umrundet hatte.

Auch die im Bundestag vertretenen Parteien ergänzten ihr Erscheinungsbild – heute spräche man von *Corporate Design* – mit Masse erst ab den Siebzigerjahren um die deutschen Farben. Die CDU hatte auf ihren Plakaten lange kein Schwarz-Rot-Gold, abgesehen von einigen frühen Ausreißern in der Ära Adenauer, so zum Beispiel im Jahr 1953 ein Plakat mit der Aufschrift »In Frieden weiterbauen – CDU«, bei dem ein Richtkranz mit schwarz-rot-goldenen Schleifen abgebildet ist.

Schwarz-Rot-Gold im Bundeskabinett

In der Bundesrepublik begann man erst Mitte der Achtzigerjahre, wirklich Flagge zu zeigen. Jedenfalls hätte man in den ersten Jahrzehnten der Bundesrepublik die Bundesfahne in den Büros der staatlichen Repräsentanten vergeblich gesucht. Ignaz Kiechle war der erste Bundesminister, der 1983 seinen Patriotismus auch symbolisch ausdrückte, indem er eine Bundesflagge in seinem Dienstzimmer aufstellte. In der damaligen Berichterstattung war noch die Rede davon, dass er dieses als ungewöhnlich empfundene »patriotische Signal« mit dem Hinweis auf die Sitten anderer Länder »rechtfertige«. Die Idee dazu hatte er wohl aus den Vereinigten Staaten mitgebracht. Nicht allen wird bewusst gewesen sein, dass er auch seinen Bauernhof beflaggte, allerdings gleich doppelt mit der bayerischen Flagge und der des Bundes. Bundeskanzler Kohl folgte dem Beispiel ein Jahr später und versah sein Büro mit einer Fahne – an einem Fahnenstock aus Mahagoni mit gedrechseltem Fuß. Nachdem er eine solche im Büro seines Staatssekretärs Peter Lorenz gesehen hatte, wollte er auch eine.

Vor dem Bundeskanzleramt wehte die Bundesdienstflagge zu diesem Zeitpunkt immerhin schon 29 Jahre; erstmalig war sie am 5. Mai 1955 in Anwesenheit von Bundeskanzler Adenauer im Garten von Palais Schaumburg gehisst worden.

Auf der anderen Seite legte gerade auch Bundeskanzler Kohl Wert auf eine symbolische Zurückhaltung, was etwa durch die ihm zugeschrieben Äußerung deutlich wird, man müsse der französischen Trikolore immer dreimal Respekt erweisen, bevor man die deutsche Flagge grüße.

Nachdem viele Jahre überhaupt niemand schwarz-rot-goldenen Stoff in seinem Büro hatte, ging es dann plötzlich schnell, auch Bundestagspräsident Philipp Jenninger, Innenminister Friedrich Zimmermann, der Bundesminister für innerdeutsche Beziehungen Heinrich Windelen und Verteidigungsminister Manfred Wörner statteten sich jeweils mit einem

Exemplar der »Bonner Fahnenfabrik« aus. Diese zeremonielle Aufrüstung wurde durchaus bemerkt und medial kommentiert. Die von den Journalisten gestellten Fragen wurden bisweilen jedoch ziemlich hilflos beantwortet, so etwa von Regierungssprecher Friedhelm Ost, der zwar bekannte, dass er die Fahne liebe, sie aber auch aus dekorativen Gründen in seinem Büro aufgestellt habe. Er wolle damit einen Farbtupfer setzen in das von seinem Vorgänger Peter Boenisch mit »schneeweißen Rosenthal-Möbeln eingerichtete Chefzimmer« im Bundespresseamt, »damit man es nicht, wie so mancher Besucher, für eine Zahnarztpraxis hält«. An das Forschungsministerium gestellte Anfragen wurden durch dessen Sprecher lächelnd damit beantwortet, dass man hinsichtlich dieser »neuen Mode nicht alles mitmache«. Hingegen ließ sich der Sprecher des Arbeitsministeriums zu der Antwort hinreißen, dass »es [...] Minister geben [soll], die schon morgens eine Fahne haben«. In ihrer Hilflosigkeit geben die Aussagen einen klaren Einblick in die damalige Haltung von Vertretern Oberster Bundesbehörden zu zentralen Aspekten der staatlichen Repräsentation. Sie zeigen aber eben auch, wie sehr sich die Einstellungen bis heute gewandelt haben.

Schwarz-Rot-Gold im geteilten Deutschland

Die deutsche Teilung brachte eine symbolische Aufspaltung mit sich, zu der auch ein Boykott der Symbole des jeweils anderen Teils gehörte. So waren die Symbole der DDR (die damals »Spalterflagge« oder »Sowjetzonen-Flagge« genannte, im Folgenden dargestellte »Staatsflagge der Deutschen Demokratischen Republik« und die »Zonenhymne« genannte DDR-Hymne) in der Bundesrepublik lange Zeit verboten.

Allerdings manifestiert sich bei den Olympischen Spielen von 1956, 1960 und 1964 mit einer gesamtdeutschen Mannschaft noch der Versuch einer gewissen Überwindung der immer fester zementierten deutschen Teilung. Diese Mannschaft war 1956 mit einer bloßen schwarz-rot-goldenen Flagge angetreten. Dies war aber schon bei den Spielen von 1960 und 1964 nicht mehr möglich. Zur Rettung eines symbolischen gemeinsamen Nenners wurde die Trikolore daher mit den Olympischen Ringen um ein drittes, gewissermaßen neutrales Element ergänzt, was aufseiten der Bundesregierung sogar Thema im Kabinett war. Bei den Olympischen Spielen 1968 gab es dann keine gemeinsame Mannschaft mehr, aber immerhin traten beide Teams unter der schwarz-rot-goldenen Flagge mit olympischen Ringen an. Im Medaillenspiegel lag die Bundesrepublik übrigens bei den in Grenoble durchgeführten Winterspielen noch vorn, bei den Sommerspielen in Mexiko-Stadt war es dann aber umgekehrt. Bei den XI. Olympischen Winterspielen im japanischen Sapporo und den 1972 in München veranstalteten Sommerspielen vollzog sich die deutsche Teilung dann auch symbolisch. Die DDR trat mit ihrer Staatsflagge an, die Bundesrepublik mit der Bundesflagge. Bei beiden Spielen hatte die DDR die Nase vorn, in Sapporo belegte sie sogar den 2. Platz. Die Sommerspiele in München wurden jedoch von einem anderen Symbol als der Nationalflagge geprägt. Das vielfarbige Dackel-Maskottchen »Waldi« war ein ebenso friedfertiges wie omnipräsentes Symbol dieser dann tragisch verlaufenden Olympiade (Abbildung 28).

In der Zeit der deutschen Teilung gab es somit zwei unterschiedliche schwarz-rot-goldene Flaggen. Kurz nachdem das Grundgesetz und damit auch die verfassungsrechtliche Regelung der Bundesflagge in Kraft getreten war, folgte die DDR mit ihrer Verfassung vom 7. Oktober 1949, deren Artikel 2 lautete: »Die Farben der Deutschen Demokratischen Republik sind Schwarz-Rot-Gold.« Schon im Folgejahr wurde allerdings der klassische »deutsche Dreifarb« durch ein zu diesem Zeitpunkt noch nicht offizielles Emblem ergänzt, das einen ährenumkränzten Hammer zeigte. Durch eine Modifikation des Emblems kam 1953 ein Zirkel hinzu. Dies war die Geburtsstunde der im Westen kritisierten und in vielen Fällen auch attackierten »Spalterflagge«.

Nur einen Monat nach Einführung dieses Symbols sorgte jedoch die klassische schwarz-rot-goldene Flagge für Aufsehen. Während des Aufstands vom 17. Juni 1953 entfernten Demonstranten die auf dem Brandenburger Tor gehissten Roten Flaggen und verbrannten sie. Dass sie kurz darauf Schwarz-Rot-Gold hissten, kann als symbolischer Höhepunkt des blutig niedergeschlagenen Volksaufstands betrachtet werden.

Das aus »Hammer und Zirkel, umgeben von einem Ährenkranz, der im unteren Teil von einem schwarzrotgoldenen Band umschlungen ist« bestehende Staatswappen der DDR wurde erst durch das »Gesetz über das Staatswappen und die Staatsflagge der Deutschen Demokratischen Republik« vom 26. September 1955 verabschiedet (Abbildungen 12, 13). In dieser Form wurde die »Staatsflagge der Deutschen Demokratischen Republik« in der Verfassung vom 6. April 1968 ausdrücklich geregelt.

Ein letzter Flaggenstreit zwischen West und Ost ereignete sich kurz vor dem Mauerfall. Am 26. Februar 1987 hatte die DDR-Wasserschutzpolizei wiederholt die Besatzung eines in West-Berlin registrierten Binnenschiffes gezwungen, vor Beginn der Transitfahrt die Bundesflagge einzuholen und stattdessen die Berliner Flagge zu hissen. Diesmal traf es das von West-Berlin nach Hamburg fahrende Tankschiff *Dettmer Tank 46*. In der bundesrepublikanischen Presse entwickelte sich ein kleiner Sturm (»DDR-Behörden wollen ›den Adenauer‹ von der Elbe verbannen«, so die »Westfälischen Nachrichten« vom 4. März 1987), der sich allerdings wieder rasch legte, weil die DDR-Regierung erklärte, dass es sich um ein »Missverständnis« gehandelt habe und sich an der Praxis nichts ändere. Während sich dieser Streit ganz im Sinne der Bundesrepublik beilegen ließ, folgte mit dem Besuch des DDR-Staatsratsvorsitzenden Erich Honecker in der Bundesrepublik schon bald ein flaggenzeremonieller Punktsieg für die DDR.

Der vom 7. bis zum 11. September 1987 durchgeführte »Arbeitsbesuch eines exekutiven Staatsoberhaupts« wurde trotz aller protokollarischen Bemühungen der Gastgeber, sich auch in symbolischer Hinsicht nicht zu weit von dem Alleinvertretungsanspruch der Bundesrepublik zu entfernen, im Ergebnis als eine symbolische Anerkennung deutscher Zweistaatlichkeit und ein – wie es in den Medien hieß – Abschied von allen »Wiedervereinigungsillusionen« gewertet. Allerdings ließ die protokollarische Inszenierung keinen Zweifel daran, welchem der beiden Teilstaaten ein größeres politisches und wirtschaftliches Gewicht zukam. Von den vielen zeremoniellen Ausgestaltungsmitteln stachen hierbei vor allem auch die vielen DDR-Flaggen hervor, die zwei Jahre vor dem Mauerfall in Bonn und vor Schloss Gymnich gehisst waren (Abbildung 13). Welche zwiespältigen Gefühle die vielen DDR-Flaggen hervorriefen, kann man heute nur noch erahnen. Immerhin handelte es sich um eine Flagge, die in der Bundesrepublik bis Ende der Sechzigerjahre nicht gezeigt werden durfte und auf die immer wieder mit Gewalt und Schändungen reagiert wurde.

In der DDR war die »Staatsflagge der Deutschen Demokratischen Republik« bis zum großen Finale derselben omnipräsent. Mit einiger Treffsicherheit erkannten die Demonstranten der Friedlichen Revolution das beträchtliche revolutionäre Potenzial dieses Symbols, das sich mit einer einfachen Schere nutzen ließ. Wobei sich als günstig erwies, dass es an DDR-Flaggen keinen Mangel gab. Die Bilder der hochgehaltenen schwarz-rot-goldenen Flaggen, aus denen das Staatswappen herausgeschnitten worden war, bleiben fest im fotografischen Gedächtnis unseres Landes verankert. An diesem Akt des Herausschneidens mag es gelegen haben, dass Schwarz-Rot-Gold die Verwendung in der DDR unbeschädigt überstanden hat, obwohl es gerade dieser Staat war, der mit der Freiheit und Einheit die beiden Hauptinhalte dieses Symbols mit Füßen getreten hat.

Waren sie Ausdruck der ersehnten und dann aus eigener

Kraft erreichten Befreiung, traten schon rasch andere Symbole der Freude und Dankbarkeit hinzu. So ist leider in Vergessenheit geraten, dass die Fahnen der auf dem Gebiet der DDR liegenden Länder im Berliner Abgeordnetenhaus als Zeichen der schmerzvollen Trennung über Jahrzehnte hinweg mit einem Trauerflor versehen waren. Dieser wurde erst aus Anlass der ersten freien Volkskammer-Wahl im März 1990 entfernt.

Mit der friedlichen Revolution von 1989 und der Wiedervereinigung Deutschlands im Folgejahr verschwanden die DDR und ihre Symbole. Allerdings nicht endgültig. Auf dem internationalem Parkett machen sie sich bis in unsere Zeit mit erstaunlicher Hartnäckigkeit bemerkbar. So wird die DDR-Flagge immer wieder in unterschiedlichsten Erdteilen gehisst, in den meisten Fällen sicher aus Versehen. Aber nicht in jedem Fall. 1992 weigerte sich etwa die nicaraguanische Regierung, der Bitte des deutschen Botschafters Georg Boomgaarden nachzukommen und die DDR-Flagge vom Dach des »Ernst-Thälmann- Berufsausbildungszentrums« in Jinotepe einzuholen. Bei einem Besuch des Bundesministers für wirtschaftliche Zusammenarbeit Carl-Dieter Spranger schuf der tatkräftige Diplomat dann Fakten und entfernte die alte Flagge eigenhändig. Wenige Tage später war es dann in Kanada so weit. Als der deutsche Eisschnellläufer Olaf Zinke 1992 bei den Olympischen Winterspielen in Albertville überraschend Gold in der 1000-Meter-Distanz gewann, bejubelte man ihn unter der DDR-Flagge. Schließlich wurde 2009 die Hamburger Stadtentwicklungssenatorin Anja Hajduk in Brüssel mit einer aus dem Keller geholten alten DDR-Flagge begrüßt.

Anzahl und Größe der Flaggen

Natürlich lässt weder die Größe der in einem Land gehissten Flaggen noch die Anzahl der vorhandenen Maste Rückschlüsse auf das politische System, den Grad der demokratischen Legitimation oder die patriotische Gesinnung der Staatsbürger zu.

Man muss hier nicht auf andere Länder verweisen, es genügt eine kleine Erinnerung an die DDR. So weit zu einer objektivierten Sichtweise von außen. Es liegt also auf der Hand, dass es für uns nicht darum gehen kann, die eingangs beschriebenen Defizite allein über eine intensivere staatliche Beflaggung zu lösen.

Im Ausland mag dies anders gesehen werden. So rühmt sich das saudi-arabische Jeddah eines 170 Meter hohen Flaggenmastes, gefolgt von etwas kleineren Konkurrenten im tadschikischen Duschanbe, im aserbaidschanischen Baku und dem nordkoreanischen Kijongdong. Angesichts dieser Gigantomanie möchte man gar nicht danach fragen, wie groß die Flaggen sind. Da die Höhe der Flaggenmaste offensichtlich nicht mit dem Verwirklichungsgrad des Demokratie- und Rechtsstaatsprinzips korreliert, stellt sich angesichts der Berliner Beflaggungspraxis geradezu ein Gefühl der Freude über das eingehaltene Maß der Mitte sowie des demokratisch Erreichten ein.

Die größte offizielle Flagge Deutschlands ist die seit dem 3. Oktober 1990 vor dem Westportal des Reichstagsgebäudes in 28,5 Metern Höhe gehisste »Flagge der Einheit« mit einer für unsere Verhältnisse imposanten Größe von 60 Quadratmetern (Abbildung 5). Auch jenseits dieser Größe, die freilich ein wenig über das hinausgeht, was bei unseren Nachbarstaaten üblicherweise gehisst wird, kommt ihr eine Sonderstellung zu. Sie ist nämlich streng genommen keine Flagge, sondern ein Denkmal, dessen Größe sich weniger auf die Stellung des Deutschen Bundestages im Verfassungsgefüge bezieht als auf das singuläre Ereignis der Wiedervereinigung. In diesem Sinne fällt sie auch nicht unter die »Dienstanweisung zur Beflaggung der Dienstgebäude des Deutschen Bundestages«, sodass etwa eine Trauerbeflaggung nicht vorgesehen ist.

Erstmalig gehisst wurde dieses Denkmal besonderer Stofflichkeit in der Nacht vom 2. auf den 3. Oktober 1990 während der Feierlichkeiten zum ersten Tag der Deutschen Einheit. Dabei hatte das Bundesministerium des Innern im Bewusstsein der historischen Stunde eine weise Entscheidung getroffen, als es gleich zwei Stück Flaggenstoff für je 285 DM bestellte, einen für die Ewigkeit und einen für die erste Gebrauchsphase. Das um Mitternacht gehisste Tuch wurde bereits am 5. Oktober 1990 wieder eingeholt und am 10. Dezember 1990 dem »Haus der Geschichte der Bundesrepublik Deutschland« in Bonn überlassen.

Im Nachhinein betrachtet, kann das erstmalige Hissen der »Flagge der Deutschen Einheit« als die zentrale symbolische Vorwegnahme der acht Monate später durch den Hauptstadtbeschluss des Deutschen Bundestages vom 20. Juni 1991 ins Leben gerufenen Berliner Republik betrachtet werden. Dieser Akt vollzog sich bereits vier Jahre vor der Verlagerung des Ersten Amtssitzes des Bundespräsidenten von der Villa Hammerschmidt in das Schloss Bellevue und neun Jahre vor dem Umzug des Deutschen Bundestages und der Bundesregierung

Die Flagge der Einheit ist aber bei Weitem nicht die einzige Beflaggung des Reichstagsgebäudes. Seit dem Umzug von Parlament und Regierung hat sich eine ausdifferenzierte Beflaggungspraxis herausgebildet, die eine permanente Präsenz der Bundesflagge, aber auch der Europaflagge garantiert.

So zeigt der Deutsche Bundestag in der Tat Flagge, was von einer beträchtlichen gesamtstaatlichen Bedeutung ist, weil das Parlament in der Ikonografie einer parlamentarischen Demokratie eine besondere Rolle spielt. Die Beflaggung des Reichstagsgebäudes kann daher *pars pro toto* für die Bundesrepublik genommen werden.

Drei Türme des Reichstagsgebäudes sind dauerhaft schwarz-rot-gold beflaggt, seit 2011 wird dank einer Entscheidung des damaligen Bundestagspräsidenten Norbert Lammert zusätzlich auf dem südöstlichen Turm die Europaflagge gehisst. Auch vor dem westlichen und östlichen Portal des Gebäudes sind täglich beide Flaggen gehisst. Im Plenarsaal ist die oben erwähnte schwarz-rot-goldene Fahne aufgestellt und seit einem Beschluss des Ältestenrates vom 24. Juni 1999 zusätzlich eine Europafahne. Diese doppelte Symbolik ist auch in anderen repräsentativen Räumen des Parlaments vorhanden. Schließlich ist die Bundesflagge ebenfalls auf anderen Dienstgebäuden des Deutschen Bundestages gehisst.

Weit über die Frage der Beflaggung hinaus brauchte die Berliner Republik ein paar Jahre, bis sie zu einer angemessenen Symbolsprache fand. Heute ist es eine Selbstverständlichkeit, dass die Sitze der Verfassungsorgane des Bundes und die anderen Behörden täglich beflaggt sind. Darüber hinaus findet sich Schwarz-Rot-Gold auch im Innern vieler Gebäude, vor allem in vielen Büros und Dienstzimmern. Während es der Zeitung »Bild« im Vorfeld der Fußballweltmeisterschaft am 3. März 2006 noch eine Überschrift wert war, warum die Bundeskanzlerin keine Fahne im Büro habe, stehen nun auch in diesem wichtigen Dienstzimmer die Bundes- und Europafahne.

Überhaupt sind heute die Bundesflagge, die Europaflagge und die Bundesdienstflagge im offiziellen Berlin gut vertreten. Ganz zu schweigen von der »Großen Beflaggung« während eines Staatsbesuches, die vom Flughafen bis in die Innenstadt reicht und Berlin um zahllose Bundesflaggen, Flaggen des Staatsgastes und Europaflaggen bereichert. Wenig bekannt ist, dass es schon 1951 einen Vorschlag gab, an allen Gebäuden der Bundesregierung auch die Europaflagge zu hissen. Dieser wurde allerdings in der Sitzung des Bundeskabinetts vom 18. April 1951 verworfen.

Was unseren Umgang mit der Bundesflagge angeht, war die Weltmeisterschaft von 2006 für die deutsche Bevölkerung ein wahres Yoga-Retreat: So viel entspannte Lockerheit im Umgang mit Schwarz-Rot-Gold hat uns wahrlich niemand zugetraut. Wahrscheinlich war dies der wichtigste Aspekt der ganzen Veranstaltung, jedenfalls nach dem Ausscheiden unserer Elf. Solange wir darüber diskutieren, ob auch Polizisten während der WM-Spiele über das auf Uniformen übliche Maß hinaus Farbe bekennen dürfen, ohne ihre Unparteilichkeit zu gefährden, und solange wir Aspekte der Zulassung von Autowimpeln inklusive der einzuhaltenden Höchstgeschwindigkeit diskutieren und uns die Frage stellen, wie es um die Ökobilanz einer solchen symbolischen Massenaufrüstung beschaffen ist, so lange haben wir einen großen patriotischen Sprung nach vorne gemacht.

Nach einer Umfrage des Instituts für Demoskopie Allensbach gab es jedenfalls noch im Jahr 2017 eine knappe Mehrheit der gesamtdeutschen Bevölkerung für eine häufigere staatliche Beflaggung. 42 Prozent waren der Auffassung, dass nationale Symbole wie die Bundesflagge häufiger zu sehen sein sollten, während 39 Prozent dagegen waren. Im Ostteil des Landes waren dieser Auffassung allerdings nur 39 Prozent, während eine Mehrheit von 40 Prozent gegen eine häufigere Beflaggung war. Eine Fortsetzung solcher Umfragen wäre meiner Meinung nach sinnvoll, um sich ein besseres Bild unserer patriotischen Gesinnung machen zu können.

Eine Initiative der Bundesregierung, die Flaggenmaste im Lande zählen zu lassen, um den Aufwand zweier zusätzlicher Flaggentage besser kalkulieren zu können, wäre bei uns allerdings nach wie vor kaum vorstellbar. Anders als in Dänemark, wo es einen solchen Zählappell 2016 wirklich gegeben hat. Bei uns würde dies nicht nur am Föderalismus scheitern. Die ZDF-Sendung »heute-show« würde sicher eine Exklusivsendung zu diesem Thema machen und den Bundesinnenminister um seine Anwesenheit bitten. Aber kleinere Zählaktionen gibt es auch bei uns. So hat 2017 der damalige Justizminister Baden-Württembergs Guido Wolf allen Gerichten angeboten, für den Eingangsbereich der Gerichtsgebäude jeweils ein Set mit je einer Europa-, einer Deutschland- und einer Landesfahne bestellen zu können, woraufhin immerhin 170 Bestellungen eingegangen seien.

Unter falscher Flagge

Falsche Flaggen kommen aber natürlich nicht nur im Kontext der deutschen Teilung und Wiedervereinigung vor. Vielmehr ereignen sich in der Diplomatie und bei Akten der staatlichen Repräsentation mit großer Regelmäßigkeit peinliche Beflaggungspannen. Manchmal wird schlicht die falsche Flagge gehisst, also etwa die belgische statt der deutschen oder die ungarische statt der italienischen. Manchmal kommen auch jenseits der DDR Flaggen vergangener Staatsformen zum Einsatz, also etwa – rein theoretisch – eine der Flaggen des Franco-Regimes statt der Flagge des heutigen Königreichs Spanien, der »la Rojigualda«. In anderen Fällen wird die zwar richtige Flagge falsch gehisst, also entweder falsch herum (wenn die untere Kante nach oben zeigt, also gold-rot-schwarz statt schwarz-rot-gold, oder schlichtweg die Vorder- mit der Rückseite vertauscht wird). Einige dieser Pannen lassen sich sicher darauf zurückführen, dass die flaggenkundlichen Symbole doch recht kryptisch sind.

Außerdem können Flaggen an einem falschen Ort gehisst werden, also etwa an einem falschen Mast. Oder eine Flagge weht an einem unpassenden Ort, zum Beispiel eine vormalige Bundestagsflagge über einem Bordell (tatsächlich 2004 in Halle geschehen). In anderen Fällen zeugt schon der Zustand des Flaggenmastes davon, dass den Verantwortlichen jeder Sinn für staatliche Symbolik abgeht. Hier denke ich an eine Berliner Schule, an deren Flaggenmast ein großes Verbotsschild (»Rasen betreten verboten!«) angebracht wurde. Patriotische Gefühle lassen sich auf diese Weise nur schwer erzielen.

Auch eine eilfertige Trauerbeflaggung kann zu wahren Proteststürmen führen, etwa wenn jene Form der Trauerbekundung politisch umstritten ist. Diese Erfahrung hat die Bundesregierung gemacht, als sie im November 1975 aus Anlass des Ablebens des spanischen Diktators Franco und im Mai 1980 für den verstorbenen Tito die Flaggen auf halbmast setzen ließ.

Dass man in Deutschland besonders gerne absichtlich »unter fremder Flagge segelt«, ist eine andere Sache. In deutschen Städten wehen jedenfalls manchmal mehr tibetische Flaggen als Bundesflaggen, von anderen Nationalflaggen ganz abgesehen. 2008 wurde sogar von Lieferengpässen bei der Flagge Tibets berichtet. Neben diesem politisch motivierten Beflaggungsverhalten soll das Problem der wirtschaftlich bedingten »Ausflaggungen« aus deutschem Schiffsregister nicht unerwähnt bleiben. Immerhin fährt leider nur noch ein Bruchteil der deutschen Handelsschiffe unter Schwarz-Rot-Gold.

Aber natürlich kennt auch das Ausland allerlei Formen der falschen Beflaggung. So hat etwa der Künstler und albanische Ministerpräsident Edi Rama auf der in Berlin 2019 veranstalteten »Art Week« davon berichtet, dass sich während seiner Zeit als Oberbürgermeister von Tirana viele Eigentümer von illegal errichteten Häusern gegen den von ihm betriebenen Abriss dadurch zu wehren versucht hätten, dass sie auf dem Dach eine schwarz-rot-goldene Flagge gehisst hätten. Demnach wurden der Bundesflagge in Albanien erstaunliche Abwehrkräfte zugebilligt.

Verunglimpfung von Schwarz-Rot-Gold

Gleich zu Beginn der Bundesrepublik lebte die Praxis der Weimarer Zeit und des Nationalsozialismus auf, Schwarz-Rot-Gold zu verunglimpfen. Aus dem Jahr 1951 sind etwa Flaggenschändungen durch Angehörige der im Folgejahr verbotenen neonazistischen Sozialistischen Reichspartei bekannt, aber auch durch britische Besatzungssoldaten.

Zum Schutz des Ansehens der Bundesrepublik und ihrer verfassungsmäßigen Ordnung hat der Gesetzgeber schon 1951 den Tatbestand der öffentlichen Verunglimpfung des Staates und seiner Symbole in das Strafgesetzbuch aufgenommen, zunächst als Paragraf 96, später als Paragraf 90 a. Eine Gesetzgebung, die in der Folge von kritischen Stimmen immer wieder als Rückkehr zu einer staatlichen Zensur des Absolutismus mit seinem Tatbestand der »Majestätsbeleidigung« kritisiert wurde.

Der Umstand, dass auch die Weimarer Republik im Lichte der Ermordung Rathenaus 1922 mit dem »Gesetz zum Schutze der Republik« eine vergleichbare Regelung verabschiedet hatte, zählte bei den Kritikern nicht. Was daran gelegen haben könnte, dass diese Norm ein beeindruckend zahnloser Tiger blieb.

In der heute gültigen Fassung von Paragraf 90 a Strafgesetzbuch macht sich einerseits strafbar, wer öffentlich, in einer Versammlung oder durch Verbreiten von Schriften die Farben, die Flagge, das Wappen oder die Hymne der Bundesrepublik Deutschland oder eines ihrer Länder verunglimpft. Wer andererseits eine öffentlich gezeigte Flagge der Bundesrepublik Deutschland oder eines ihrer Länder oder ein von einer Behörde derselben öffentlich angebrachtes Hoheitszeichen entfernt, zerstört, beschädigt, unbrauchbar oder unkenntlich macht oder beschimpfenden Unfug daran verübt, kann ebenfalls mit Freiheitsstrafe bis zu drei Jahren oder mit Geldstrafe bestraft werden.

Darüber hinaus unterliegen auch die Flaggen und anderen Hoheitszeichen eines ausländischen Staates einem strafrechtlich bewährten Schutz. So wird gemäß Paragraf 104 des Strafgesetzbuches mit Freiheitsstrafe bis zu zwei Jahren oder mit Geldstrafe bestraft, wer eine »auf Grund von Rechtsvorschriften oder nach anerkanntem Brauch öffentlich gezeigte Flagge eines ausländischen Staates oder [...] ein Hoheitszeichen eines solchen Staates, das von einer anerkannten Vertretung dieses Staates öffentlich angebracht worden ist, entfernt, zerstört, beschädigt oder unkenntlich macht oder wer beschimpfenden Unfug daran verübt«.

Zu Paragraf 90 a Strafgesetzbuch hat das Bundesverfassungsgericht in seiner Grundsatzentscheidung vom 7. März 1990 (1 BvR 266/86 und 913/87) klargestellt, dass die Freiheit der Kunst ihre Grenzen nicht nur in den Grundrechten Dritter, sondern auch in anderen verfassungsrechtlich geschützten Gütern finden kann und Artikel 5 Abs. 3 Satz 1 Grundgesetz deshalb eine Bestrafung nach Paragraf 90 a Abs. 1 Nr. 2 Strafgesetzbuch wegen einer Verunglimpfung der Bundesflagge durch eine künstlerische Darstellung deshalb nicht generell ausschließt.

Der Verfassungsbeschwerde war eine Verurteilung des Beschwerdeführers zu einer Geldstrafe von 90 Tagessätzen zu 50 DM vorausgegangen, weil dieser als Geschäftsführer einer Buchvertriebsgesellschaft für den Verkauf des 1981 und 1982 vertriebenen »antimilitaristischen« Taschenbuchs »Laßt mich bloß in Frieden« verantwortlich war. Auf dessen Umschlagrückseite war eine Collage abgebildet, die ein Gelöbniszeremoniell der Bundeswehr zeigt, bei dem auf eine Fahne uriniert wird.

In einem Großteil der Fälle geht es demnach um einen Ausgleich zwischen der Freiheit der Kunst auf der einen Seite und dem Ansehen der Bundesrepublik und seiner verfassungsmäßigen Ordnung, wie sie durch die Staatssymbole repräsentiert wird, auf der anderen Seite.

Diese Normenkollisionen sind erstaunlich vielgestaltig. Im November 1990 hatte die Polizei etwa im Solinger Büro der SPD-Wählerinitiative »Stimmen für Hans-Werner Bertl« über Hundert Plakate beschlagnahmt, auf denen die Bundesflagge um Bananen ergänzt war. Von der Bezeichnung der Bundesflagge als Schwarz-Rot-Senf/Mostrich war bereits die Rede, einer direkten Bezugnahme auf die Verleumdungen verfassungsfeindlicher Kräfte der Weimarer Republik, die 2008 allerdings durch das Bundesverfassungsgericht legalisiert wurde.

Ansonsten wurde erstaunlich häufig auf die Flagge uriniert,

wenn man sie nicht wenigstens mit aufs Klo nahm, was natürlich alles fotografisch festgehalten und im Netz geteilt wurde. In vielen Fällen zerschnitt, zerriss oder verbrannte man die schwarz-rot-goldene Flagge auch. So verurteilte 2018 das Amtsgericht Berlin einen Programmierer zu einer Geldstrafe von 2500 Euro, weil er in den sozialen Medien ein mit dem Kommentar »CutTheGold« versehenes Bild geteilt hatte, das eine in seinem Arbeitszimmer aufgestellte Bundesflagge ohne goldenen Streifen zeigte.

Während die Kunst in vielen Verleumdungsfällen als willkommener Rechtfertigungsgrund einer eher politisch motivierten Handlung dienen mag, gibt es auf der anderen Seite eine reiche Vielfalt künstlerischer Interpretationen unserer Nationalfarben. Zunächst war diese selbstverständlich auf die westdeutsche Kunst beschränkt, für die ich über das bereits erwähnte Kunstwerk Gerhard Richters »Schwarz, Rot, Gold« stellvertretend auf KP (Klaus Peter) Brehmers »Korrektur der Nationalfarben« und eine 1998 in Karlsruhe gezeigte Ausstellung »Schwarz-Rot-Gold. Ein Symbol der Revolution 1848/49 in der zeitgenössischen Kunst« hinweisen möchte.

Nach dem Wegfall der Repressionen in der DDR nahmen sich dann vor allem ostdeutsche Künstler des Themas an, wobei die dabei gewählten Ansätze so unterschiedlich wie die jeweiligen Haltungen zu den neuen alten Nationalfarben sind. Einen guten Eindruck gewährt die 2019 im Museum der bildenden Künste Leipzig gezeigte Ausstellung »Point of No Return. Wende und Umbruch in der ostdeutschen Kunst«, von der ich Jürgen Schieferdeckers »Glücks genug? (Neuer deutscher Haussegen)« von 1990 sowie Wasja Götzes »Schwarz-Rot-Colt« und Hans-Hendrik Grimmlings »salto germanico« aus dem Jahre 1992 hervorheben möchte.

So verschieden und im Übrigen zum Teil auch kritisch die einzelnen künstlerischen Interpretationen sind, lassen sie doch das verbindende Element unserer Nationalfarben erkennen, die seit jeher für Freiheit und Einheit stehen und nach einer getrennnten Verwendung in beiden deutschen Teilstaaten nun das wiedervereinigte Deutschland repräsentieren. Genau darin liegt aber der Unterschied zu den anderen beiden zentralen Staatssymbolen, dem Adler und der Hymne. Während der deutschen Teilung galten beide nur in der Bundesrepublik.

4. Kapitel
Adlervariationen

Auf Grund eines Beschlusses der Bundesregierung gebe ich hiermit bekannt, daß das Bundeswappen auf goldgelbem Grund den ein-köpfigen schwarzen Adler zeigt, den Kopf nach rechts gewendet, die Flügel offen, aber mit geschlossenem Gefieder, Schnabel, Zunge und Fänge von roter Farbe. […] Die künstlerische Ausgestaltung bleibt für jeden besonderen Zweck vorbehalten.

Bekanntmachung des Bundespräsidenten betreffend das Bundeswappen und den Bundesadler vom 20. Januar 1950

Neben dem Löwen ist der Adler eines der bekanntesten und häufigsten Wappentiere weltweit. Seit Urzeiten dienen Adler aller Gattungen und Arten als Symbol von Macht und Herrschaft.

Das Besondere an unserem Wappentier ist, dass es *den* Bundesadler gar nicht gibt. Er kommt eher als Gattung denn als einzelne Art daher, weil eine beeindruckende Vielfalt von Adlern die Bundesrepublik und ihre Verfassungsorgane sowie ihre Behörden und Dienststellen repräsentiert. Darüber hinaus führen mit Brandenburg, Mecklenburg-Vorpommern und Sachsen-Anhalt drei Länder diesen besonderen Raubvogel im Schilde, ebenso zahlreiche Kommunen.

Daneben hat sich der Adler andererseits auch als Markenzeichen zahlreicher Unternehmen und Verbände etabliert, etwa des Weinguts Kloster Eberbach, dessen Wappentier heute wesentlich friedfertiger daherkommt als in älteren Jahrgängen, oder des »Verbands Deutscher Prädikats- und Qualitätsweingüter«. Aus einem anderen Lebensmittelbereich sei das in der »Verordnung über Butter und andere Milchstreichfette« geregelte Gütezeichen der berühmten »Deutschen Markenbutter« genannt, das aus einem stilisierten Adler mit dem als ovale Umschrift gestalteten Zusatz »In Deutschland geprüfte Markenware« besteht.

Verglichen mit den anderen Staatssymbolen kommt der Bundesadler in unserem Leben sicher am häufigsten vor. Anders als mit der Bundesflagge oder der Nationalhymne haben wir täglich mit ihm zu tun. So weisen unzählige Schilder, Urkunden und Gegenstände des Alltags den Bundesadler auf, etwa Pässe und deutsche Euromünzen, aber auch die Trikots unserer Nationalmannschaften. Ein (allerdings selten verfügbarer) Star meiner Kindheit war die Hundert-Deutsche-Mark-Banknote von 1962, die auf der Rückseite einen eindrucksvollen Adler mit ausgebreiteten Schwingen zeigte, der allerdings aus heutiger Sicht nicht so recht zu dem auf der Vorderseite abgebildeten Kosmografen Sebastian Münster zu passen scheint. Weil auch das kleine Bundessiegel mit Bundesadler und der Umschrift »Deutsche Bundesbank« abgedruckt war, befanden sich auf der Note sogar zwei unterschiedliche Adler (Abbildung 26). Aber auch der etwas ausgemergelte Adler der Silbermünzen (»Bundespiepmatz«) hat mich kolossal beeindruckt (Abbildung 27).

Es mag an dieser alltäglichen und jedenfalls im westlichen Teil Deutschlands ungebrochenen Präsenz des Adlersymbols liegen, dass es fest im allgemeinen Bewusstsein verankert ist. Man spricht und streitet über Flagge und Hymne, viel seltener aber über den oder die Adler. Abgesehen von Kontroversen über die konkrete Ausgestaltung ist der Adler in der Zeit der deutschen Republiken immer unumstritten und allgemein akzeptiert gewesen.

In der DDR hatte der Adler indessen keine Chance, er

wurde rasch durch das im dritten Kapitel näher dargestellte Staatswappen ersetzt. Wobei kaum bekannt ist, dass auch die entstehende DDR zunächst in Erwägung gezogen hatte, sich mit dem Adler zu schmücken. In ähnlicher Weise wie bei dem parallelen Rekurs auf Schwarz-Rot-Gold gab es einen regelrechten Wettlauf um den Adler. Wie schlecht es dem Adler jedoch in der DDR erging, kann man an allerlei Gegenständen erkennen, bei denen die Adlersymbole vorangegangener deutscher Staaten entfernt worden sind. Die Familie einer Freundin besitzt einen alten Aschenbecher des Großvaters, auf dessen Rand früher die bronzene Plastik eines stolzen Reichsadlers thronte. Zu »Ostzeiten« wurde dieser abgesägt, sodass dort heute nur noch die Krallen zu sehen sind.

Der Adler wurde zuletzt nur ein einziges Mal wirklich infrage gestellt, dies blieb aber von der Öffentlichkeit nahezu unbemerkt. Der von der Arbeitsgruppe »Neue Verfassung der DDR« des »Runden Tisches« im April 1990 vorgestellte »Entwurf einer Verfassung der Deutschen Demokratischen Republik« sah in Artikel 43 die Regelung einer Staatsflagge und eines Staatswappens vor (»Die Staatsflagge der Deutschen Demokratischen Republik trägt die Farben schwarz-rot-gold. Das Wappen des Staates ist die Darstellung des Mottos ›Schwerter zu Pflugscharen‹.«) Kurz darauf war von der Deutschen Demokratischen Republik und ihren Symbolen keine Rede mehr.

Evolutionsgeschichte des Bundesadlers im Zeitraffer

Seit Karl dem Großen hat der Adler einen unbestrittenen Rangplatz als Wappentier der Kaiserreiche und vieler Königreiche, aber auch anderer Staatsformen des entstehenden deutschen Nationalstaats. Jeder deutsche Nationalstaat verfügte über ein Adlerwappen. Seit der Reichswerdung 1871 überlebte er fast alle Systemwechsel, nur im Wappen der DDR würde man ihn vergeblich suchen.

Aus biologischer Sicht mag es im Einzelfall zwar ein wenig im Ungefähren bleiben, welche Vogelarten das Privileg genießen, unter die Sammelbezeichnung der Adler fallen zu dürfen. In jedem Falle sind es aber große, starke und edle Greifvögel.

In unterschiedlichsten Kulturen und Völkern, von denen hier nur Mesopotamien, Ägypten, Babylonien, die Römer und Germanen genannt seien, wurden dem wahlweise als »König der Lüfte«, »Vogel der Götter«, »Götterbote« oder »Himmelsvogel« überhöhten Adler seit Urzeiten Eigenschaften der Superlative beigemessen. Die meisten davon orientieren sich sehr nah am natürlichen Vorbild, so etwa eine besondere Sehschärfe und damit ein einzigartiger Weitblick, eine geradezu überirdische Stärke, Ausdauer und Reichweite sowie seine in großer Höhe über den Dingen schwebende Singularität, die Dignität und Unabhängigkeit vermittelt und eine Verbindung mit göttlichen Sphären nahelegt.

Es liegt auf der Hand, dass sich menschliche Anführer jeder Art und Zeit in solchen Zuschreibungen selbst zu erkennen glaubten und sich deshalb dieses würdigen Symbols bedienten. Die einfache Darstellbarkeit und der hohe Wiedererkennungswert haben dies erheblich erleichtert. Und so erschien der Adler auf unzähligen Wappen, Siegeln, Münzen, Orden, Fahnen und Flaggen, ganz zu schweigen von den beträchtlichen Adlervorkommen in den Mythologien und der Ikonografie der Menschheit.

Einen besonders prominenten Platz fand der Adler auf den Feldzeichen der römischen Legionen, die dann als »Aquila« auch gleich nach ihm benannt wurden und sich zu einem der wichtigsten Symbole des Römischen Reichs entwickelten. Auf diese Standarten bezogen sich Feldherren und Armeen aller nachfolgenden Epochen, sei es Napoleon mit seinem »Aigle de drapeau«, sei es die Wehrmacht.

In der Geschichte westeuropäischer und deutscher Staatlichkeit sind Adler und Doppeladler seit Karl dem Großen das bevorzugte Wappentier der Kaiser, Könige und Reichsfürsten, wobei sie auf diese Weise auch ein Sinnbild der Reichsidee selbst waren. Während das Heilige Römische Reich und der Deutsche Bund nach 1848 noch den Doppeladler hatten, wurde mit der Reichsgründung 1871 nach einer intensiven Debatte innerhalb des Hofes und miteinander streitender Höflinge der in preußischer Tradition stehende einköpfige Adler als Wappentier des Reichs eingeführt.

Auch wenn es die Weimarer Republik nie vermocht hat, sich in symbolischer Hinsicht hinreichend zu definieren und gegenüber dem Kaiserreich sowie den vielen Gegnern der Demokratie abzugrenzen, so konnte sie im Hinblick auf die Gestaltung eines neuen Staatswappens einige bescheidene Erfolge erzielen.

Die Anfänge hierfür waren jedoch reichlich kurios. Die Beamten der Republik baten nämlich gleich zu Beginn des Jahres 1919 das noch bestehende Königlich Preußische Herolds-Amt um Vorschläge für einen neuen Reichsadler. Hierauf fertigte Emil Doepler d.J. fünf Entwürfe. Er war ein Maler, Grafiker und Heraldiker, der auch für den Kaiser und seine Familie Wappen und Exlibris gezeichnet hatte. Doepler passte den kaiserlichen Adler an die neuen Verhältnisse an und entkleidete ihn im Sinne einer republikanischen Reduktion auf das Wesentliche der Krone, des Brustschilds, der Kette des Schwarzen Adlerordens und der Insignien der Hohenzollern (Abbildung 20). Nachdem er auf Bitten der Reichsregierung noch einige Überarbeitungen vorgenommen hatte, wurde diese als Entwurf Nr. 4 vorgelegte Adlerform durch die Bekanntmachung des Reichspräsidenten vom 11. November 1919 als maßgebendes Muster für die heraldische Gestaltung des Reichswappens festgelegt. Mit ihrem im letzten Satz formulierten Vorbehalt (»Die künstlerische Ausgestaltung bleibt für jeden besonderen Zweck vorbehalten«) eröffnete diese Regelung allerdings jeder künstlerischen Interpretation des Wappentiers Tür und Tor, sodass am Ende nur der Anschein eines homogenen Reichswappens erweckt wurde, es sich eigentlich aber um eine normative Aufforderung zu einer regelrechten Artenvielfalt handelte.

Diese staatssymbolische Weichenstellung von 1919, die eine künstlerische Vielfalt garantierte, gilt bis heute fort, da sie unverändert auch in der eingangs zitierten »Bekanntmachung des Bundespräsidenten betreffend das Bundeswappen und den Bundesadler vom 20. Januar 1950« enthalten ist.

Ebenso wie die anderen Symbole der Republik war der Doepler'sche Adler von Anfang an umstritten. Auch der Urheber selbst identifizierte sich wegen der mehrfachen Änderungswünsche der Auftraggeber wohl nicht mehr voll mit seinem Werk, jedenfalls wollte er nicht als Urheber genannt werden. Die an die Opulenz des wilhelminischen Symbolismus gewöhnten Augen vermochten mit der reduzierten Version des Wappentieres nicht viel anzufangen.

So wurde der neue Adler als zu nackt empfunden und als »Pleitegeier« attackiert. Für fortschrittliche Kräfte war er jedoch zu nah am kaiserlichen Vorbild. Dies galt vor allem für Edwin Redslob, der von 1920 bis 1933 als einziger »Reichskunstwart« die Aufgabe hatte, Vorschläge für neue Staatssymbole und weitere Aspekte der staatlichen Repräsentation zu entwickeln. Ihm waren die Urheberschaft Doeplers und seine Nähe zu Hof und Heroldsamt wohl bekannt und Letztere zugleich suspekt. Deshalb setzte er alles daran, den Doepler'schen Adler durch einen anderen Entwurf zu ersetzen.

Um dieses Ziel zu erreichen, wandte sich Redslob zunächst sehr geschickt dagegen, Doeplers Adler als allgemeinverbindliches Reichswappen festzulegen. Mit großer Hartnäckigkeit suchte er das zu verhindern, was wir heute »einheitliches Erscheinungsbild« nennen, und trat vielmehr für eine auf Freiheit gründende Vielfalt des Adlers in Form und Gestaltung ein. In diesem Sinne darf er als Urheber der bis heute praktizierten und nachfolgend dargestellten Adlervielfalt angesehen werden.

Auf dieser Grundlage fertigte der expressionistischen Maler und Bildhauer Karl Schmidt-Rottluff 1920 einen Reichsadler als Holzschnitt. Dieser Entwurf zeigt einen muskulösen Adler mit aufgerissenen Augen, der als ein Meisterwerk des Expressionismus mit Anlehnungen an den Primitivismus überzeugen kann. Als Staatssymbol scheint er weniger geeignet, was sich in einer massiven zeitgenössischen Kritik niederschlug. Der »aufgescheuchte Papagei« wurde vom Kabinett abgelehnt und in der Öffentlichkeit in der Luft zerrissen. Bemerkenswerterweise fand er dennoch eine offizielle Verwendung als Titelillustration einer von der Reichsregierung herausgegebenen Buchausgabe der Verfassung, die jeder Schüler bei Beendigung der Schulpflicht geschenkt bekam (Artikel 148 Absatz 3 Satz 2 Weimarer Reichsverfassung).

Redslob versuchte es weiter und bat zahlreiche andere Künstler um Entwürfe. Außer Ludwig Gies, der später den Bundestagsadler entwerfen sollte, legten 1921 auch Sigmund von Weech und Rudolf Koch Entwürfe eines Staatssiegels sowie eines Adlers »als Schmuckform« zur Verwendung auf Schildern und Drucksachen vor, die sich durchsetzten (Abbildung 21). Bei genauer Betrachtung ist der von Koch vorgelegte Adler eine Weiterentwicklung des Adlers von Emil Doepler. Die von Sigmund von Weech gefertigten Entwürfe für ein Staatssiegel und einen »Amtlichen Reichsstempel« finden bis heute als die im folgenden Abschnitt dargestellten Bundessiegel Verwendung.

Den Adlerentwurf Weechs entwickelte der Glasmaler und Grafiker Karl-Tobias Schwab 1926 durch eine Reduktion im Sinne der Neuen Sachlichkeit fort (Abbildung 21). Nachdem das Wappen bei den Amtsschildern der Reichswehr und des Auswärtigen Amtes Verwendung gefunden hatte und 1928 bei den Olympischen Sommerspielen in Amsterdam die Trikots der ersten deutschen Olympiamannschaft nach dem Ersten Weltkrieg zierte, wurde es im selben Jahr als Staatswappen des Deutschen Reiches eingeführt.

Demnach hatte das Bemühen Redslobs, das von Doepler entworfene Reichswappen abzulösen, fünf Jahre vor dem Ende der Weimarer Republik Erfolg. Ein kurzer Erfolg, könnte man meinen. Aus unserer Perspektive ist es jedoch ein solcher von beträchtlicher Länge, weil diese Adlerform seit 1950 auch der Bundesrepublik als im nachfolgenden Abschnitt dargestelltes Bundeswappen dient.

Auch wenn so die Suche nach der geeigneten Adlerform im Lichte der sonstigen Symbolarmut der Weimarer Republik zu bescheidenen Erfolgen führte, ist sie doch ein weiteres Kapitel der auch symbolischen Zerrissenheit der ersten deutschen Republik.

Obwohl während des Nationalsozialismus das Hakenkreuz das zentrale Symbol war, lief in diesem dunklen Kapitel der deutschen Geschichte auch die Adlerproduktion auf Hochtouren. Neben den Farben Schwarz-Weiß-Rot und dem im folgenden Kapitel behandelten Deutschlandlied setzte das verbrecherische Regime von Anfang an auch auf die unbestrittene Akzeptanz und integrative Kraft des Adlersymbols. Und so bestimmte die »Verordnung über die Gestaltung des Hoheitszeichens des Reichs« vom 7. März 1936, dass das Hoheitszeichen ein Hakenkreuz zeigt, »von einem Eichenkranz umgeben, auf dem Eichenkranz ein Adler mit geöffneten Flügeln. Der Kopf des Adlers ist nach rechts gewendet«. Erstes Symbol war damit das Hakenkreuz, Eichenkranz und Adler nur nachrangiges Beiwerk.

Auf diese Weise sind Hakenkreuz und Adler vereinigt worden, ganz so wie die Reichsfarben Schwarz-Weiß-Rot mit dem Hakenkreuz und die erste Strophe des Deutschlandlieds mit dem Horst-Wessel-Lied. Ein dreifacher symbolpolitischer Gleichklang, ein Musterbeispiel für eine geschickte propagandistische Aneignung und missbräuchliche Umwidmung von Staatssymbolen.

Der Reichsadler war im Zivilen wie im Militärischen omnipräsent, allerdings in einer etwas martialischeren Ausprägung. Für dieses Facelifting war vor allem der Bildhauer Kurt Schmid-Ehmen verantwortlich, der schon früh Kontakt zu der nationalsozialistischen Elite hatte und ebenso früh der NSDAP beigetreten war. Von ihm sind zahlreiche Reichsadler überliefert, teilweise waren sie mehrere Meter hoch.

Was den Adler angeht, kannten die nationalsozialistischen Machthaber keine Politik der »Gleichschaltung«. Auch die Zeit von 1933 bis 1945 ist von einer großen Adlervielfalt geprägt. Es fängt damit an, dass neben dem nach rechts blickenden Reichsadler ein nach links blickender »Parteiadler« eingeführt wurde. Darüber hinaus sind zahlreiche weitere Adlerdarstellungen aus dieser Zeit überliefert. Denn auch die bereits zitierte »Verordnung über die Gestaltung des Hoheitszeichens des Reichs« hatte sich in einem erstaunlichen Akt der Kontinuität zu den Bestimmungen der Weimarer Republik für eine künstlerische Vielfalt entschieden (»Die künstlerische Ausgestaltung für besondere Zwecke bleibt vorbehalten«).

Natürlich haben diese symbolischen Verschmelzungen den Adler ebenso beschädigt wie die Hymne. Auch wenn es hier keine empirischen Daten gibt, scheint es mir so, als sei die Verbindung für die Hymne abträglicher gewesen als für den Adler. In visueller Hinsicht wurde wegen der Nachrangigkeit von Eichenkranz und Adler vor allem das Hakenkreuz mit dem Nationalsozialismus verbunden, sodass der Adler zwar als missbraucht und beschädigt angesehen werden musste, sich aber nicht für eine weitere Verwendung verbot. Das »Lied der Deutschen« hingegen wurde über eine lange Zeit mit dessen erster Strophe und insbesondere dem Vers »Deutschland, Deutschland über alles, über alles in der Welt« gleichgesetzt und mit dem Horst-Wessel-Lied verbunden, was für viele – man denke auch, aber nicht nur an die Bevölkerung in den von der Wehrmacht überfallenen Ländern – unerträglich klingt. Das Ausmaß des Missbrauchs dieser Strophe erschließt sich, wenn man etwa bedenkt, dass die Worte »Deutschland über alles« selbst in einen Zaunpfahl des Konzentrations- und Vernichtungslager Lublin-Majdanek eingeritzt waren. Wer sich dessen bewusst ist, wird nicht versuchen, das mit den Worten »Deutschland, Deutschland über alles« einhergehende

Unwohlsein mit einem Hinweis darauf zu relativieren, dass August Heinrich Hoffmann damit lediglich seinen Wunsch nach einer Überwindung der Kleinstaaterei durch die Einheit Deutschlands habe zum Ausdruck bringen wollen, sicher jedoch keinerlei Vorrangstellung seines Vaterlandes gegenüber anderen Nationen.

Die symbolische Verbindung von Hakenkreuz und Adler wurde mit dem Kriegsende aufgelöst. In vielen Fällen blieben die Adler unangetastet, wobei die meist in den Eichenkränzen eingefassten Hakenkreuze herausgekratzt oder mit Schildern verdeckt wurden. In manchen Fällen sah man beides nebeneinander. So gehört es zu meinen ersten kindlichen Erfahrungen mit (vormaligen) Staatssymbolen, an der Einfahrt zu der damaligen Heidelberger US-Kaserne »Campbell Barracks« die beiden Reichsadler von 1937 (damals: »Großdeutschland-Kaserne«) gesehen zu haben; bei einem war das Hakenkreuz entfernt, unter dem anderen Adler war ein NATO-Verbandsabzeichen angebracht. Noch heute sieht man viele solcher entnazifizierten Symbole, über dem Eingang meines zwischen 1936 und 1939 erbauten Finanzamts hält etwa ein großer Reichsadler das Hausnummernschild in seinen Fängen.

Wie schon bei den Bundesfarben, stellte sich die junge Bundesrepublik auch in Sachen der Wappengestaltung klar in die Tradition der Weimarer Republik. Aus ihrem symbolischen Fundus übernahm sie in kurzer Folge eine im nachfolgenden Abschnitt näher dargestellte erste Adler-Grundausstattung, die aus dem von Karl-Tobias Schwab entworfenen Adler als Bundeswappen, dem Bundessiegel von Sigmund von Weech und dem Adler der Standarte des Bundespräsidenten bestand, den sich 1954 auch der Bundesrat zulegte.

Die vielen neuen Adlergattungen, auf die ich im letzten Abschnitt eingehe, sind immer auch ein starkes symbolisches Bekenntnis zur republikanischen Kontinuität. Darüber hinaus sind sie Ausdruck der von der Bundesrepublik geltend gemachten Rechtsnachfolge für das Deutsche Reich.

Bundeswappen, Bundessiegel, Bundesschild

Wappen und Siegel sind unterschiedliche Dinge. Durch *Wappen* werden Personen, Familien und andere Subjekte unmittelbar repräsentiert, was man sich gut merken kann, wenn man sich des militärischen Ursprungs dieses Wortes erinnert. Im Mittelalter waren Wappen (aus dem mittelniederländischen und dann mittelhochdeutschen Wort *wâpen*) nämlich zunächst symbolische Kennzeichnungen unter anderem der ritterlichen Abwehrwaffen Schild, Panzer und Helm, die der Identifikation des ansonsten unkenntlichen Ritters im Kampf dienten. Jenseits der Turnierplätze und Schlachtfelder entwickelten sich die Wappen später zu erblichen Familienkennzeichen des Adels, bevor diese auch von anderen Teilen der Gesellschaft für sich entdeckt wurden. Häufig wurden die Wappen als Siegel oder Hoheitszeichen anderer Art genutzt.

Siegel sind als Beglaubigungsmittel angebrachte Zeichen, die der Manifestation der Echtheit, Gültigkeit und Vollständigkeit einer Willenserklärung oder der Kennzeichnung eines Sachverhaltes dienen, etwa der Beschlagnahme oder eines Verschlusses.

Jenseits der Heraldik werden die zwischen beidem bestehenden Unterschiede bisweilen verwischt, weil Siegel und Wappen häufig zusammenfallen. Man denke etwa an einen Siegelring mit Familienwappen.

In Fortführung einer uralten Staatspraxis zeigt das Symbol des *Bundeswappens* einen Adler als Schildbild. Wie dieser Adler heraldisch gestaltet sein sollte, legte der Bundespräsident mit seiner »Bekanntmachung betreffend das Bundeswappen und den Bundesadler« vom 20. Januar 1950 fest. Danach zeigt es »auf goldgelbem Grund den einköpfigen schwarzen Adler [...], den Kopf nach rechts gewendet, die Flügel offen, aber mit geschlossenem Gefieder, Schnabel, Zunge und Fänge von roter Farbe«. Weiter wird festgelegt, dass diese Adlerform leicht abzuwandeln ist, wenn der Bundesadler ohne Umrahmung dargestellt wird. Der »rahmenlose« Bundesadler soll zwar grundsätzlich das gleiche Bild und die gleichen Farben wie der Adler des Bundeswappens aufweisen, die »Spitzen des Gefieders« sollen dann aber »nach außen gerichtet« sein.

Mit oder ohne Umrahmung, dieser Adler ist ein Hoheitszeichen unseres Staates und als solches in besonderer Weise geschützt. Es bleibt den amtlichen Stellen des Bundes vorbehalten, die Hoheitszeichen zu verwenden. Neben dem Bundesadler, dem Bundeswappen und der Bundesdienstflagge gehört auch das Bundessiegel dazu. Wer aber ein Hoheitszeichen oder eine Dienstflagge des Bundes oder eines Landes ohne Genehmigung der zuständigen Stelle benutzt, begeht eine Ordnungswidrigkeit nach Paragraf 124 Abs. 1 des Gesetzes über Ordnungswidrigkeiten. Diese kann mit einer Geldbuße geahndet werden. Das Gleiche gilt gemäß Paragraf 124 Abs. 2 für Zeichen, die diesen Hoheitszeichen zum Verwechseln ähnlich sind. Das scheint etwa denjenigen Kleingärtnern nicht hinreichend klar zu sein, die die Bundesdienstflagge über ihrer Parzelle hissen.

Es ist aber kein Zufall, dass es in der Bundesrepublik (ebenso wie in der Weimarer Republik) keine verbindliche Festlegung der Adlerform gibt. Seit dem Jahr 1919 ist die Gestaltungsfreiheit – ganz im Sinne Redslobs – ein staatssymbolisches Programm, nach dem »die künstlerische Ausgestaltung« für »jeden besonderen Zweck« vorbehalten bleibt. Weimar und Bonn haben sich somit bewusst für eine große Voliere voller unterschiedlicher Adler entscheiden.

Die Bekanntmachung von Bundespräsident Heuss ist ein bemerkenswerter Fall von symbolischer und normativer Kontinuität. Der Text stellt eine nahezu wörtliche Wiedergabe der »Bekanntmachung des Reichspräsidenten betreffend das Reichswappen und den Reichsadler« vom 11. November 1919 dar, es wurde lediglich das Wort »Reich« durch »Bund« ersetzt.

Auch wenn dieses symbolische Grundsatzdokument die

Unterschriften von Heuss, Adenauer und Heinemann trägt, können die Namen dieser Gründungsväter der Bundesrepublik nicht darüber hinwegtäuschen, dass es sich lediglich um eine schlichte »Bekanntmachung« handelt, also um ein unauffälliges, eher bürokratisches Dokument, das in der Normenhierarchie ganz unten anzusiedeln ist. Fünf Jahre nach dem Ende des Zweiten Weltkrieges und zu Beginn einer neuen Phase der staatlichen (Teil-)Souveränität wollte man eine notwendige, aber eher nicht beliebte Entscheidung möglichst ohne Aufhebens und ohne öffentliche Diskussion treffen. Ein neuer Symbolstreit sollte um jeden Preis vermieden werden.

Zweieinhalb Jahre später konkretisierte Bundesinnenminister Robert Lehr die vorangegangene heraldische Festlegung durch das von der Bundesregierung beschlossene »Muster einer Farbtafel«, die den von Karl-Tobias Schwab entworfenen Bundesadler auf goldenem Grund zeigt (Abbildung 22). Nun war für alle klar, wie der bis heute verwendete Bundesadler als Bundeswappen auszusehen hatte.

Die *Bundessiegel* wurden durch den gleichzeitigen Erlass über die Dienstsiegel vom 20. Januar 1950 und eine im Bundesanzeiger veröffentlichte Musterbildtafel festgelegt. Wie bereits erwähnt, stammen die Siegelentwürfe von Sigmund von Weech. Das *Große Bundessiegel* zeigt einen dekorativen Bundesadler mit sieben Schwingen ohne Umschrift, den ein Kranz umgibt (Abbildung 23). Bei feierlichen Beurkundungen, wie etwa der Ausfertigung von Gesetzen und Verordnungen, wird es als Prägesiegel benutzt.

Das *Kleine Bundessiegel* zeigt einen Bundesadler mit sechs Schwingen, umgeben von einer die siegelführende Behörde bezeichnenden Umschrift (Abbildung 23).

Auch die Gestaltung der Bundessiegel orientierte sich damit eng am Vorbild der Reichssiegel der Weimarer Republik, was in der betreffenden Sitzung des Bundeskabinetts auch ausdrücklich zur Sprache kam. Man wolle hierdurch »symbolisch die Kontinuität zur Weimarer Republik« herstellen, auch damit »die DDR von der Verwendung abgehalten werden könne«.

Mit der im dritten Kapitel näher dargestellten »Anordnung über die deutschen Flaggen« vom 7. Juni 1950 begegnet uns schließlich der reichlich kuriose und in der übrigen Rechtsordnung kaum vorkommende Begriff des *Bundesschilds* (Abbildung 16). Der Bundesschild ist ein eigenständiges Wappen, das dem Bundeswappen lediglich ähnlich und unter anderem für die Bundesdienstflagge vorgesehen ist. Während das oben dargestellte Bundeswappen ein spitz zulaufendes Wappenschild zeigt, ziert den halbrunden Bundesschild ein rot bewehrter schwarzer Bundesadler auf goldenem Grund. Dieser Bundesadler ist anders gestaltet als bei dem Bundeswappen, er ist muskulöser und hat einen elffedrigen Schwanz, was eine heraldische Verwandtschaft zu dem Hohenzollernadler nahelegt. Ein Urheber ist namentlich nicht bekannt, einige Indizien sprechen jedoch dafür, dass hier ehemalige Hofbedienstete des Preußischen Herolds-Amtes am Werk waren.

Im Ergebnis bleibt es ein wenig unbefriedigend, dass mit der Bundesdienstflagge an den Masten der Dienstgebäude ein anderer Adler gehisst ist als auf den Behördenschildern abgebildet.

Fünf Jahre nach Festlegung des Bundeswappens konnte der Bundesadler eine größere Bedeutung auf Schildern anderer Art entfalten. 1955 stellte die Bundesrepublik ihre ersten Grenzschilder mit dem Bundeswappen auf.

Mit dieser kleinen Evolutionsgeschichte unseres Wappentiers wollte ich zeigen, dass sich der einköpfige Adler in Fortführung einer jahrhundertealten Tradition seit der Reichsgründung 1871 als zentrales Symbol deutscher Staatlichkeit nahezu unbestritten etabliert hat. Eine kleine Ausnahme bot nur die DDR.

Während die Nationalfarben und die Hymne einen solchen Konsens vermissen ließen, konzentrierten sich die Auseinandersetzungen beim Adler auf die Frage seiner konkreten Gestaltung. Im nachfolgenden Abschnitt gebe ich einen kleinen Überblick über die hieraus resultierende Adlervielfalt.

Unsere Republik kennt unzählige offizielle Adlervarianten. Ich konzentriere mich auf die unterschiedlichen Wappentiere der Verfassungsorgane des Bundes.

Auf der Standarte des Bundespräsidenten ist ein »Bundesadler, schwebend, nach der Stange gewendet, Verhältnis der Breite des roten Randes zur Hohe der Standarte wie 1 zu 12« abgebildet (Abbildung 17). Damit ist sie weitgehend identisch mit der seit 1928 genutzten Standarte des Reichspräsidenten, die auf Entwürfe von Rudolf Koch und Sigmund von Weech zurückging. Der Bundespräsident steht so in einer offenkundigen symbolischen Tradition zur Weimarer Republik.

Kommen wir zur »Fetten Henne«, seit 1953 der Adler des Deutschen Bundestages (Abbildung 18). Dieser ist jedoch bei Weitem nicht nur ein Wappentier des Parlaments, sondern darüber hinaus als gesamtstaatliches Symbol fest im allgemeinen Bewusstsein verankert.

Von 1947 bis 1952 zierte die Stirnwand des Bonner Plenarsaals kein Bundesadler, sondern eine Dekoration aus Stoff, auf der die zwölf Wappen der Länder angebracht waren. Erst 1953 wurde dort die berühmte imposante Adlerskulptur des Bildhauers Ludwig Gies angebracht. Da der wilhelminische Reichstag keinem Adler einen so prominenten Platz eingeräumt hatte, ging der Bonner Bundestag mit der Hängung dieser 6,30 Meter breiten und 5,10 Meter hohen Gipsarbeit einen eigenständigen repräsentativen Weg.

Womit allerdings nicht gesagt werden soll, dass der Reichstag ein adlerfreies Gebäude gewesen wäre. Vielmehr ist das Gegenteil richtig, das ganze Haus war voller Reichsadler, Wappen, Kronen und Lorbeerkränze, von den Rittern und ihren Rüstungen ganz zu schweigen. Allerdings gab es weder einen spezifischen Reichstagsadler noch eine sonstige Adlerdarstellung an der Stirnwand des Plenarsaals. Die Erbauer dieses imposanten Parlamentsgebäudes beschränkten sich darauf, den in die Glasmalerei des Oberlichts aufgestiegenen Reichsadler auf das Geschehen im Großen Sitzungssaal hinabspähen zu lassen.

Kaum war der Stoff von der Stirnwand des Plenarsaals verschwunden, wurden Stimmen laut, die als Ausdruck des Föderalismus eine Rückkehr der Länderwappen forderten. Im Zuge dieser Debatte versprach Bundestagspräsident Hermann Ludwig Ehlers, die Wappen der inzwischen auf zehn reduzierten Bundesländer als Umrahmung des neuen Adlers vorzusehen, man warte lediglich noch auf das Wappen des neuen Landes Baden-Württemberg. Hierzu kam es dann aber nicht mehr.

Allein in der Wahl des Materials (Gips und Draht) kann man in dem Gies-Adler eine ideale Umsetzung des provisorischen Charakters der Bonner Republik und des dortigen Plenarsaales sehen. Allerdings sollte die Skulptur ursprünglich mit Bronzeblech überzogen werden, was dann aber aus Kostengründen unterblieb.

Die Form dieses Adlers entfernte sich eindrucksvoll von der damals bereits seit drei Jahren geltenden, oben dargestellten »Bekanntmachung des Bundespräsidenten betreffend das Bundeswappen und den Bundesadler« vom 20. Januar 1950. Gies füllte die ihm im Rahmen der »künstlerische Ausgestaltung« zugebilligten Freiräume souverän aus und schuf einen Adler, der mit seinen je nach Zählweise etwa neunzehn Federn zählenden runden Schwingen das über Jahrhunderte kultivierte Aggressive dieses Herrschaftszeichens vermissen ließ, aber auf der anderen Seite ganz im Sinne des Wirtschaftswunders der Fünfzigerjahre Standhaftigkeit, Beharrungsvermögen und beleibten Wohlstand ausdrückte.

Für die Durchführung der an unterschiedlichen Orten durchgeführten Bundesversammlungen wurde außerdem ein transportierbarer Adler aus armiertem Stuck gefertigt, der trotz seiner beträchtlichen Größe von 4,90 Meter Höhe und 4,90 Meter Breite zerlegbar war und auf eine Holzkonstruktion montiert werden konnte (Abbildung 19).

Dieser mobile Adler war jedoch nicht der von Gies entworfene, sondern ein deutlich schlankeres und dynamischeres Modell. Interessanterweise wurde er nicht nur für die Bundesversammlung genutzt, sondern auch für die in Berlin durchgeführten Sitzungen des Parlaments, so etwa bei der im Oktober 1957 in der Kongresshalle durchgeführten konstituierenden Sitzung des dritten Deutschen Bundestages. Die Abgeordneten blickten also in Berlin auf einen anderen Adler als in Bonn, was durchaus bemerkt wurde. Und so forderte Bundestagspräsident Eugen Gerstenmaier nach seiner Rückkehr von ebenjener Sitzung, dass der zu dicke Bonner Adler dünner werden müsse. In der zum Glück folgenlosen Debatte wurde genüsslich darauf hingewiesen, dass der von Gies geschaffene Adler ein Symbol des Wirtschaftswunders sei, in dem die Menschen satt, fett und müde geworden seien. Der spätere Bundestagspräsident Richard Stücklen sprach gar von der »Fetthenne«.

Wie bereits die zwar wenig schmeichelhafte, aber dennoch irgendwie liebkosende Bezeichnung als »fette Henne« verrät, war der Adler des Bonner Plenarsaals zwar über Jahrzehnte hinweg ein beliebtes Ziel von Spott, Satire und auch Verunglimpfungen. Manche sahen in ihm gar die sinnbildliche Erfüllung dessen, was Winston Churchill im August 1941 an Bord der *HMS Prince of Wales* dem amerikanischen Präsidenten Franklin D. Roosevelt gesagt haben soll: »In short, our intention is to make Germany ›fat but impotent‹.«

Dies darf aber nicht darüber hinwegtäuschen, dass er sich über seine unmittelbar auf den Bundestag bezogene Bedeutung hinaus schnell einen unangefochtenen Platz als staatssymbolähnliches Zeichen erobert hat und zu einem bedeutenden Sinnbild des westdeutschen Teilstaates und anschließend des wiedervereinigten Deutschlands wurde. Im vorangegangenen Kapitel hatte ich bereits auf die Kuriosität hingewiesen, dass die 1974 anlässlich des 25. Jahrestages der Staatsgründung herausgegebene Briefmarke den Bundestagsadler zeigte.

Im Lichte dieser Entwicklung war das brutale Ende der gipsernen Adlerskulptur ein überraschendes. Wenig historisches Fingerspitzengefühl legten diejenigen an den Tag, die den Adler 1987 beim Abbruch des alten Bundestagsgebäudes in 25 Teile zersägten, angeblich in der Absicht, ihn im Behnisch-Neubau wiederzuverwenden, wozu es allerdings nie kam. Immerhin fanden die Teile im *Haus der Geschichte Bonn* eine würdige Heimat.

Man sieht dem Gies'schen Adler unschwer an, dass er nicht zu Aggressionen neigt. Seine strikt defensive Ausprägung weist klar auf einen ausschließlichen Verteidigungsauftrag hin, darf aber andererseits nicht mit einem Zustand der Wehrlosigkeit verwechselt werden. Wie gut sich die »fette Henne« ihrer Feinde erwehren kann, hat sie als wahre Verteidigungskünstlerin schon mehrfach unter Beweis gestellt.

Zu einem manifesten Adlerstreit kam es, als sich der Architekt des 1992 eröffneten neuen Plenarbereichs Günter Behnisch des Gies-Adlers entledigen wollte und stattdessen für den Plenarsaal einen modernen, zweidimensionalen Adler aus Aluminium vorgesehen hatte. In dem Glauben, dass es sich bei diesem Wappentier eher um ein dekoratives Gestaltungselement als um ein hoheitliches Symbol handele, hatte er eine leichtere und dynamischere Abwandlung des ursprünglichen Adlers entworfen. Hierauf kam es nicht nur zu regelrechten Proteststürmen in den Medien (»Bonn will die ›fette Henne‹ schlachten«; »Adler-Streit: Die fette Henne läßt sich nicht leicht rupfen«), sondern auch zu einem letztlich erfolgreichen juristischen Widerspruch der Erben von Ludwig Gies, die sich gegen eine solche nach dem Urheberrechtsgesetz nur mit Einwilligung des Künstlers oder seiner Erben zulässige Bearbeitung des Kunstwerkes wandten. Schließlich konnte der aus heutiger Sicht unbegreifliche Angriff auf ein zentrales Symbol der parlamentarischen Demokratie unseres Landes durch eine kluge Vermittlung der damaligen Bundestagspräsidentin Rita Süssmuth pariert werden.

Wer glaubte, dass Architekten zukünftig behutsamer mit

dem Bundestagsadler umgehen würden, wurde schon fünf Jahre später herb enttäuscht. Es war der mit dem Umbau des Reichstagsgebäudes betraute Architekt Sir Norman Foster, der glaubte das zu vollenden müssen, was Behnisch nicht gelungen war. Für den neuen Plenarsaal des Reichstagsgebäudes legte er der Baukommission 1996 Entwürfe für einen neuen Adler vor. Als diese auch in der Öffentlichkeit massive Kritik hervorriefen, wurde Foster gedrängt, seine Entwürfe unter einer Berücksichtigung der Adlerskulptur von Gies zu überarbeiten.

Damit war erneut das Urheberrecht betroffen, weshalb die Erben auf den Plan traten. Auch diesmal musste der Architekt die ursprüngliche Adlerform übernehmen, die nur sehr geringfügig modifiziert wurde. Allerdings wurde ihm stillschweigend gestattet, die Rückseite des 57,9 Quadratmeter großen und aus vier Schichten Zwölf-Millimeter-Alublech gefertigten Gies-Adlers mit einem abgewandelten Adler zu versehen. Der Sieg der »fetten Henne« wurde in den Medien als Erfolg gefeiert, so titelte etwa »Die Zeit«: »Super! Adler bleibt! Auch im neuen Bundestag fliegt der Vogel, den alle lieben«.

So ist es weder Günter Behnisch noch Norman Foster gelungen, dieses von ihnen als überholt empfundene Symbol der Bundesrepublik zu beseitigen. Wir haben es demnach mit einem ebenso defensiven wie hartnäckigen Symbol des Provisorischen zu tun. Eigenschaften, die gut zur Bundesrepublik passen.

Wenig bekannt ist, dass Ludwig Gies trotz seiner kritischen Distanz zum nationalsozialistischen Regime und einer eigenen Verfolgungsgeschichte auch für die damaligen Machthaber Adler entworfen hatte. Diese hatten eine bedeutend aggressivere Ausstrahlung als die spätere »fette Henne«, was man etwa leicht durch einen beispielhaften Vergleich mit dem Adlerrelief feststellen kann, das ab 1940 in dem von der Reichsbank genutzten »Haus am Werderschen Markt« im Windfang des Haupteingangs angebracht war. Wer heute den Sitz des dort befindlichen Auswärtigen Amtes aufsucht, wird den Adler jedoch nicht mehr vorfinden.

Als drittem Verfassungsorgan stehen der Bundesregierung die im vorherigen Abschnitt dargestellten Adlerformen des Bundeswappens, der Bundessiegel sowie des Bundesschilds zur Verfügung. Ein Bedarf für weitere Variationen ist eigentlich nicht erkennbar. Wäre da nicht die globale *Corporate-Design*-Epidemie mit ihrer in gewissen Abständen wiederkehrenden Sehnsucht nach einem »Re-Design«.

Ebenso wie der Deutsche Bundestag hat auch der Bundesrat in den ersten Jahren seiner Existenz auf ein Wappentier verzichtet. Ein Jahr nach Einführung des Bundestagsadlers war es dann aber auch bei der zweiten Kammer so weit. 1954 führte dieser nach einem Umbau seines Plenarsaals den nur leicht modifizierten Adler der Standarte des Bundespräsidenten ein, wobei er auf eine Verwendung der Nationalfarben verzichtet. Der Grund für diese auffallende Nähe zum Symbol des Staatsoberhauptes mag in der symbolischen Formulierung eines nicht eingelösten Anspruchs auf den zweiten protokollarischen Rangplatz gewesen sein, weil der Bundespräsident im Verhinderungsfalle durch den Präsidenten des Bundesrates vertreten wird und nicht durch den in der Rangfolge zweitplatzierten Bundestagspräsidenten. Sollte dies wirklich die Intention gewesen sein, wäre sie jedoch nicht erfolgreich gewesen, weil dem Bundesrat nach der gefestigten Staatspraxis nach wie vor der vierte Rangplatz beigemessen wird.

Den Sitzungssaal des Bundesverfassungsgerichts ziert hingegen seit 1969 ein eindrucksvolles und mehrere Hundert Kilogramm schweres Adlerrelief des Bildhauers Hans Kindermann (Abbildung 24). Neben den roten Roben und den Baretten der Richter gehört dieser Ausnahmeadler sicher zu den im kollektiven Bewusstsein fest verankerten Bildern des höchsten deutschen Gerichts.

Im offiziellen Kontext verwendet das Gericht allerdings die im vorherigen Abschnitt beschriebenen Adlerformen. Norbert Gross weist hinsichtlich des Kindermann-Adlers auf das Kuriosum hin, dass der bereits erwähnte expressionistische

Maler Karl Schmidt-Rottluff bei diesem Ausschreibungsverfahren schlichtweg deshalb keine Berücksichtigung finden konnte, weil ihn die zuständige Vergabestelle fälschlicherweise für verstorben hielt.

Während der von 2011 bis 2014 durchgeführten Grundsanierung des von Paul Baumgarten entworfenen Gebäudeensembles war das Gericht provisorisch im »Dienstsitz Waldstadt« in der ehemaligen General-Kammhuber-Kaserne untergebracht. Der dortige Sitzungssaal befand sich in einem ehemaligen Kinosaal. Nachdem ein vorheriger hölzerner Entwurf als »Laubsägearbeit« verworfen worden war, hatte der Stuttgarter Architekt Arno Lederer schließlich einen beeindruckenden Bundesadler aus 2360 LED-belichteten Plastikröhrchen für das Provisorium gefertigt, der nun eingelagert ist (Abbildung 25).

Angesichts dieser enormen Adlervielfalt und ihres nahezu verwirrenden Potenzials sehnt man sich bisweilen nach einer homogeneren Staatssymbolik und kommt bei Gedanken an die Gleichförmigkeit und gute Erkennbarkeit des Schweizer Kreuzes geradezu ins Schwärmen. Mit einer homogeneren Symbolik wäre jedenfalls so manche Panne vermieden worden. 1981 musste etwa der damalige Bundesminister für Bildung und Forschung Björn Engholm erst von dem Bundesminister des Innern Gerhart Baum darauf hingewiesen werden, dass die auf seinen Briefköpfen verwandten Adler in die falsche Richtung blickten.

5. Kapitel
Unsere Hymne: das Deutschlandlied

Der nächste Schritt wäre dann ein Kaninchenfell als Reichskriegsflagge.

Gottfried Benn in einem an Friedrich Wilhelm Oelze gerichteten Brief vom 3. Februar 1951, in dem er den Text der von Rudolf Alexander Schröder gedichteten »Hymne an Deutschland« kommentiert

Nationalhymnen sind als Staatssymbole für die staatliche Repräsentation und Diplomatie unverzichtbar. Deshalb hat auch so gut wie jeder souveräne Staat eine Hymne. Als Lied besteht sie in den meisten Fällen aus einem Text und einer Melodie, in manchen Fällen gibt es nur eine Melodie.

Auf sehr unterschiedliche Weise ist geregelt, was ein Lied zur Nationalhymne macht. In manchen Staaten ist die Hymne in der Verfassung geregelt, anderswo begnügt man sich mit einer einfachgesetzlichen Norm, einer Anordnung oder Proklamation. In anderen Fällen begnügt man sich mit der bloßen Staatspraxis oder aber – wie bei uns – mit einem Briefwechsel zwischen Repräsentanten der Verfassungsorgane. Jeder Staat findet hier seinen eigenen Weg. Manchmal gibt es auch mehrere Hymnen für unterschiedliche Anlässe oder eine für den Staat und eine für das Staatsoberhaupt.

In vielen Staaten wird immer wieder diskutiert, ob die gegenwärtige Hymne nicht überholt sei oder zumindest aber einer Adaption des Hymnentextes bedürfe. Die hierzu ins Spiel gebrachten Argumente sind ebenso unterschiedlich wie die Hymnenkultur an sich. So wird manchmal darauf verwiesen, dass der tradierte Hymnentext, der ja in einigen Fällen schon ein paar Jahrhunderte alt ist, mit den Gegebenheiten der Gegenwart schlecht in Einklang zu bringen sei. Entweder sei er zu martialisch, oder es gebe geografisch-kulturelle Bezüge, die mit den heutigen Grenzen unvereinbar seien.

Als Beispiele für einen besonders martialischen Text mögen die US-Hymne »The Star-Spangled Banner« (»And the rockets' red glare, the bombs bursting in air« [»Und der Raketen roter Feuerstrahl, die in der Luft explodierenden Bomben«]) und die französische Hymne mit ihrem »Égorger vos fils, vos compagnes« [»Um euren Söhnen, euren Gefährtinnen die Kehlen durchzuschneiden«]) dienen. Für überholte geografische Bezüge gibt es kein besseres Beispiel als die erste Strophe des Deutschlandlieds mit ihrem »von der Maas [längster Nebenfluss des Rheins, der nicht durch Deutschland, wohl aber durch Frankreich, Belgien und die Niederlande fließt] bis an die Memel [fließt heute durch Belarus und Litauen], von der Etsch [der *Adige* ist der zweitlängste Fluss Italiens] bis an den Belt [der Kleine Belt ist die Meerenge zwischen dem dänischen Jütland und dem ebenfalls dänischen Fünen]«. Alte Hymnen werden in aller Regel auch an den Anforderungen einer geschlechtergerechten Sprache und den mannigfaltigen Kriterien einer identitätspolitischen Reflexion scheitern. Auf den Versuch, das Deutschlandlied zu »gendern«, werde ich später eingehen. Die überall wiederkehrenden Rufe nach einer Hymnenrevision zusammenzustellen, würde sicher ein eigenes Buch füllen.

Was ist eigentlich das Besondere an Hymnen, was unterscheidet sie von den anderen Staatssymbolen? Hymnen werden meist gesungen, anders als bei den anderen Staatssymbolen muss man also aktiv mitwirken. Wie auch andere Formen des gemeinsamen Gesangs zielen Nationalhymnen darauf ab, kollektive Gefühle hervorzurufen. Dabei ist ihre Aufführung stark ritualisiert und sozial geregelt.

Sinn und Zweck solcher Normierungen ist vor allem, ein möglichst gutes und vor allem würdevolles Aufführungsergebnis zu erzielen. Außerdem soll verhindert werden, dass das eigene Individualverhalten andere stört oder dieses als respektlos oder ehrverletzend empfunden wird. In diesem Sinne möchte ich Bundespräsident Walter Scheel klar widersprechen, der bei einer Ordensverleihung am 23. Mai 1979 in der Godesberger Redoute gesagt hat, dass man »um Gottes willen keinen Verhaltenskatechismus, keinen Knigge für Staatssymbole« benötige. Um nichts anderes handelt es sich etwa, wenn die meisten zu den Klängen einer Nationalhymne intuitiv aufstehen. Wer es mit den protokollarischen Gepflogenheiten noch etwas ernster nimmt, wird sich außerdem gerade und einer womöglich vorhandenen Flagge zugewandt hinstellen sowie seine zivile Kopfbedeckung abnehmen. Als Ausdruck einer inneren Bewegtheit und Loyalität zum Staate legt man in manchen Ländern die rechte Hand aufs Herz. Im Fürstentum Liechtenstein gehört es sich hingegen, bei der Textpassage »Hoch leb der Fürst vom Land, hoch unser Vaterland« die rechte Hand mit angewinkeltem Arm und nach vorne gedrehter Handfläche zu heben. Eine seit 1912 nachgewiesene Übung, die etwas seltener geworden ist, was sicher an der nicht zu leugnenden Ähnlichkeit zum sogenannten Hitler-Gruß liegen dürfte. Dabei hat sie mit diesem nicht das Geringste zu tun. Die liechtensteinische Geste geht vielmehr auf das Heben der rechten Hand bei der Zeremonie der Erbhuldigung, die seit dem späten 17. Jahrhundert üblich ist, und zur Begleitung der »Hochrufe« auf den Fürsten zurück.

Wenn richtig gesungen wird, stellt sich bei den Singenden leichter ein gefühlsmäßiger Gleichklang ein, von dem eine weit über den Moment reichende, identitätsstiftende Kraft des Bekenntnisses und der Begeisterung auszugehen vermag. Weil man außerdem zum Singen in materieller Hinsicht nicht viel braucht, haben sich Hymnen überall zu einem auch spontan einsetzbaren Symbol großer Wirkmächtigkeit entwickelt. Wobei sich diese Kraft sowohl als stabilisierend als auch destabilisierend erweisen kann. Und so haben Revolutionäre ebenso ihre Lieder und Hymnen wie diejenigen, gegen die sich die jeweilige Revolution richtet. Auf dieses Spannungsfeld staatlicher Symbolik bin ich bereits im zweiten Kapitel näher eingegangen.

Welche besondere Kraft Hymnen entwickeln können, war im März 2020 in Italien besonders gut zu beobachten. Für die von der Corona-Pandemie hart getroffene Bevölkerung, die über Wochen hinweg in ihren Wohnungen unter Quarantäne stand, waren kollektive Balkongesänge und andere Aktionen eine Möglichkeit, der Isolation und Vereinsamung zu entgehen. Nicht zuletzt der in den sozialen Medien verabredete Gesang der Nationalhymne »Fratelli d'Italia« zeigte auf eine kreative Weise, die unter die Haut ging, die Gemeinschaft der vielen Einzelnen. In der Zeitung »La Repubblica« war von einem »kollektiven Exorzismus« die Rede. Wenn sich auch das Virus als eigentlicher Teufel nicht wegsingen ließ, so zielte diese Aktion darauf ab, gegen die Ängste anzugehen und Hoffnung in der Schicksalsgemeinschaft zu stiften.

Welche starken politischen Botschaften sich mit Hymnenaufführungen verbinden lassen, zeigte 2016 der 49ers-Quarterback Colin Kaepernick, der sich als erster Footballspieler hinkniete, um ein Zeichen gegen Rassismus und Polizeigewalt zu setzen. Diese Geste rief massive Reaktionen hervor und ist für die Black-Lives-Matter-Bewegung von großer Bedeutung. Zugleich markierte sie das Ende seiner Profikarriere.

Der Gesang politischer Umbrüche

Politische, religiöse und kulturelle Zäsuren gehen daher häufig mit neuem Liedgut einher. Ein gutes Beispiel hierfür sind die lutherischen Protestlieder der Reformation. Es mag zudem an der früher geringen Alphabetisierung und den hohen Kosten schriftlicher Vervielfältigung gelegen haben, dass sich Lieder als billige, schlecht zu zensierende und dadurch effektive Verbreitungsmethode neuer Gedanken und Anschauungen durchgesetzt haben. Als Faustregel kann man daher festhalten, dass es in der jüngeren deutschen Geschichte so gut wie keine Revolution und keinen Befreiungskampf ohne begleitende Lieder gab.

Die Entstehung von Nationalhymnen

Auch die älteste europäische Hymne entstammt einem Befreiungskampf. Wie schon gezeigt wurde, war die Trikolore mit der *Prinsenvlag* eine niederländische Erfindung des Jahres 1572. Und jetzt stellen sich die Niederlande mit einiger Wahrscheinlichkeit auch noch als Erfindernation der ersten Volkshymne unseres Kontinents heraus! Nahezu gleichzeitig zur *Prinsenvlag* entstand während des Unabhängigkeitskrieges gegen Spanien zu Ehren ihres Anführers Wilhelm I. von Oranien-Nassau ihre Nationalhymne »Het Wilhelmus« als »Wilhelmus von Nassouwe«.

Nationalhymnen im eigentlichen Sinne gab es mangels Nationen aber noch lange nicht. Die Hymnen des 18. und 19. Jahrhunderts waren durchweg Herrscherhymnen, die als eine Art von Gebetsliedern die Herbeirufung göttlichen Heils und Schutzes zum Gegenstand hatten. Die Mutter aller Königslieder ist die aus dem 18. Jahrhundert stammende Hymne des Vereinigten Königreichs (und zahlreicher in Personalunion mit diesem verbundener Staaten des *Commonwealth of Nations*, der sogenannten »Commonwealth Realms«) »God save the King«, dessen Melodie in deutschen Landen häufig kopiert wurde, etwa in Preußen als »Heil Dir im Siegerkranz!« oder nach 1871 als »Kaiserlied«. Ein plagiatorischer Vorgang, der nicht dadurch gerechtfertigt wird, dass die Urheberschaft dieses wunderbaren Liedes im Dunkeln bleibt. Noch heute folgt im Übrigen die Landeshymne des Fürstentums Liechtenstein »Oben am jungen Rhein« (bis 1963: »Oben am deutschen Rhein«) dieser Melodie.

Als Mutter aller republikanischen Hymnen wurde dann 1792 die »Marseillaise« komponiert. Die kolossale Wirkung dieses ursprünglich »Chant de guerre pour l'armée du Rhin« benannten Schlacht- und Revolutionsliedes ist bereits umfangreich beschrieben. Während der Koalitionskriege erzitterten große Teile des europäischen Kontinents unter dem französischen Ansturm und den Klängen der doch ziemlich blutrünstigen »Marseillaise«, die dann in der Folge von Revolutionären und Liberalen in ganz Europa übernommen wurde.

Als die französischen Revolutionstruppen 1797 gegen Wien vorrückten, gaben sich die Verteidiger der Hauptstadt des Heiligen Römischen Reiches Deutscher Nation mit der von Lorenz Leopold Haschka gedichteten und von Joseph Haydn vertonten Hymne »Gott erhalte Franz den Kaiser« ein hymnisches Antidot, das trotz seiner getragenen Gebetsart doch einen langfristigen Eindruck hinterlassen sollte.

Hymnenklau

Die Geschichte der deutschen Hymnen ist eine Geschichte der Plagiate. So wie schon die englische Hymne mehrfach kopiert wurde, traf es nun die von Haydn komponierte Melodie der österreichischen Kaiserhymne, mit der das »Lied der Deutschen« und damit unsere Nationalhymne vertont wurde. Überhaupt hatten viele Hymnen deutscher Staaten eine kopierte Melodie. Anders die DDR, die mit ihrer Hymne »Auferstanden aus Ruinen« über eine eigene, von Hanns Eisler komponierte Vertonung verfügte. Über das im Nationalsozialismus als zweite Hymne fungierende »Horst-Wessel-Lied« möchte ich mich hier nicht länger auslassen, aber auch dessen Melodie soll Vorbilder gehabt haben.

Das ungesungene Deutschlandlied

Bevor wir uns der Nationalhymne zuwenden, sei mir noch ein persönliches Wort zu deren Stellenwert gestattet. Dank meiner deutsch-italienischen Herkunft ist mir schon als Kind aufgefallen, wie unterschiedlich die Menschen beider Länder mit der jeweiligen Nationalhymne umgehen. In den Siebziger- und Achtzigerjahren meiner Heidelberger Kindheit spielte die Nationalhymne so gut wie keine Rolle, abgesehen von Fußballländerspielen oder der gelegentlichen Ausstrahlung zum Sendeschluss einiger Fernsehprogramme. Hierauf werde ich im nächsten Abschnitt noch näher eingehen. Außerdem gab es noch das auf Haydns Streichquartettfassung beruhende Streichorchesterarrangement, das kurz vor Mitternacht im Deutschlandfunk gesendet und später um die Europahymne ergänzt wurde. Gleichsam ein akustisches Duo hoheitlicher Art, weil allabendlich eine Stunde vorher aus der US-Kaserne auch der Klang einer Trompete zu hören war.

Ich möchte nicht verschweigen, dass ich unsere Hymne auch als Schallplatte besaß. Es war die 1985 als Single erschienene Einstudierung mit Hermann Prey und dem Jugendchor Köln, die unter der Schirmherrschaft des Bundespräsidenten erschienen war. Die Papierhülle vereinte in einer erschlagend staatstragenden Weise nahezu alle Symbole, die der Republik zur Verfügung standen. Einerseits die Schwarz-Rot-Gold umrandete Villa Hammerschmidt, andererseits das Bundeswappen und eine extra Bundesflagge auf der Rückseite, die in einem gewissen Spannungsverhältnis zu dem in den Farben Schwarz-Weiß-Rot (!) gehaltenen Logo des Musiklabels »Polydor« zu stehen schien. Die Sängerinnen und Sänger sahen schließlich so bieder aus, dass man sich im Freundeskreis eher nicht als Eigentümer dieser doch irgendwie speziellen »Scheibe« zu erkennen gab. Dazu passte, dass das Deutschlandlied in meiner gesamten Schulzeit weder behandelt noch gesungen wurde.

Inzwischen scheinen sich die Dinge etwas verbessert zu haben. (So wurde die Haydn-Melodie im Grundschulchor meiner jüngsten Tochter immerhin zum Aufwärmen gesummt. Bei zwei Dritteln ihrer Geschwister wurde die Hymne zumindest im Unterricht behandelt.)

Wie wir noch sehen werden, war dieses prinzipielle Verschweigen der Hymne im Alltag kein Einzelschicksal, sondern ein Phänomen der Zeit. Hin und wieder hörte man die Melodie, was schon das Höchste der Gefühle war. Den Text der Hymne zu singen, war jedenfalls mehr als unüblich, was zu einer merkwürdigen Parallele im geteilten Deutschland führte. In der DDR durfte der Text der dortigen Hymne (»Deutschland einig Vaterland«) seit Beginn der Siebzigerjahre nicht mehr gesungen werden, nur die Melodie war noch zu hören. Im Westteil Deutschlands gab es zwar eine Hymne mit Text und Melodie. Aber auch hier wurde nur selten gesungen, weshalb man von einer nahezu zwanzigjährigen hymnischen Textlosigkeit als gesamtdeutschem Phänomen sprechen könnte. Hymne ging bei uns nur instrumental, nicht aber gesungen.

Ganz anders in Italien. Obwohl auch die italienische Hymne »Il Canto degli Italiani« mit ihrem einprägsamen Beginn »Fratelli d'Italia, L'Italia s'è desta« auf eine bewegte Geschichte zurückblickt und sie erst durch das am 30. Dezember 2017 in Kraft getretenen Gesetz Nr. 181 vom 4. Dezember 2017 auch *de jure* in den offiziellen Stand eines Staatssymbols gehoben wurde, waren schon immer jede Italienerin und jeder Italiener willens und in der Lage, ihre Hymne laut und richtig zu singen, und zwar nicht nur im Fußballstadion.

Damit nicht genug, gab es mit dem Lied »Va, pensiero, sull'ali dorate«, dem berühmten Gefangenenchor aus Giuseppe Verdis Oper *Nabucco*, gleich noch eine zweite, inoffizielle Hymne. Mir kam es so vor, als hätte Deutschland gar keine Hymne, Italien dafür aber zwei. Mit zunehmendem Alter stellte ich dann fest, dass sich außer Italien noch eine ganze Reihe anderer Staaten einer solchen Hymnenvielfalt erfreuten, etwa das Vereinigte Königreich mit »Rule, Britannia!« und »Land of Hope and Glory« oder die Vereinigten Staaten, die neben ihrer martialischen Hymne »The Star-Spangled Banner« auch »God Bless America« und »America the Beautiful« hatten.

Wie weit Deutschland und Italien hymnisch voneinander entfernt sind, wurde mir immer bewusst, wenn bei einem italienischen Neujahrskonzert garantiert ein Zuhörer nach Verdis Gefangenenchor wie selbstverständlich »Viva l'Italia!« in den Saal rief. Es ist ja ohnehin kaum vorstellbar, dass bei einem Neujahrskonzert in Deutschland die Hymne oder ein Surrogat derselben erklingt. Jedenfalls würde im Anschluss sicher niemand »Es lebe Deutschland!« rufen. Auch wenn es mir nicht darum geht, dies zu beklagen, zeigt der Vergleich doch deutlich, wie unterschiedlich die Hymnen im allgemeinen Bewusstsein verankert sind. Verankerung meint hier ein Zusammentreffen von Kenntnis, Akzeptanz und der Bereitschaft, die Hymne zu angemessenen Anlässen auch zu singen. In allen drei Punkten sehe ich in den vergangenen Jahrzehnten einen gewissen Fortschritt, auch wenn noch viel zu tun bleibt.

Unsere Hymne?!

Die Nationalhymne der Bundesrepublik Deutschland ist die dritte Strophe des von August Heinrich Hoffmann von Fallersleben 1841 komponierten Liedes »Das Lied der Deutschen« (auch »Deutschlandlied« genannt) mit jener Melodie, die 1797 von Joseph Haydn für die österreichische Kaiserhymne »Gott erhalte Franz, den Kaiser, Unsern guten Kaiser Franz!« komponiert wurde.

Der Text lautet:

Einigkeit und Recht und Freiheit
für das deutsche Vaterland!
Danach lasst uns alle streben,
brüderlich mit Herz und Hand!
Einigkeit und Recht und Freiheit
sind des Glückes Unterpfand:
Blüh' im Glanze dieses Glückes,
blühe, deutsches Vaterland!
(Abbildungen 30, 31)

Weder die erste noch die zweite Strophe sind Teil unserer Hymne. Mit anderen Worten hat der Liedbeginn mit seinem Vers »Deutschland, Deutschland über alles, über alles in der Welt«, mit dem das Deutschlandlied im Inland und in weiten Teilen der Welt über viele Jahrzehnte weitgehend gleichgesetzt wurde und der zu einem Synonym deutschen Größenwahns, Militarismus und der nationalsozialistischen Gewaltherrschaft wurde, als Staatssymbol ausgedient.

Als Hymne können wir ihn zwar vergessen. Dies bedeutet aber nicht, dass wir uns nicht intensiv mit der Geschichte des Deutschlandlieds und insbesondere der missbräuchlichen Verwendung während des Nationalsozialismus auseinandersetzen sollten. Auf diese bis heute fortwirkende Kontamination werde ich noch zu sprechen kommen.

Darüber hinaus können wir getrost alles vergessen, was die Flüsse Maas, Memel und Etsch oder aber den Belt angeht. Auch die etwas kitschig geratene zweite Strophe mit den deutschen Frauen, der vorgeblich landestypischen Treue, dem hiesigen Wein und dem Sang nach Einnahme desselben sind nur noch von literarischer oder historischer Bedeutung.

In diesem Sinne seien hier auch die ersten beiden Strophen wiedergegeben:

Deutschland, Deutschland über alles,
über alles in der Welt,
wenn es stets zu Schutz und Trutze
brüderlich zusammenhält,
von der Maas bis an die Memel,
von der Etsch bis an den Belt –
Deutschland, Deutschland über alles,
über alles in der Welt!

Deutsche Frauen, deutsche Treue,
deutscher Wein und deutscher Sang
sollen in der Welt behalten
ihren alten schönen Klang,
uns zu edler Tat begeistern
unser ganzes Leben lang –
Deutsche Frauen, deutsche Treue,
Deutscher Wein und deutscher Sang!

Wenn über den Hymnentext nicht jahrzehntelang gestritten worden wäre, gäbe es keinen Anlass, hierauf ausdrücklich einzugehen.

Nur bei der Melodie gibt es keine Fallstricke. Der musikalische Kenner wird diese aus dem dritten der sechs von Haydn komponierten Streichquartette (»Kaiserquartett«, C-Dur, Opus 76 Nr. 3) kennen, weil dessen zweiter Satz vier Variationen der Hymnenmelodie enthält.

Alles andere war aber für lange Zeit umstritten. Wie erwähnt, gibt sich so gut wie jeder Staat eine Nationalhymne. In der Regel werden diese schon bald nach der Staatsgründung durch einen mehr oder weniger rechtlichen, jedenfalls aber publizierenden Akt, die sogenannte Proklamation, festgelegt.

Bei uns liegen die Dinge anders. Einerseits dauerte es wegen eines lähmenden Streits zwischen Staatsoberhaupt und Regierungschef drei Jahre, bis die junge Bundesrepublik überhaupt eine Hymne hatte. Andererseits sah der schließlich zwischen beiden gefundene Kompromiss mit einem schlichten Briefwechsel eine ungewöhnlich formlose Art der Hymnenfestlegung vor, die Zweifel daran aufkommen ließ, ob sich auf diese Weise überhaupt eine Nationalhymne bestimmen lässt. Noch dazu blieb die Korrespondenz in ihrem Wortlaut so vage, dass Jahrzehnte darüber gestritten wurde, was denn eigentlich unsere Hymne sei.

Es dürfte nicht viele Nationen geben, die über solche Fragen so hartnäckig und langwierig gestritten haben wie wir Deutschen. Zudem wurde in zahlreichen Gerichtsprozessen um das Verhältnis zwischen der als Staatssymbol geschützten Nationalhymne und der Kunstfreiheit gerungen, vor allem in Gestalt der Satire. Es würde zu weit gehen, hier auf das gute Dutzend Hymnenstreitigkeiten einzugehen, die bis in die heutige Zeit immer wieder aufflammten und die Hymne zu dem umstrittensten deutsche Staatssymbol der Nachkriegsgeschichte machen. Zuletzt forderte der thüringische Ministerpräsident Bodo Ramelow im Mai 2019 die Einführung einer neuen Hymne, weil noch immer viele Ostdeutsche das Lied nicht mitsingen würden und er zudem beim Singen der dritten Strophe des Deutschlandlieds nicht die Bilder aus der Nazizeit ausblenden könne.

Abgesehen von solchen Initiativen ist die Sache heute wohltuend klar. Die Hymnenqualifikation der dritten Strophe des Deutschlandliedes mit der Haydn-Vertonung ergibt sich einerseits aus einem Briefwechsel zwischen Bundespräsident Heuss und Bundeskanzler Adenauer aus dem Jahr 1952 sowie nach der Wiedervereinigung aus einer nachfolgenden Korrespondenz zwischen Bundespräsident von Weizsäcker und Bundeskanzler Kohl aus dem Jahr 1991 und andererseits aus einer jahrzehntelangen Staatspraxis. Darüber hinaus ergibt sie sich auch aus einem Beschluss des Bundesverfassungsgerichts vom 7. März 1990, dem zufolge (nur) die dritte Strophe des Deutschlandliedes als staatliches Symbol geschützt ist (Az. 1 BvR 1215/87).

Die Nationalhymne ohne jeden formellen Rechtsakt und ohne jede förmliche Proklamation durch zwei schlichte Briefwechsel festzulegen, ist nach herrschender verfassungsrechtlicher Auffassung möglich. Mir scheint es aber auch ein wenig skurril und ein weiterer Fall eines symbolpolitischen Sonderwegs zu sein, der sich allein durch den Hymnenstreit zweier Verfassungsorganrepräsentanten des Bundes erklären lässt. Eine Proklamation wäre sicher das naheliegende Mittel gewesen, hätte es diesen Streit nicht gegeben.

Was war geschehen? Weil die Unsicherheiten und Verkrampfungen im Umgang mit unserer Hymne auch mit der Art und Weise ihrer Einführung zusammenhängen, lohnt hier ein detaillierter Blick auf die historischen Geschehnisse.

Nach dem Ende des Zweiten Weltkriegs war das Deutschlandlied wegen seiner Verwendung während des Nationalsozialismus diskreditiert und in der amerikanischen Besatzungszone auch verboten. In der öffentlichen Diskussion kam es bis 1949 kaum vor, ebenso wenig wurde die Hymnenfrage an sich diskutiert. Offensichtlich war es ein allzu heikles Thema.

Im Parlamentarischen Rat wurde das Hymnenthema zwar kurz angesprochen, aber nicht weiter verfolgt, sodass man von einer Verankerung im Grundgesetz absah. Von sämtlichen an den Parlamentarischen Rat gerichteten Bürgerzuschriften betrafen nur sieben die Hymnenfrage (Clemens Escher). Im Vergleich dazu waren es etwa vierhundert, die die Flagge thematisierten. Auch die Sitzungen des Parlamentarischen Rates kannten keine Hymne, selbst die zwölfte und letzte Sitzung am 23. Mai 1949 (»Einziger Punkt der Tagesordnung ist: Feststellung der Annahme, Ausfertigung und Verkündigung des Grundgesetzes für die Bundesrepublik Deutschland«) ging ohne eine solche zu Ende.

Dennoch blieb die Hymne fest im allgemeinen Bewusstsein verankert. 1949 war es dann so weit. Die Bevölkerung der gerade gegründeten Bundesrepublik drängte zunehmend auf die Einführung einer Nationalhymne. Man akzeptierte nicht mehr, dass deutsche Repräsentanten und Sportler im internationalen Kontext mit den Klängen anderer Lieder begrüßt wurden. Eine Reaktion, die mir auch aus heutiger Sicht gut nachvollziehbar erscheint, zumal wenn man sich daran erinnert, dass bei internationalen Veranstaltungen als Hymnenersatz auch Lieder gesungen wurden, die es in Sachen Würde und Seriosität mit der durchaus auch üblichen Schiller/Beethoven-Kombination »An die Freude« nicht aufnehmen konnten.

So soll etwa 1949 bei der Siegerehrung des internationalen Steherradrennens in Köln das Karnevalslied »Wir sind die Eingeborenen von Trizonesien« (»Hei-di-tschimmela, tschimmela, tschimmela, tschimmela-bumm!«) gespielt worden sein. Auch wenn dies nicht belegt ist, es sich also auch um eine Legende handeln könnte, wurden dieses Vorkommnis und andere Fälle doch gezielt von Bundeskanzler Adenauer benutzt, um die Notwendigkeit einer Hymne zu untermauern. Am 19. April 1950 kam dieser während einer Pressekonferenz auf die hymnische Verwendung des Karnevalsliedes in seiner Heimatstadt zu sprechen, nicht ohne genüsslich darauf zu verweisen, dass zahlreiche belgische Soldaten aufgestanden seien und salutiert hätten, ganz im Glauben, es handele sich um die Nationalhymne. In anderen Fällen wurde Bundeskanzler Adenauer mit dem Schunkellied »Heidewitzka, Herr Kapitän« oder mit dem Gassenhauer »In München steht ein Hofbräuhaus« (»oans, zwoa, g'suffa!«) begrüßt.

Sosehr sich das Lied »Wir sind die Eingeborenen von Trizonesien« vom Deutschlandlied unterscheidet, so kam doch beiden im Hinblick auf die Besatzungsmächte etwas Aufrührerisches zu. Den belgischen Offizieren scheint aber die subtile Kritik an den Besatzungsmächten, die mit einer weniger subtilen sprachlichen Anlehnung an den Nationalsozialismus einherging, verborgen geblieben zu sein. Im Falle des Singens des Deutschlandlieds sind über die nachfolgend dargestellte Landauer Wahlkampfveranstaltung der CDU vom 9. August 1949 und den Coup Adenauers im »Titania-Palast« hinaus mehrere Fälle bekannt, in denen Soldaten der Besatzungsmächte aus Protest sitzen blieben oder den Saal verließen.

In der Folge machte man sich auf die Suche nach einer Hymne. Besser gesagt, entbrannte in der zweiten Jahreshälfte des Jahres 1949 der erste innerdeutsche Hymnenstreit.

Es war der Mitbegründer der CDU in der Pfalz, Albert Finck, der im August 1949 einen ersten Impuls dazu gab, die dritte Strophe des Deutschlandliedes als Nationalhymne zu etablieren.

In einem »Das Deutschlandlied« überschriebenen Leitartikel der Tageszeitung »Die Rheinpfalz« vom 9. August 1949, der sich in seiner Abstraktheit deutlich von den benachbart abgedruckten Beiträgen mit den Überschriften »Lebendiger Baumarkt in Rheinland-Pfalz« und »Ackerflächen noch immer verschwunden« abhob, beklagte er, dass sich der Parlamentarische Rat, dem er selbst angehört hatte, abschließend lediglich mit der Bundesflagge, nicht aber mit einer Hymne beschäftigt habe. In Anknüpfung an die in der Weimarer Republik begründete Tradition des Deutschlandlieds plädierte er für die dritte Strophe als provisorisches Bundeslied. Dieses sei nicht nur aus praktischen Gründen nötig, etwa weil Hymnen international üblich seien und die deutsche Seite nicht mit einem »betretenen Schweigen« aufwarten könne. Ein »deutsches Bundeslied« sei vielmehr auch deshalb nötig, weil »jetzt die materielle und ideelle Grundlage für ein neues Vaterland« gelegt würde. Jedes Volk habe das Bedürfnis, den Idealen, auf denen sein politisches Dasein beruhen solle, in »feierlichem Gemeinschaftsgesang« Ausdruck zu verleihen. Weil es nicht nur bei diesem theoretischen Ansatz blieb, sondern Finck diesen sogleich in genialer Weise um eine gekonnte politische Aktion ergänzte, sollte er letztlich Erfolg haben.

Gegen Ende der am selben Tag in der Landauer Festhalle stattfindenden Wahlkampfveranstaltung, zu der nur wenige Tage vor der ersten Bundestagswahl auch Konrad Adenauer als Präsident des Parlamentarischen Rates und CDU-Vorsitzender der britischen Zone eingeladen war, forderte Finck unter Beifallsstürmen und zahlreich vergossenen Tränen die rund 3000 Teilnehmer auf, »unsere Nationalhymne« zu singen, woraufhin »Einigkeit und Recht und Freiheit« angestimmt wurde. Als Reaktion verließen französische Besatzungsoffiziere die Halle unter Protest.

Die Presse griff diese spontan wirkende, in Wahrheit aber gut vorbereitete Initiative überregional auf. Es spricht vieles dafür, dass sie auch einigen Eindruck auf Adenauer gemacht hat und sie sogar ein konkreter Auslöser seiner nachfolgend noch näher darzustellenden Aktion im Berliner »Titania-Palast« gewesen sein könnte. Beeindruckt zeigte sich auch der junge Oberprimaner Helmut Kohl, der in seinen »Erinnerungen« davon berichtet, für die von dem Bruder seines politischen Ziehvaters Johannes Finck organisierte Landauer Veranstaltung Werbung gemacht zu haben und auch selbst in der Festhalle gewesen zu sein. Welche Bedeutung dieser Akt für ihn hatte, beschreibt er mit den Worten: »Das waren nicht etwa Nationalisten und Chauvinisten, sondern Patrioten. Dabei gewesen zu sein gehört für mich zu den wichtigsten Erlebnissen.«

Überhaupt hatte die Pfalz einen großen Einfluss auf die Symbolik des deutschen Republikanismus. Einerseits mit der zum Hambacher Fest als wichtigem Inkubator für Schwarz-Rot-Gold führenden Kultur des liberalen Bürgertums, anderseits mit der Fernwirkung dieser frühen Hymneninitiative von Albert Finck.

Zwar hatte sich der Deutsche Bundestag am 7. September 1949 noch ohne Hymnenklänge konstituiert. Es war die SPD, die einer Hymne auf keinen Fall zustimmen wollte und ihre Haltung sogar mit der Androhung eines Auszugs aus dem Plenarsaal unterstrichen hatte. Die Gründe für diese Haltung hat rückblickend in der 10. Sitzung vom 29. September 1949 kein Geringerer als Carlo Schmid prägnant zusammengefasst: »Wir wollen kein Lied zur Nationalhymne haben, das dadurch entehrt worden ist, daß dieses Volk es zwölf Jahre lang zur ersten Strophe des Horst-Wessel-Liedes degradiert hat!« Jeder, der 1949 die erste Strophe des Deutschlandliedes im Ohr hatte, musste unweigerlich daran denken, dass diese im Nationalsozialismus lediglich im Marschrhythmus und als Ouvertüre des »Horst-Wessel-Liedes« gesungen wurde. Auf diese entstellende Kombination werde ich noch eingehen.

Am 7. September 1949 wurde aber auch ein von zwölf weiteren konservativen Mitgliedern des Hauses unterstützter Antrag des parteilosen Abgeordneten (und katholischen Geistlichen) Franz Ott eingebracht, mit dem die Bundesregierung zu dem Betreff »Bundeshymne« ersucht wurde, dem Deutschen Bundestag den »Entwurf eines Gesetzes zur Anerkennung des ›Deutschlandliedes‹ in seiner ursprünglichen unveränderten Form als Bundeshymne vorzulegen. Der Text von Heinrich Hoffmann von Fallersleben ist nicht überheblich und will nicht ein anderes Volk oder einen anderen Staat als zweitrangig degradieren, sondern entspringt einem natürlichen selbstverständlichen Volksbewußsein«.

Diese Initiative wurde weder von der Bundesregierung, noch vom Deutschen Bundestag weiter verfolgt, sondern nach seiner Überweisung in den Ausschuss für Rechts- und Verfassungswesen dort endgültig versenkt.

Die Öffentlichkeit allerdings blieb aufmerksam, zumal die DDR vorgemacht hatte, wie es geht. Dort hatte der Ministerrat am 5. November 1949 beschlossen, die Becher'sche Hymne »Auferstanden aus Ruinen« mit der Melodie von Hanns Eisler zur »Deutschen Nationalhymne« zu erheben. Am 8. Februar 1950 folgte dann der Beschluss der Provisorischen Volkskammer, mit dem diese zur Nationalhymne der DDR erklärt wurde.

Außerdem kam es ab Mai 1950 hin und wieder vor, dass bei Siegerehrungen internationaler Sportwettbewerbe statt geplanter Fanfarenstöße oder anderer Melodien das Deutschlandlied gesungen wurde. Gleiches geschah auf Volksfesten und studentischen Veranstaltungen, manchmal erklang auch nur dessen erste Strophe. Während dies im Ausland mitunter als Irrtum kaschiert wurde, begann im Inland eine intensive Debatte.

Die Berichterstattung unterstrich zwar vor allem die deutlichen Vorbehalte gegenüber dem Deutschlandlied, ließ aber auch dessen Befürworter zu Wort kommen. Besonders ausführlich wurde die Kontroverse in der »Süddeutschen Zeitung« vom 12. November 1949 wiedergegeben, wobei der Blickwinkel dieses Beitrags ein bayerisch dominierter blieb. Zum Deutschlandlied bekannten sich damals der erste CSU-Generalsekretär Franz Josef Strauß, der allerdings darauf hinwies, dass man »vorerst noch etwas vorsichtig sein [müsse], da man noch immer das Gefühl habe, es müsse in unmittelbarer Folge das ›Horst-Wessel-Lied‹ erklingen«, sowie der Bundesminister für gesamtdeutsche Fragen Jakob Kaiser, der sich für die dritte Strophe stark machte.

Die Wiedereinführung des Deutschlandliedes war alles andere als eine bloße Formalität. Die Gegner forderten, eine neue Hymne in Auftrag zu geben, und auch die Bevölkerung beteiligte sich mit unzähligen Textvorschlägen, die in Waschkörben beim Bundespräsidialamt, Bundeskanzleramt, dem Parlamentarischen Rat und dem Deutschen Bundestag sowie im Innenministerium eingingen. Zu diesem etwa 2000 Einsendungen zählenden Hymnenschatz gehörten allerdings auch zahlreiche Umdichtungen des Deutschlandlieds.

Einen über Jahre hinweg hartnäckigen Widersacher hatte das Deutschlandlied ausgerechnet in der Person des ersten Bundespräsidenten. Theodor Heuss wollte partout keine der drei Strophen und wusste sich hier in einem klaren Widerspruch zu Bundeskanzler Adenauer. Weil dieser Streit unterschiedliche Ebenen hatte, war eine Lösung nur schwer zu erreichen. Einerseits gab es die Sachebene, in welcher beide in der Hymnenfrage verschiedener Auffassung waren. Andererseits gab es die Machtebene, bei der es um die Kompetenz zur Festlegung der Statussymbole ging. Und drittens war darüber hinaus gehend zu diesem frühen Zeitpunkt der Republik auch das protokollarische Rangverhältnis zwischen beiden Verfassungsorganen noch nicht hinreichend geklärt.

Was die Zuständigkeit angeht, einigte man sich am Ende auf einer Linie, die in einem Gutachten des berühmten Bonner Staatsrechtslehrers Richard Thoma, einem der angesehensten Verfassungsjuristen der Weimarer Republik und der jungen Bundesrepublik, angelegt war und die auch heute noch gilt. Danach liegt die sogenannte »Verbandskompetenz« für die Schaffung und auch Änderung von Staatssymbolen der Bundesrepublik beim Bund, nicht bei den Ländern. Von den Verfassungsorganen des Bundes ist nach überwiegender Meinung des juristischen Schrifttums der Bundespräsident zuständig, jedenfalls solange das Grundgesetz keine Regelung enthält und der Deutsche Bundestag nicht seinerseits die Entscheidung durch Verabschiedung eines verfassungsändernden Gesetzes (das dann auch einer Zweidrittel-Zustimmung des Bundesrates bedürfte), eines formellen Gesetzes oder eines schlichten Parlamentsbeschlusses an sich zieht.

Da sich der Deutsche Bundestag der Hymnenfrage nicht angenommen hatte, konnte sich Bundespräsident Heuss für die Proklamation einer Hymne zuständig fühlen. Allerdings nicht im Alleingang, sondern nur im Konsens mit der Bundesregierung, weil er hierfür gemäß Artikel 58 Absatz 1 Grundgesetz einer Gegenzeichnung des Bundeskanzlers bedurfte.

Dies hinderte Adenauer jedoch nicht, einen wesentlichen Impuls für die Einführung des Deutschlandlieds als Nationalhymne zu geben.

Adenauers »Titania«-Coup

Am 18. April 1950 nutzte Konrad Adenauer seinen ersten als Bundeskanzler durchgeführten Berlin-Besuch zu einem staatssymbolischen Coup. Nur dem Anschein nach spontan schloss er seine im Steglitzer Kino »Titania-Palast« gehaltene Rede mit den Worten: »Wenn ich Sie nunmehr, meine Damen und Herren, bitte, die dritte Strophe des Deutschlandliedes zu singen, dann sei uns das ein heiliges Gelöbnis, daß wir ein einiges Volk, ein freies Volk und ein friedliches Volk sein wollen.« Die Zuhörer erhoben sich und sangen begeistert mit. Damit sorgte Adenauer zwar für einen Eklat, der es ohne Weiteres in die internationale Presse schaffte und dazu führte, dass die Repräsentanten der Westmächte ostentativ sitzen blieben, der britische Stadtkommandant Geoffrey Bourne im Hinblick auf den Vorstoß von »very bad taste« sprach und einige Sozialdemokraten den Saal verließen.

Im Ergebnis war es ihm mit diesem eindrucksvollen protokollarischen Akt aber gelungen, langfristig wirkende Fakten zu schaffen. Adenauer wird zuvor kühl kalkuliert haben, dass auf der einen Seite Bundespräsident Heuss und die Vertreter der westlichen Alliierten gegen das Deutschlandlied als Hymne der Bundesrepublik eingestellt waren, er konnte aber darauf zählen, dass die große Mehrheit der Bevölkerung diese Initiative unterstützte.

Heuss empfand den Coup des Bundeskanzlers als das, was er war, nämlich eine aggressive Kompetenzüberschreitung zu seinen Lasten. Am 8. Mai 1950 trafen sich beide zu einem klärenden Gespräch, in dessen Verlauf der Bundeskanzler eine wohl nicht ganz mit der Wahrheit in Einklang zu bringende Version der Geschehnisse präsentierte. So habe er das Deutschlandlied nur angestimmt, um dem SPD-Oberbürgermeister Ernst Reuter damit zuvorzukommen. Mit dieser kleinen Notlüge wurde die Sache fürs Erste bereinigt. Allerdings ließ es sich Heuss nicht nehmen, ausdrücklich zu erwidern, dass er »von den Vorgängen im Titania-Palast wenig erfreut gewesen und auch keinesfalls gewillt sei, sich in der Frage der Nationalhymne überfahren zu lassen«.

Geheimoperation »Hymne an Deutschland«

Auf dieser Grundlage machte sich Heuss im Verborgenen daran, als Ersatz für das Deutschlandlied eine neue Hymne zu schaffen. Auch wenn wir den Beginn der Initiative nicht genau kennen, so lag dieser jedenfalls nach der im August 1949 in Landau durchgeführten Hymnenaktion und dem Jahreswechsel. Zu diesem Zeitpunkt lag dem Bundespräsidenten ein mehrfach überarbeiteter Hymnentext von Rudolf Alexander Schröder vor, bei dessen Revisionen sich sowohl das Staatsoberhaupt selbst als auch seine Frau Elly Heuss-Knapp intensiv eingebracht hatten. Dessen drei Strophen sind auf den Begriffen Glaube, Hoffnung und Liebe aufgebaut und nehmen damit ausdrücklich Bezug auf das »Hohelied der Liebe« (1. Korinther 13):

Land des Glaubens, deutsches Land,
Land der Väter und der Erben,
uns im Leben und im Sterben
Haus und Herberg', Trost und Pfand,
sei den Toten zum Gedächtnis,
Den Lebend'gen zum Vermächtnis,
freudig vor der Welt bekannt,
Land des Glaubens, deutsches Land!

Land der Hoffnung, Heimatland,
ob die Wetter, ob die Wogen
über dich hinweggezogen,
ob die Feuer dich verbrannt,

du hast Hände, die da bauen,
du hast Herzen, die vertrauen,
Lieb' und Treue halten stand,
Land der Hoffnung, Heimatland!

Land der Liebe, Vaterland,
heil'ger Grund, auf den sich gründet,
was in Lieb' und Leid verbündet
Herz mit Herzen, Hand mit Hand.
Frei, wie wir dir angehören
und uns dir zu eigen schwören,
schling' um uns dein Friedensband,
Land der Liebe, Vaterland!

Auf Empfehlung von Carl Orff, den er zunächst angefragt hatte, konnte Heuss schließlich den schwäbischen Komponisten und Pianisten Hermann Reutter für die Vertonung gewinnen.

Nach einer im Dezember 1950 für die Bundesregierung durchgeführten Vorpremiere sollte die Hymne für die Bevölkerung erstmalig nach der am 31. Dezember 1950 im Rundfunk übertragenen Neujahrsansprache erklingen.

Angesichts der Vielzahl von Eingeweihten dürfte es nur wenige erstaunt haben, dass die Geheimoperation nicht geheim blieb. Die »Rheinische Post« berichtete am 18. Dezember 1950 ausführlich auf Seite 1 unter der Überschrift »Nationalhymne am Silvesterabend? Geheime Proben und Bandaufnahmen in Köln – ›Land der Liebe, Vaterland‹« über die Planungen. In dem Artikel wird der Eindruck höchster Konspiration durch die Bemerkung erweckt, die Chormitglieder hätten vom Blatt singen müssen, weil die Texte nach den Proben wieder eingezogen worden seien.

Noch am selben Tag ließ das Bundespräsidialamt über das Presse- und Informationsamt der Bundesregierung eine Pressemitteilung veröffentlichen:

Eine Düsseldorfer Zeitung hat die Nachricht verbreitet, der Bundespräsident beabsichtige, anlässlich seiner Sylvesteransprache eine neue Nationalhymne für die Bundesrepublik anzuordnen. Dazu wird festgestellt, dass dies nicht den Tatsachen entspricht. Vielmehr ist der Bundespräsident der Auffassung, dass ein Lied erst dann zur Nationalhymne werden kann, wenn es von weiten Volkskreisen freiwillig getragen wird. Richtig ist, dass dem Bundespräsidenten von einem bekannten deutschen Dichter eine »Hymne an Deutschland« gewidmet wurde, die auch inzwischen eine Vertonung gefunden hat. Dieses Lied wird am Schluss der Sylvesteransprache des Bundespräsidenten gespielt werden.

Die neue Hymne war ein Flop erster Güte, mit einiger Wahrscheinlichkeit die größte Niederlage, die Bundespräsident Heuss in seiner Amtszeit einzustecken hatte. Die Schröder/Reutter/Heuss/Knapp-Heuss-Hymne wurde von der Bevölkerung als »Theos Nachtlied« verworfen und von Kurt Schumacher als »schwäbisch-protestantischer Nationalchoral« abgetan. Gottfried Benn prophezeite im Hinblick auf den Vorschlag gar: »Der nächste Schritt wäre dann ein Kaninchenfell als Reichskriegsflagge.«

In kürzester Zeit wurden Umfragen durchgeführt, deren eindeutige Ergebnisse in eine umfassende Zeitungsberichterstattung einflossen. Danach war bei im Einzelnen variierenden Zahlen stets eine Mehrheit von zwischen 45,8 Prozent und 63,5 Prozent für die Beibehaltung des Deutschlandliedes, während sich zwischen 43 Prozent und 60 Prozent gegen die Melodie der »Hymne an Deutschland« aussprachen. Diese hatte eine magere Zustimmungsquote von durchschnittlich etwa 9,4 bis 16 Prozent. Bei den Befürwortern des Deutschlandlieds hat sich allerdings zunächst nur ein kleiner Teil von knapp 12 Prozent für die Einführung der dritten Strophe ausgesprochen. Im September 1951 führte das Institut für

Demoskopie Allensbach eine weitere Umfrage durch, die zu noch eindeutigeren Ergebnissen kam. Danach bekannten sich 73 Prozent der erwachsenen Bevölkerung zum Deutschlandlied, während sich lediglich 9 Prozent dagegen aussprachen. Auf die auszuwählende Strophe angesprochen, waren 41 Prozent für die dritte Strophe, 34 Prozent für die erste, während der Rest entweder das gesamte Lied wollte oder keine Meinung dazu hatte.

Mitten in diese Kontroverse platzte am 10. Juli 1951 die wenig später dementierte Nachricht, dass das Deutschlandlied in Kürze zum ersten Mal seit Kriegsende bei dem »Grazer Leichtathletik-Länderkampf der Frauen-Nationalmannschaften von Deutschland, Oesterreich und Jugoslawien« gespielt werden solle, weil Bundeskanzler und Außenminister Adenauer hierzu die Genehmigung erteilt habe.

Der Streit spitzte sich im Herbst des Jahres zu. Auch die Feier des »Nationalen Gedenktages des deutschen Volkes« am 12. September 1951 verlief ohne Hymne, weil die SPD für den Fall des Absingens des Deutschlandliedes erneut mit einem Auszug gedroht hatte. Gegen diese Haltung protestierte wiederum der Vorsitzende der rechtsgerichteten (und ganz in Schwarz-Weiß-Rot auftretenden) Deutschen Partei Hans Mühlenfeld, der dem Festakt deswegen fernblieb.

Nachdem sich die Delegierten des im Oktober 1951 in Karlsruhe veranstalteten zweiten CDU-Parteitags für die Einführung der dritten Strophe als Nationalhymne ausgesprochen hatten, veröffentlichte die Bundesregierung in ihrem Bulletin eine Erklärung, dass mit dieser von der CDU, der FDP und der DP getragenen Forderung »eine Initiative ihren vorläufigen Abschluß gefunden habe, die von Dr. Adenauer seinerzeit in Berlin ergriffen« worden sei. Im Übrigen berief sich die Regierung auf das eindeutige Meinungsbild bei der Allensbach-Umfrage. Doch damit nicht genug, wird in alarmierenden Worten, die allerdings über das Ziel hinausschießen, die dringende Notwendigkeit der Festlegung einer Hymne untermauert. Der Mangel derselben bedrohe nämlich nichts weniger als die »Wiederaufbaupolitik und gefährde sogar den geschichtlichen Zusammenhalt des deutschen Volkes«.

Auch wenn somit alles versucht wurde, Bundespräsident Heuss zu einer Deklaration der dritten Strophe zu bewegen, verweigerte sich dieser weiterhin und ließ die Presse wissen, »daß er nicht die Absicht habe, in nächster Zeit die ihm allein zustehende Entscheidung über eine deutsche Nationalhymne herbeizuführen«. Die Deutsche Partei befürwortete die Einführung des Deutschlandlieds mit allen Strophen. Auch beim dritten ordentlichen FDP-Bundesparteitag in München wurden im September 1951 alle drei Strophen gesungen, wobei allerdings der Vorsitzende und Vizekanzler Franz Blücher und der bayerische Landesvorsitzende Thomas Dehler erst bei der dritten Strophe einsetzten, was in der Berichterstattung überwiegend missbilligt wurde.

Trotz einer regelrechten Pressekampagne blieb Heuss stur, was die Schweizer Zeitung »Die Tat« am 11. November 1951 mit den schönen Worten »Aber der alte Heuß streikt« kommentierte. Die Lage änderte sich erst nach den im Februar 1952 in Oslo ausgetragenen VI. Olympischen Winterspielen. Bei der Siegerehrung waren dort für die westdeutschen Teilnehmer (eine DDR-Mannschaft gab es damals noch nicht) die Klänge der Schiller/Beethoven-Hymne »An die Freude« erklungen, weil sich der Bundespräsident dem Ersuchen der Bundesregierung weiterhin verschlossen hatte, die Hymnenfrage noch vor den Spielen zu klären. Dabei hatte ihn wohl auch die naheliegende Sorge geleitet, dass die Klänge des Deutschlandlieds knapp sieben Jahre nach Kriegsende ungute Erinnerungen in Norwegen hervorrufen könnten. Wie auch der Berichterstattung zu entnehmen ist, wurde jedoch der Rückgriff auf den vierten Satz von Beethovens neunter Sinfonie in weiten Teilen der westdeutschen Bevölkerung als Verlegenheitslösung angesehen.

Die Hymnenfestlegung durch Briefwechsel

Erst im Frühjahr 1952 sah der Bundespräsident ein, dass sein Hymnenvorschlag weder bei der Bevölkerung noch bei den Vertretern der Bundesregierung den Hauch einer Chance hatte und somit an der Reaktivierung des Deutschlandlieds kein Weg vorbeiführte. Im Mai 1952 stimmte er endlich dem Vorschlag der Bundesregierung zu, das Deutschlandlied zur Nationalhymne zu erklären, bei offiziellen Anlässen aber nur die dritte Strophe zu singen.

Für diese mehr oder minder gesichtswahrende Lösung des Hymnenstreits war ein sich über mehrere Tage hinziehender, detaillierter Schriftwechsel erforderlich. Weil sie ein zu offensichtliches Testat seiner Niederlage gewesen wäre, lehnte Heuss eine förmliche Proklamation der Hymne strikt ab. Eine zwischen ihm und dem Bundeskanzler geführte Korrespondenz hatte zudem den Vorteil, dass sie die in der Sache ja fortbestehenden Bedenken des Bundespräsidenten in einer Weise zum Ausdruck bringen konnte, die ihm im Falle einer förmlichen Veröffentlichung versagt geblieben wäre.

Heuss musste sich auch in einem weiteren Punkt geschlagen geben. Ursprünglich hatte er lediglich die dritte Strophe zur Nationalhymne erklären wollen, aber auch hier konnte er sich nicht gegen den Willen der Bundesregierung durchsetzen. Nach deren Willen sollte das ganze Lied Hymne bleiben, weil man nicht einzelne Strophen herausnehmen könne.

Als Ergebnis dieser bis ins Detail abgesprochenen Aktion sandte der Bundeskanzler dem Bundespräsidenten am 29. April 1952 ein erneutes briefliches Ersuchen um Anerkennung des Deutschlandlieds als Nationalhymne, das dieser mit Schreiben vom 2. Mai beantwortete.

Zunächst das Schreiben des Bundeskanzlers vom 29. April 1952:

Sehr geehrter Herr Bundespräsident!

Die Frage einer »National-Hymne« ist in den vergangenen zwei Jahren wiederholt zwischen uns besprochen worden.

Ich achtete, wenn auch mit Zweifel an dem Gelingen, Ihren Versuch, durch einen neuen Text und durch eine neue Melodie über die unliebsamen Zwischenfälle hinwegzukommen, die bei der Wiedergabe oder bei dem Absingen des »Deutschland-Liedes« sich ereignet haben; es sollte vermieden bleiben, hier einen neuen Streit in unser Volk zu tragen.

Sie haben mir selber gelegentlich zum Ausdruck gebracht, daß Sie das Bemühen als gescheitert betrachten müssen. Die Gründe mögen jetzt unerörtert bleiben. Als das Kabinett Sie vor Monaten durch mich bitten ließ, sich für die dritte Strophe des »Deutschland-Liedes« zu entscheiden, gab ich zu, daß Ihre damalige Gegenargumentation eine innere Berechtigung besaß.

Inzwischen ist nun die Frage dringend geworden, und ich muß den Wunsch der Bundesregierung darum pflichtgemäß wiederholen. Sie wissen selber um die Lage, in der bei amtlichen Veranstaltungen unsere ausländischen Vertretungen sich befinden. Ich will in diesem Augenblick die innerdeutschen Gefühlsmomente, deren Gewicht von uns beiden gleich hoch gewertet wird, gar nicht in Anschlag bringen. Es ist wesentlich der außenpolitische Realismus, der uns, Ihnen wie mir, nahelegen muß, die Entscheidung nicht weiter hinauszuzögern; ich möchte auch hoffen dürfen und glaube, dazu Grund zu haben, daß die innenpolitischen Vorbehalte, die sich auf den Mißbrauch des »Deutschland-Liedes« durch die Vernichter des alten Deutschland beziehen, an Schärfe verloren haben – war es doch der Reichspräsident Friedrich Ebert, der das »Deutschland-Lied« durch eine staatsmännische Entscheidung zur Nationalhymne erklärte.

Daher die erneute Bitte der Bundesregierung, das Hoffmann-Haydn'sche Lied als Nationalhymne anzuerkennen. Bei staatlichen Veranstaltungen soll die dritte Strophe gesungen werden.

Mit freundlichen Grüßen

Ihr
gez. Adenauer.

Adenauer bietet seinem Adressaten einen möglichst gefälligen Einstieg in die Lektüre, ohne allerdings einen Hinweis darauf zu unterlassen, dass er das Scheitern des Hymnenprojektes von Anfang an prophezeit habe. Nach Auftragen dieser Salbe betont er, dass es ja der Bundespräsident selbst gewesen sei, der dieses Scheitern festgestellt habe. Auch wenn man sich jetzt nicht mit einer Analyse der hierfür maßgeblichen Gründe aufhalten wolle, sondern der Blick nach vorne zu richten sei, müsse doch noch ein kleiner Rückblick dergestalt erlaubt sein, dass die Bundesregierung ja bereits vor Monaten um eine Festlegung der dritten Strophe als Nationalhymne gebeten habe und dass diese aber nicht erfolgt sei, weil der Bundespräsident – immerhin – Gegenargumente hatte, die eine (allerdings nur »innere«) Berechtigung besaßen.

Hätte Adenauer es deutlicher formulieren wollen, hätte er auch schreiben können: »Immerhin können Sie Ihre monatelange Verzögerungstaktik, die eigentlich dem völlig untauglichen Versuch der Einführung einer neuen Hymne geschuldet war, auch auf ein paar Argumente stützen, die allerdings nur für Sie Geltung beanspruchen dürften.« Im Folgenden stützt sich der Bundeskanzler auf einen »außenpolitischen Realismus«, der keine weitere Verzögerung mehr dulde. Gegen die im nationalsozialistischen Missbrauch gründenden »innenpolitischen Vorbehalte« bringt er geschickt den Staatsmann Friedrich Ebert in Stellung, bevor er in einer eine gewisse Vertrautheit voraussetzenden Knappheit die Bitte der Bundesregierung wiederholt, das hier ohne seinen Titel genannte »Hoffmann-Haydn'sche Lied« als Nationalhymne anzuerkennen.

Für die zentrale Beschränkung auf die dritte Strophe steht dann noch ein letzter Satz zur Verfügung, der allerdings ebenso knapp wie undeutlich ausfällt. Er ist wohl am ehesten dahin gehend zu verstehen, dass das gesamte Lied Nationalhymne sein solle, man sich aber in den Fällen der staatlichen Repräsentation, in denen ein Gesang der Hymne vorgesehen sei, auf die dritte Strophe beschränken solle. Gleiches dürfte auch für den ausdrücklich nicht erwähnten zwischenstaatlichen Bereich gelten. Ferner besteht kein Anlass zu der Vermutung, dass instrumentale Interpretationen nicht mehr möglich sein sollten, doch blieb Adenauer mit dem Verb »sollen« in diesem Punkt etwas unverbindlich.

Der Bundespräsident antwortete mit Schreiben vom 2. Mai 1952:

Sehr geehrter Herr Bundeskanzler!

Sie haben recht: ich wollte vermieden wissen, daß in öffentlichen Veranstaltungen mit einem vaterländischen Akzent, gleichviel wie ihre Ausdehnung oder wie ihr Rang sei, ein Mißklang ertöne, weil sehr, sehr viele Menschen unseres Volkes Haydns große Melodie nur ›eben‹ als Vorspann zu dem »dichterisch« und musikalisch, minderwertigen Horst-Wessel-Lied im Gedächtnis haben, dessen banale Melodie den Marsch-Takt in ein Volksverderben abgab.

Doch das ist es nicht allein. Als mich die Frage nach einer Nationalhymne bewegte – und das liegt innerlich längst vor meiner Wahl zum Bundespräsidenten – glaubte ich, daß der tiefe Einschnitt in unserer Volks- und Staatengeschichte einer neuen Symbolgebung bedürftig sei, damit wir vor der geschichtlichen Tragik unseres Schick-

sals mit zugleich reinem und freiem Herzen, in klarer Nüchternheit des Erkennens der Lage bestehen werden. Ich weiß heute, daß ich mich täuschte. Ich habe den Traditionalismus und sein Beharrungsbedürfnis unterschätzt. Man hat mir wegen meines Planes manche herzhafte Zustimmung gegeben, und zwar aus schier allen heute wesentlichen politischen Gruppen, man hat mich bewegend, entrüstet, töricht, banal in zahllosen Briefen, Telegrammen, Resolutionen belehrt, daß man in der Not die Vergangenheit nicht verleugne usf. usf. Wenn mich jemand über geschichtliches Würdegefühl belehren wollte, habe ich das kühl auf die Seite geschoben. Denn ich bin stolz und selbstbewußt genug, zu meinen, daß einige meiner in der Vergangenheit liegenden literarischen und wissenschaftlichen Arbeiten der deutschen Würde bekömmlicher waren als die Leistung mancher »prominenter« Protestler von heute, die besser schweigen.

Da ich kein Freund von pathetischen Dramatisierungen bin und mit mir selber im reinen bleiben will, muß ich nach meiner Natur auf eine »feierliche Proklamation« verzichten. Wenn ich also der Bitte der Bundesregierung nachkomme, so geschieht das in der Anerkennung des Tatbestandes.

Ich möchte daran zwei Erwartungen und Wünsche knüpfen. In den letzten Jahren habe ich, zum Teil durch recht prominente Mitglieder aus den Reihen der CDU, der FDP, der SPD Versicherungen erhalten, wie richtig, wie falsch das sei, was ich versucht habe – es wäre ein Glück, wenn nun das Kapitel der Parteiauffassungen abgeschlossen wäre, das auch in einigen Landtagen abgehandelt wurde. Zum anderen: Man hatte mir nahegelegt, bei der Freigabe von Helgoland den erwarteten Akt der »Proklamation« zu vollziehen, weil bekanntlich auf dieser Insel Hoffmann seine Verse gedichtet hat. Das ist nun so: Hoffmann von Fallersleben war ein Schwarz-

Rot-Goldener, sogar leicht verärgert, daß nach 1870 sein Gedicht gar nicht in Aufnahme kam. Ich würde sehr froh sein, wenn alle, die sich jetzt in Briefen und Entschließungen und Artikeln so lebhaft zu ihm bekannt haben, auch die Folgerungen daraus weiter ziehen, und es wäre verdienstlich, Herr Bundeskanzler, wenn die Bundesregierung mit dafür sorgen könnte, daß diese Farben bei festlichen Anlässen, da man die Worte von Hoffmann von Fallersleben singen will und singen wird, nicht bloß an den Amtsgebäuden wehen, sondern von den Mitgliedern der Gruppen, die sich dafür in Beschlüssen erklärt haben, als das Symbol unseres Staates auch öffentlich bekannt würden.

Mit guten Grüßen

Ihr
gez. Theodor Heuss.

Das schon seinem ersten Eindruck nach etwas zu lang geratene Antwortschreiben offenbart einen in der Niederlage begründeten Drang nach Erläuterung und Rechtfertigung, mit dem sich der Verfasser weit von dem für Staatsoberhäupter angemessenen britisch-elisabethanischen Stoizismus (»never complain, never explain«) entfernt. Anders als die vorherigen Absätze ist der dritte Absatz jedoch alles andere als langatmig. Mit einer geradezu überraschenden Knappheit wird hier mit der »feierlichen Proklamation« schnell ein zentraler inhaltlicher Aspekt verworfen. In seinem letzten Absatz, der mit dreiundzwanzig Zeilen am längsten gerät, überrascht er mit einem flammenden Plädoyer für ein schwarz-rot-goldenes Bekenntnis. Das »Ja« zur neuen, alten Hymne sollte mit einem entschiedenen und unauflöslichen »Ja« zu Schwarz-Rot-Gold und damit einer ebenso klaren Absage an »Schwarz-Weiß-Rot« verbunden sein.

Die Bundesregierung veröffentlichte beide Schreiben am 6. Mai 1952 in ihrem Bulletin, wobei ausdrücklich darauf verwiesen wurde, dass es sich um eine »offizielle Anerkennung eines Tatbestandes, der immer wieder offensichtlich in Erscheinung getreten ist«, durch einen »schlichten Briefwechsel« handele. Im Hinblick auf die Entscheidung des Bundespräsidenten heißt es weiter: »Deshalb ist auch zu hoffen, daß die Entscheidung des Bundespräsidenten keine öffentliche Kritik erfährt. Niemand wird die Bedenken gering achten, die Professor Heuss selbst und andere führende Persönlichkeiten dieser Entscheidung gegenüber hegen. Diese Bedenken haben jedoch nicht die Stimme des Volkes übertönen können.«

Reaktionen auf den Briefwechsel

Zahlreiche Zeitungen druckten die Briefe ab, wobei die Länge der Heuss'schen Antwort allerdings dazu führte, dass nicht alle Interpretationshilfen des Staatsoberhauptes den Leser erreichten.

Die mediale Rezeption des Briefwechsels war entsprechend der öffentlichen Meinung überwiegend zustimmend, offenbarte aber auch einigen Widerspruch. Der »Sozialdemokratische Pressedienst« verlautbarte, dass die SPD die Entscheidung des Bundespräsidenten »zur Kenntnis genommen« habe.

Besonders kritisch reagierte die ausländische Presse. So titelte die Londoner »Daily Herald« am 6. Mai 1952 »Germany above all is national anthem again. [...] West German President Theodor Heuss today proclaimed ›Deutschland, Deutschland Uber Alles‹ – the song to which Germany has marched in two World Wars – as the new West German national anthem.« »Le Monde« titelte in ähnlicher Weise: »Le ›DEUTSCHLAND UBER ALLES‹ EST RÉTABLI comme hymne national«, während die Zeitung »Matin« das »Schlimmste« befürchtet, weil »die Deutschen so schnell wie möglich ihre weltpolitischen

Ambitionen mit dem patriotischen Gehalt ihrer Hymne in Einklang bringen werden«. Während der belgische »Soir« von einem Sieg der Restauration schrieb, brachten auch die norwegischen Zeitungen »Morgenbladet« und »Arbeiderbladet« ihre Kritik klar zum Ausdruck. Die Wahl der Hymne sei eine »Herausforderung« und verrate nicht den Willen zur Zusammenarbeit. Für die, die ihre Hoffnung auf ein neues, demokratischeres und weniger nationalistisches Deutschland gesetzt hätten, sei der Tag eine Enttäuschung. »Die Deutschen lassen ihre Freunde im Stich.« Der Vollständigkeit halber sei schließlich die erwartungsgemäß eindeutige Überschrift der Ost-Berliner Zeitung »Neues Deutschland« zitiert: »Chauvinistisches Kriegsgegröhl aus Bonn.«

Der amerikanische Hohe Kommissar John Jay McCloy ließ sich zwar mit den Worten »ich liebe dieses Lied nicht, aber entscheidend ist nicht, was die Völker singen, sondern wie sie handeln« zitieren. Im Übrigen verwies er aber darauf, dass es sich bei der Hymnenfrage um eine rein deutsche Angelegenheit handele.

Am 5. Oktober 1952 bot dann der Fußball mit dem ersten Länderspiel zwischen Deutschland und Frankreich die Chance zu einer viel beachteten Aufführung der neuen Nationalhymne. Auf Bitten der Gastgeber und wohl auch aus Angst vor Ausschreitungen wurde dann aber doch darauf verzichtet, das Deutschlandlied im Pariser *Stade Olympique* zu spielen. Kein gutes Omen für die als »schwarzer Tag von Paris« in die Fußballgeschichte eingegangene Begegnung, die Frankreich mit 3:1 für sich entschied. Allerdings war diese Niederlage auch der Auftakt zu einer unglaublichen Siegessträhne, bei der die deutsche Mannschaft in zehn Spielen unbesiegt blieb.

Später wurde bei internationalen Sportwettkämpfen vor allem auch dann auf die Hymne verzichtet, wenn Sportler aus beiden Teilen Deutschland antraten, etwa 1956 bei der Ruder-Europameisterschaft im jugoslawischen Bled.

Strophenunsicherheiten

Der Hymnenstreit zwischen Heuss und Adenauer und ihr Briefwechsel wirken in gewisser Weise bis heute fort. Denn zum einen wurde die Entscheidung für eine formlose Anerkennung der Hymne auch in den späteren Jahrzehnten nicht grundlegend revidiert. Zum anderen waren die in der Korrespondenz angelegten Unklarheiten ein ideales Einfallstor für viele juristische und politische Hymnenstreitigkeiten.

Es liegt schließlich kein geringer Widerspruch darin, ein ganzes Lied als Hymne anzuerkennen, gleichzeitig aber festzulegen, dass bei offiziellen Anlässen nur eine Strophe desselben gesungen werden soll. Ihrer Natur nach leben Hymnen von ihrer konsequenten Aufführung im Bereich der staatlichen Repräsentation. Nationalhymnen, die höchstens noch im privaten Kontext gesungen werden könnten, verlieren ihre Eigenschaft als Staatssymbol. Allerdings leben auch andere Länder mit dieser Widersprüchlichkeit. In den Niederlanden wird etwa normalerweise nur die erste Strophe des »Het Wilhelmus« gesungen, bei feierlichen Anlässen auch die sechste.

Was die Hymnenstreitigkeiten in der Bundesrepublik angeht, ging es im Kern einerseits um die Frage, ob das in einem Briefwechsel zum Ausdruck kommende und lediglich im »Bulletin der Bundesregierung« publizierte Einvernehmen des Bundespräsidenten und des Bundeskanzlers ausreichend sei, um die Bundeshymne verbindlich festzulegen. Andererseits wurde bis zu dem bereits erwähnten Beschluss des Bundesverfassungsgerichts vom 7. März 1990 darüber gestritten, ob das dreistrophige Deutschlandlied die als Staatssymbol auch strafrechtlich besonders geschützte Nationalhymne sei oder lediglich dessen letzte Strophe. Abgesehen davon wurde über die Reichweite der Formulierung »bei staatlichen Veranstaltungen soll die dritte Strophe gesungen werden« gestritten.

Stattdessen wurde immer wieder gefordert, alle Strophen oder aber nur die erste zu singen.

Aus heutiger Sicht mutet es unvorstellbar an, dass noch Jahrzehnte nach Gründung der Bundesrepublik bei offiziellen Akten staatlicher Repräsentation die erste Strophe gesungen wurde. So etwa bei der am 17. Juni 1962 im Bonner Bundeshaus durchgeführten Feierstunde zum Tag der Deutschen Einheit. Nachdem sich der evangelische Theologe Helmut Thielicke mit der »Liebe zu etwas, was man Vaterland nenne« auseinandergesetzt hatte und mit den Worten »wer ein gebrochenes Verhältnis zu Symbolen hat – und die Nationalhymne ist ein solches Symbol –, der hat auch ein gebrochenes Verhältnis zu der Sache, die das Symbol darstellt« auf die Bedeutung staatlicher Symbolik eingegangen war, sang das Auditorium die erste und die dritte Strophe – allerdings gleichzeitig!

Bis 1990 wiesen Vertreter der Bundesregierung und andere staatliche Repräsentanten des Bundes und der Länder immer wieder darauf hin, dass die Nationalhymne aus allen drei Strophen bestehe. Neben dem damaligen Bundesinnenminister Hermann Höcherl und Erich Mende sind hier vor allem die Ministerpräsidenten Hans Filbinger, Lothar Späth und Walter Wallmann sowie der baden-württembergische Minister für Kultus und Sport Gerhard Mayer-Vorfelder zu nennen. Allerdings präzisierte Späth mit etwas Verzögerung im Jahre 1988, dass er seine Kinder ohrfeigen würde, wenn sie die erste Strophe sängen.

Nach einer im September 1986 veröffentlichten Umfrage des Instituts für Demoskopie Allensbach sprach sich eine relative Mehrheit von 40 Prozent dafür aus, alle drei Strophen im Schulunterricht zu behandeln. Auch das Gesangbuch der Bundeswehr enthielt noch 1989 alle drei Strophen. Auf dieser Linie lag auch die Bundesregierung, die noch neun Monate nach dem bereits erwähnten Beschluss des Bundesverfassungsgerichts vom 7. März 1990 am 21. Dezember 1990, also ein halbes Jahr vor dem neuerlichen Briefwechsel zwischen

Bundespräsident und Bundeskanzler, auf eine Anfrage des SPD-Bundestagsabgeordneten Uwe Holtz hin erklärte, dass sie keine Veranlassung für eine formelle Feststellung habe, die Nationalhymne zukünftig auf die dritte Strophe des Deutschlandlieds zu beschränken. Zur Begründung berief sie sich hierbei etwas lapidar darauf, dass bei staatlichen Veranstaltungen »ohnehin nur die dritte Strophe gesungen« werde.

Auf der anderen Seite wurde das Deutschlandlied immer wieder massiv angegriffen und verunglimpft. Auch die *Gewerkschaft Erziehung und Wissenschaft* hat sich über Jahrzehnte hinweg als erbitterte Gegnerin des Deutschlandliedes hervorgetan, was seinen Ausdruck unter anderem auch in einer Reihe von Publikationen fand, in denen von einem »furchtbaren Loblied auf die deutsche Nation« die Rede war.

In zunehmendem Maße verzichtete man in der alten Bundesrepublik auf den Gesang und wählte die rein instrumentale Interpretation als glattere, ja »minimalinvasive« Version.

Es war diese Mischung aus einer jahrzehntelangen Streitbefangenheit und einer lediglich zögerlichen Übung seitens des Staates, die zu einer zunächst nur recht bescheidenen Verankerung der Nationalhymne in der Bevölkerung führte. Dies offenbarte auch eine im April 1962 veröffentlichte Umfrage des Instituts für Demoskopie Allensbach, bei der dreizehn Jahre nach Staatsgründung nur 32 Prozent der Befragten die Hymne kannten. Hingegen antworteten 46 Prozent auf die Frage »Könnten Sie sagen, wie die ersten Worte heißen, mit denen unsere Nationalhymne anfängt?« mit »Deutschland, Deutschland über alles«, während mit 20 Prozent jeder Fünfte erklärte, er wüsste es nicht. Denjenigen, die die erste Strophe benannten, ist allerdings zuzugestehen, dass nach damaligem Rechtsverständnis auch diese zur Hymne gehörte.

Ende der Siebzigerjahre sah das Meinungsbild schon anders aus. Bereits zu Beginn dieses Jahrzehnts hatte eine etwas patriotischere Terminologie Einzug in die politische Auseinandersetzung gehalten. Der 1972 von Willy Brandt im Wahlkampf benutzte Slogan »Deutsche, wir können stolz sein auf unser Land« mag hier als besonders eindrucksvolles Beispiel dienen. Ebenso Konrad Adenauer, der seine ab 1965 erschienenen Erinnerungen mit der Widmung »Meinem Vaterland« versah.

Bei einer von der Illustrierten »Quick« in Auftrag gegebenen Umfrage kannten im Frühjahr 1977 41,4 Prozent der Befragten den Text der dritten Strophe des Deutschlandlieds, während immerhin noch jeder Vierte von »Deutschland, Deutschland über alles« ausging. Interessant sind auch die Antworten auf die Frage »Bei welchem Anlaß haben Sie die Nationalhymne zuletzt gehört?«. Eine relative Mehrheit von 40 Prozent gaben an, dass dies bei einer Fernsehübertragung eines Staatsbesuches gewesen sei. Nur 37,5 Prozent hörten die Hymne zuletzt bei einer internationalen Sportveranstaltung. Bei 10,9 Prozent war es eine Rundfunkübertragung beim Sendeschluss und bei 7,5 Prozent bei einer politischen Veranstaltung. In der Schule oder im Fernsehen hatten lediglich 0,4 Prozent der Befragten die Hymne zuletzt gehört.

Allerdings offenbarten die Befragten bei der Frage, ob die Hymne in Deutschland gegenwärtig zu häufig oder zu selten gesungen werde, ein Bild der Uneinigkeit. Für 35,9 Prozent wurde die Nationalhymne in Deutschland zu oft gesungen, für 33,6 Prozent zu selten und 30,2 Prozent fanden die damals praktizierte Häufigkeit genau richtig. Eine größere Einigkeit galt der Frage, ob es wichtig sei, auf die eigene Nation (»also die deutsche Nation«) stolz zu sein. Immerhin 48,8 Prozent hielten dies für sehr wichtig, 29,9 Prozent für weniger wichtig und nur 10,9 Prozent für eher unwichtig sowie 4,7 Prozent für absolut unwichtig.

Einerseits sind die Ergebnisse ein klarer Beweis für die Bedeutung protokollarischer Akte im Bereich der Diplomatie und der staatlichen Repräsentation. Andererseits scheinen die Schule und die Medien in dieser Frage nicht hinreichend relevant zu sein. Um zu sehen, ob sich die Verhältnisse geändert haben, müsste man die Fragen heute erneut stellen.

Aus heutiger Sicht ist es aber auch wichtig zu wissen, wie lange unsere europäischen Partner noch starke Vorbehalte gegenüber dem Deutschlandlied hatten. Zur Illustration sei an eine kleine Begebenheit des internationalen Protokolls erinnert. Als Königin Margrethe II. von Dänemark zusammen mit Bundespräsident Walter Scheel ein Autobahnstück bei Flensburg einweihen sollte, war vereinbart worden, dass der Bundespräsident die deutsche Hymne auf dem deutschen Teilstück alleine anhört, um dann zu Fuß auf die dänische Seite zu gehen. Dort sollte für Ihre Majestät und ihn die dänische Königshymne »Kong Christian stod ved højen mast« erklingen. Mit königlicher Autorität durchkreuzte das dänische Staatsoberhaupt diese wenig reziproken Pläne und ging kurzerhand auf die andere Seite, um ihrem deutschen Amtskollegen bei der Aufführung beizustehen. Beschwingt von diesem zeremoniellen Erfolg, sang der des Singens ja bekanntlich überaus mächtige Bundespräsident die Nationalhymne nur wenige Tage später am 17. Juni 1978 bei der im Fernsehen übertragenen Feierstunde des Deutschen Bundestages zum Tag der Deutschen Einheit vor.

Hymnen im Alltag

Anders als im Falle des im linken Spektrum beliebten Liedgutes, etwa »Die Internationale« und »Venceremos«, gab es in den Siebziger- und Achtzigerjahren im deutschen Plattenhandel kaum Einspielungen der Hymne. Ein Missstand, der die CDU-Bundestagsabgeordneten Wilfried Böhm und Klaus Francke dazu bewegte, das dreistrophige Deutschlandlied 1978 als Schallplatte zu verlegen. Diese erschien in mehreren Auflagen und war rasch vergriffen. Das Cover ist in den Bundesfarben gehalten, weist einen Bundesadler und eine Abbildung des Brandenburger Tors auf. Ferner einen kurzen Einführungstext, der keinen Zweifel an der Motivation lässt: »Man hört es selten – unser Deutschlandlied. Nicht im Rundfunk, nicht im Fernsehen, fast nie im Alltag unserer Bürger. [...] Ich kenne kein anderes Land, das seine Hymne derart mißachtet wie das bei uns geschieht.« Eine Sättigung des Marktes scheint durch diese Initiative jedoch nicht eingetreten zu sein. Jedenfalls meldete sich noch im August 1983 ein Mitarbeiter der bayerischen FDP-Landtagsfraktion im »Münchener Merkur« zu Wort. Er habe vergeblich versucht, das Deutschlandlied in einem Münchner Plattengeschäft zu finden, und sei dabei in einer Weise gemustert worden, »als habe er in einer katholischen Pfarrbücherei nach der ›Josefine Mutzenbacher‹ verlangt«.

Bevor dann 1985 die bereits erwähnte Einstudierung von Hermann Prey erschien, führte eine weitere Platteneinspielung zu einem manifesten Skandal. Als sich Baden-Württembergs Ministerpräsident Hans Filbinger im März 1978 vom Schlagersänger Heino 1000 Schallplatten mit dessen Einspielung des Deutschlandlieds schenken ließ, um sie in den Schulen des Landes zum Einsatz kommen zu lassen, brach ein Sturm der Empörung aus, weil sich der Interpret nicht auf die dritte Strophe beschränkt hatte. Nach heftigen Protesten und einer harschen Kritik in den Medien (»Mit Heino von der Maas bis an die Memel«) wurde die Aktion abgeblasen.

Im Fernsehen wurde die Nationalhymne nur höchst selten übertragen. Dieses damals bestimmende Medium kam in den Siebziger- und Achtzigerjahren mit jährlich vier Hymnen aus, die am 23. Mai (Verfassungstag), am 17. Juni (Tag der Deutschen Einheit), am 20. Juli (Tag des Attentatsversuchs auf Hitler von 1944) und dem Volkstrauertag ausgestrahlt wurden. Im WDR sollte die Hymne 1974 abgeschafft werden, was sich aber nach den einsetzenden Protesten nicht durchhalten ließ. Die Mehrheit der Bevölkerung teilte diese bei den Programmverantwortlichen vorhandene innere Distanz zur Hymne in keiner Weise. Nach einer im Dezember 1983 veröffentlichten Umfrage der Zeitschrift »HörZu« waren sogar 40 Prozent der

Befragten für eine tägliche Ausstrahlung der Hymne im Fernsehen. Ab 1985 wurde die Nationalhymne in der ARD und dem ZDF zum Sendeschluss gespielt. Mit dem zehn Jahre später ausgestorbenen Sendeschluss verschwand auch die Hymne. Bis heute gehalten hat sie sich aber noch im Fernsehprogramm des Bayerischen Rundfunks.

Im westdeutschen Alltag kam die Hymne demnach nur sehr selten vor. Wie aber sollte sie dann richtig gesungen werden? Das fragte sich wohl auch der Parlamentarische Staatssekretär im Bundesministerium für Ernährung, Landwirtschaft und Forsten Wolfgang von Geldern, als er der deutschen Fußballnationalmannschaft im Oktober 1984 25 Schallplatten mit dem Deutschlandlied schenkte, versehen mit der ermutigenden Aufforderung »tüchtig weiterzuüben«.

Wie aggressiv in der Bundesrepublik bis Ende der Achtzigerjahre um die Hymne gestritten wurde, illustrieren schließlich einige exemplarische Fälle. Die »Frankfurter Rundschau« vom 8. November 1985 berichtete darüber, dass der Pfarrer der im Landkreis Coburg gelegenen Gemeinde Rödental während einer Jubiläumsfeier des Jugendorchesters beim Singen des Deutschlandliedes und der Bayernhymne sitzen geblieben sei, woraufhin ihm der CSU-Landtagsabgeordnete Siegfried Möslein zugerufen habe, er sei wohl ein »Behinderter«. Nur wenige Monate später fanden im Juli 1986 im Stuttgarter Landtag regelrechte Schreiduelle und Tumulte statt, weil das von Gerhard Mayer-Vorfelder geführte Kultusministerium angeordnet hatte, dass die Grundschüler des Landes alle drei Strophen des Deutschlandliedes auswendig lernen sollten.

Dabei verstieg sich der Landesminister zu einem absurden Vergleich, als er sagte, dass auch die Franzosen ihre Geschichte aufarbeiteten, »auch ihre Geschichte des Dritten Reiches, die in Frankreich gar nicht viel einfacher war als die Geschichte des Dritten Reichs bei uns. Ich kann sagen, daß in Vichy-Frankreich unter dem Zeichen der französischen Nationalhymne Dinge passiert sind, die aber nie einen Franzosen dazu bringen würden, zu sagen, die Nationalhymne dürfe nicht mehr Nationalhymne sein«. Eine Äußerung, die der französische Politologe und Publizist Alfred Grosser zu Recht »dumm und skandalös« nannte. Ungeachtet dessen waren nach einer im Herbst 1986 vom Institut für Demoskopie Allensbach durchgeführten Umfrage 40 Prozent der Meinung, dass es richtig sei, »die ganze Nationalhymne« in der Schule zu lernen. 30 Prozent fanden dies nicht richtig, weitere 30 Prozent konnten sich keine Meinung dazu bilden.

Zuletzt sei noch an einen West-Berliner Radiokonflikt um die Hymne erinnert, der sich zwischen zwei der privaten Rundfunkanbieter ereignet hat. Da sich der 1987 gegründete, eher konservativ ausgerichtete Hörfunksender »Hundert,6« die Sendefrequenz mit dem links-alternativen Sender »Radio Hundert« teilte, spielte Ersterer zum täglichen Programmende um 19 Uhr die Nationalhymne, während »Radio Hundert« sein Programm mit dem als Antidot gedachten Geräusch einer Klospülung begann.

Mit der Deutschen Einheit stellte sich die Frage nach den Staatssymbolen des vereinten Deutschlands. Allerdings wurde diese nur kurz und nicht sehr intensiv diskutiert, um dann am 3. Oktober 1990 durch die Übernahme der Staatssymbole der Bundesrepublik beantwortet zu werden. Mit dem Beitritt der auf dem Staatsgebiet der DDR neu gebildeten Länder zum Geltungsbereich des Grundgesetzes galt die Nationalhymne der bisherigen Bundesrepublik für das vereinte Deutschland.

Diese Entscheidung hatte schon zuvor eine wichtige symbolische Ankündigung. So stimmten die im Bonner Wasserwerk versammelten Abgeordneten des Deutschen Bundestages am 9. November 1989 auf eine Initiative der Unionsabgeordneten Ernst Hinsken, Heinrich Windelen, Hermann Josef Unland und Franz Sauter hin spontan die Hymne an, nachdem sich die Sensation der Maueröffnung verbreitet hatte. Im Anschluss an die spontan angesetzte Debatte standen fast alle auf und sangen mit, auch wenn es bis zum Wort »streben« des dritten Verses dauerte, bis die zweite Schriftführerin aufgestanden war. Nur eine kleine Handvoll Abgeordnete verließ protestierend den Saal.

Um die historische Bedeutung der Geschehnisse zu würdigen, beendete die amtierende Vizepräsidentin Annemarie Renger um 21.10 Uhr die Sitzung. Der am folgenden Tag mit den Worten Walter Mompers »gestern Nacht war das deutsche Volk das glücklichste Volk auf der Welt« treffend zum Ausdruck gebrachten Freude vermochten sich dann aber doch nicht alle anzuschließen. So verlieh die kurzzeitige Bundesvorstandssprecherin der Grünen Ruth Hammerbacher ihrer Hoffnung Ausdruck, dass das Singen der »bundesdeutschen Nationalhymne eine einmalige Entgleisung war«.

Am nächsten Tag lief es dann weniger glatt. Als am 10. November 1989 bei der berühmten Kundgebung vor dem Schöneberger Rathaus Helmut Kohl, Willy Brandt, Walter Momper, Hans-Dietrich Genscher und der damalige Präsident des Berliner Abgeordnetenhauses Jürgen Wohlrabe nach den Reden zur Hymne ansetzten, klang diese einerseits ziemlich falsch und »schief«, andererseits ging sie in einem ohrenbetäubenden Pfeifkonzert unter.

Im Vorfeld des am 3. Oktober 1990 vollzogenen Beitritts flammte eine kleine, bis zum Sommer 1991 dauernde Hymnendiskussion auf, die jedoch keine großen Wirkungen entfalten konnte. Einerseits gab es Fürsprecher für die DDR-Hymne »Auferstanden aus Ruinen«, die nach einer fünfundzwanzigjährigen Pause ab Anfang 1990 wieder mit Text und Melodie im DDR-Rundfunk ausgestrahlt wurde. Zu diesen gehörte zum Beispiel der letzte Ministerpräsident der DDR Lothar de Maizière. Andererseits besann man sich des nach der Haydn-Melodie singbaren Gedichts »Kinderhymne« von Bertolt Brecht, das dieser in Fortsetzung seiner »Kinderlieder« 1950 als Gegenhymne zum Deutschlandlied gedichtet hatte und mit der schönen Strophe »Anmut sparet nicht noch Mühe, Leidenschaft nicht noch Verstand, daß ein gutes Deutschland blühe, wie ein andres gutes Land« beginnt. Für das Kinderlied traten damals mit Werner Schulz und Antje Vollmer vor allem Bündnis 90/Die Grünen ein.

Schließlich gab es auch den Versuch, den Text des Deutschlandlieds zu »gendern«. So war in einer beim Deutschen Bundestag eingereichten Petition gefordert worden, die »diskriminierende und dem heutigen Demokratieverständnis nicht mehr entsprechende« Hymne zu ändern. So müsste »Vaterland« durch »Heimatland«, »brüderlich durch Herz und Hand« durch »Frau und Mann mit Herz und Hand« und »Einigkeit und Recht und Freiheit« durch »Friede, Gleichheit, Recht und Freiheit« ersetzt werden. Ferner solle es nicht mehr »deutsche Frauen, deutsche Treue« heißen, sondern »deutsche Menschen, deutsche Treue«. Diese auch im Hinblick auf andere Formen der Geschlechtsidentität nicht hinreichenden Änderungsvorschläge fanden im Ergebnis keine Berücksichtigung.

Während sich im Jahr der Wiedervereinigung nach einer ohne weitere Quelle in der »Bonner Rundschau« vom 16. März 1990 wiedergegebenen Umfrage 71 Prozent der Westbevölkerung für die dritte Strophe des Deutschlandlieds aussprachen, waren es im Ostteil lediglich 23 Prozent. 44 Prozent der dortigen Bevölkerung votierten für eine völlig neue Hymne, während 28 Prozent »Freude, schöner Götterfunken« bevorzugt hätten. Sollte dieses Meinungsbild zugetroffen haben, so hat sich die Meinung der Bevölkerung des wiedervereinigten Deutschland jedenfalls schnell geändert. Nach einer im Oktober 1991 für das ZDF durchgeführten Emnid-Umfrage äußerten sich zu diesem Zeitpunkt jedenfalls 77 Prozent der Westbevölkerung und 69 Prozent der Bevölkerung der östlichen Bundesländer positiv über die Bundesflagge und die Bundeshymne. 2009 setzte sich nach einer Umfrage des Instituts für Demoskopie Allensbach nur noch eine sehr kleine Minderheit für die Symbole der vormaligen DDR ein. Während es 61 Prozent der Gesamtbevölkerung nicht richtig gefunden hätten, auch Symbole der DDR zu übernehmen, befürworteten dies lediglich 16 Prozent; im Ostteil des Landes aber immerhin noch 37 Prozent.

Die möglichen Alternativen zum Deutschlandlied hatten auch deshalb keine Chance, weil zumindest in der Hymnenfrage kein Blatt zwischen Bundespräsident Richard von Weizsäcker und Bundeskanzler Helmut Kohl passte. Und so ließ der damalige Bundesminister des Innern Wolfgang Schäuble schon Anfang September 1990 die Presse wissen: »Es bleibt bei der Hymne, bei dem Namen Bundesrepublik Deutschland und bei der Fahne.« Verglichen mit dem langen Streit zwischen Heuss und Adenauer einigten sich beide sehr schnell im Sommer 1991 mittels eines neuerlichen Briefwechsels auf die Präzisierung, dass auf der Grundlage der Korrespondenz ihrer Amtsvorgänger und der jahrzehntealten Staatspraxis lediglich die dritte Strophe die Nationalhymne der Bundesrepublik Deutschland sei.

Der Bundespräsident schrieb am 19. August 1991 an den Bundeskanzler:

Sehr geehrter Herr Bundeskanzler,

die staatliche Einheit der Deutschen wurde rechtlich durch den Einigungsvertrag und den Beitritt der ehemaligen DDR zur Bundesrepublik Deutschland gemäß Artikel 23 des Grundgesetzes vollzogen. Seit dem 3. Oktober 1990 gilt auch die Nationalhymne der bisherigen Bundesrepublik für das vereinte deutsche Volk. Das »Lied der Deutschen«, von Hoffmann von Fallersleben vor hundertfünfzig Jahren in lauteren Gedanken verfaßt, ist seither selbst der deutschen Geschichte ausgesetzt gewesen. Es wurde geachtet und bekämpft, als Zeichen der Zusammengehörigkeit und gemeinsamen Verantwortung verstanden, aber auch in nationalistischer Übersteigerung mißbraucht. Als ein Dokument deutscher Geschichte bildet es in allen seinen Strophen eine Einheit. Aufgrund des Briefwechsels zwischen Bundespräsident Heuss und Bundeskanzler Adenauer vom 29. April/2. Mai 1952 hat sich im Laufe der vergangenen Jahrzehnte die 3. Strophe des Liedes mit der Musik von Haydn als Hymne der Bundesrepublik Deutschland im Bewußtsein der Bevölkerung fest verankert. Gerade in der Zeit der Teilung hat sie den tiefen Wunsch der Deutschen nach Rechtsstaatlichkeit und nach Einheit in Freiheit ausgedrückt. Dieses Ziel haben sich unsere Landsleute in den Bundesländern Mecklenburg-Vorpommern, Brandenburg, Sachsen-Anhalt, Sachsen, Thüringen und im Ostteil von Berlin friedlich errungen. Die 3. Strophe des Hoffmann-Haydn'schen Liedes hat sich als Symbol bewährt. Sie wird im In- und Ausland gespielt, gesungen und geachtet. Sie bringt die Werte verbindlich zum Ausdruck, denen wir uns als Deutsche, als Europäer und als Teil der Völkergemeinschaft verpflichtet fühlen. Die 3. Strophe des Liedes der Deutschen von Hoffmann von Fallersleben mit der Melodie von Joseph Haydn ist die Nationalhymne für das deutsche Volk.

Mit freundlichen Grüßen

Ihr
R. Weizsäcker.

Daraufhin erwiderte der Bundeskanzler unter dem 23. August 1991:

Sehr geehrter Herr Bundespräsident,

»Einigkeit und Recht und Freiheit« – mit diesem Dreiklang gelang es uns, nach 1949 die erfolgreichste rechtsstaatliche Demokratie unserer Geschichte zu gestalten

und den Wunsch nach nationaler Einheit wachzuhalten. Der Wunsch aller Deutschen, die Einheit ihres Vaterlandes in Freiheit zu vollenden, kam im Deutschlandlied besonders eindringlich zum Ausdruck. Heute, nach der Wiedervereinigung Deutschlands, verpflichtet uns auch das Deutschlandlied, für die Menschen in den neuen Bundesländern eine rechtsstaatliche Ordnung zu verwirklichen. Der Wille der Deutschen zur Einheit in freier Selbstbestimmung ist die zentrale Aussage der 3. Strophe des Deutschlandlieds. Deshalb stimme ich Ihnen namens der Bundesregierung zu, daß sie Nationalhymne der Bundesrepublik Deutschland ist.

Mit freundlichen Grüßen

Ihr
Helmut Kohl.

In prozeduraler Hinsicht blieben also beide dem Weg ihrer Vorgänger treu, auch wenn sie in Sachen Rechtsförmlichkeit den Briefwechsel um eine Stufe hoben. Statt einer schlichten Bulletin-Veröffentlichung wurde dieser nun immerhin mittels einer »Bekanntmachung der Briefe des Bundespräsidenten vom 19. August 1991 und des Bundeskanzlers vom 23. August 1991 über die Bestimmung der 3. Strophe des Liedes der Deutschen zur Nationalhymne der Bundesrepublik Deutschland vom 19. November 1991« im Bundesgesetzblatt (BGBl. I S. 2135) veröffentlicht. Allein das wäre Theodor Heuss wahrscheinlich zu viel des Förmlichen gewesen.

Seither dürfte allen klar sein, dass unsere Hymne mit den Worten »Einigkeit und Recht und Freiheit für das deutsche Vaterland!« beginnt, auch wenn es nicht verboten wäre, in einem privaten Kontext die erste Strophe anzustimmen. Diese würde dann als Lied gesungen werden, nicht jedoch als Nationalhymne. So wird es sicher ein Versehen gewesen sein, dass ein CDU-Kreisverband in der Sächsischen Schweiz 2006 eine Einladung zum Tag der Deutschen Einheit versandte, auf der alle drei Strophen des Deutschlandlieds abgedruckt waren.

Nach all diesem Hin und Her ist es kein Wunder, dass sich bei der Bevölkerung so etwas wie eine Textsicherheit nur langsam einstellte. Nach einer im Januar 1996 veröffentlichten Wickert-Umfrage kannten zwar 82 Prozent der Bevölkerung die Melodie unserer Nationalhymne. Den richtigen Liedtext kannten aber nur 25 Prozent. Im Dezember 2002 waren es nach einer vom Institut für Demoskopie Allensbach durchgeführten Umfrage immerhin schon 61 Prozent der gesamtdeutschen Bevölkerung und 67 Prozent in Westdeutschland, während 36 Prozent der Bevölkerung in Ostdeutschland den Beginn der dritten Strophe korrekt wiedergeben konnten. Nur noch 7 Prozent der gesamten Bevölkerung nannten die erste Strophe und nur noch 2 Prozent der ostdeutschen Bevölkerung nannten »Auferstanden aus Ruinen«. Allerdings beantwortete in Ostdeutschland mit 46 Prozent die relative Mehrheit die Frage mit »weiß nicht, keine (konkrete) Angabe«.

Es liegt sicher an den vielen historischen Zäsuren der jüngeren deutschen Geschichte mit ihren verwirrenden Hymnenwechseln, dass für uns im Ausland häufiger falsche Hymnen erklingen. So hört man immer noch die DDR-Hymne oder die erste Strophe. Eine andere Sache ist es, wenn die gute alte Haydn-Melodie in einer Weise gespielt wird, dass man sie gar nicht recht zuordnen kann. Unvergessen sind auch Versprecher im Text, wie etwa Sarah Connors Interpretation aus dem Jahre 2005 (»Brüh im Lichte dieses Glückes…«). Dies geschah allerdings im Inland.

Eine weitergehende Textsicherheit wird sich erst einstellen, wenn wir unsere Hymne mit noch größerer Selbstverständlichkeit und Souveränität dort erklingen lassen, wo dies angemessen und sinnvoll ist. Dies kann in den Bereichen der staatlichen Repräsentation und der Diplomatie ebenso sein wie im Sport oder im Fernsehen und Rundfunk. Auch wenn es in den letzten Jahren der Verfestigung der Berliner Republik eine gewisse Normalisierungstendenz zu beobachten gibt, ist diese Entwicklung noch lange nicht abgeschlossen. So offenbarte für den Bereich des Sports etwa eine im Juli 2012 vom Institut für Demoskopie Allensbach durchgeführte Umfrage, dass 54 Prozent der gesamtdeutschen Bevölkerung es nicht in Ordnung finden, wenn Spieler der deutschen Fußballnationalmannschaft die Hymne nicht mitsingen. In Ostdeutschland waren es sogar 55 Prozent.

Im Lichte dieser Unsicherheiten und Streitigkeiten sowie der Bedeutung der Nationalhymne als zentralem Staatssymbol spricht viel für den Ende 2015 von der CDU unterbreiteten Vorschlag, Artikel 22 Grundgesetz um den Passus »Die Nationalhymne der Bundesrepublik Deutschland ist die dritte Strophe des Liedes der Deutschen mit dem Text von August Heinrich Hoffmann von Fallersleben und der Melodie von Joseph Haydn« zu ergänzen.

Das Deutschlandlied als Vorläufer unserer Hymne

Wie ich gezeigt habe, besteht ein wesentlicher Unterschied zwischen unserer einstrophigen Nationalhymne und dem dreistrophigen Deutschlandlied. Die historischen Grundlagen dieses besonderen Liedes zu kennen, ist besonders wichtig, weil diese zum Teil so kontaminiert sind, dass sie als Altlasten noch bis heute fortwirken.

Die Ursprünge des Deutschlandlieds bis 1918

Das Deutschlandlied wurde am 26. August 1841 von dem damals schon sehr bekannten Lieddichter und Breslauer Professor August Heinrich Hoffmann gedichtet. Von den knapp 3000 Gedichten und Liedern, die Hoffmann, der sich selbst als Reverenz für seinen Herkunftsort den Namenszusatz »von

Fallersleben« gegeben hatte, niedergeschrieben, gedichtet oder vertont hat, sind viele noch heute bekannt. Etwa »Alle Vögel sind schon da«, »Der Kuckuck und der Esel«, »Morgen kommt der Weihnachtsmann« und »Summ, summ, summ«.

Das politischste und umstrittenste Gedicht dieses Volksliedstars ist aber das später als Nationalhymne angenommene »Lied der Deutschen«, das er während einer Sommerfrische auf der damals britischen Insel Helgoland schuf. Wegen seiner liberalen Haltung und seines Eintretens für eine Einigung Deutschlands war der Dichter schon vorher in Konflikt mit der Regierung Preußens gekommen, zumal seine 1840 und 1841 erschienene Gedichtsammlung »Unpolitische Lieder« alles andere als unpolitisch war und sich eines enormen Absatzes erfreute. In der Folge wurde Hoffmann 1842 aus dem Staatsdienst entlassen und ihm die preußische Staatsbürgerschaft aberkannt.

In der Freiheit Helgolands dichtete er das dreistrophige Gedicht, das er sogleich für »vier Louisdor« seinem Verleger Julius Campe verkaufte.

Das erstmalig am 5. Oktober 1841 in Hamburg aufgeführte Lied war zunächst kein Kassenschlager. Weder als Volkslied noch als Trinklied, das es seiner Natur nach ja sein sollte. Immerhin hatte Hoffmann statt »Blüh im Glanze dieses Glückes, blühe deutsches Vaterland« zunächst gedichtet: »Stoßet an und ruft einstimmig: Hoch das deutsche Vaterland«. Für den Hymnus wendete sich das Blatt erst mit dem Regierungsantritt Kaiser Wilhelms II. im Jahre 1888, da war der Urheber aber schon 14 Jahre tot. Spätestens vor dem Ersten Weltkrieg gehörte das »Deutschlandlied« zu den meistgesungenen Liedern Deutschlands. Es war zwar keine Nationalhymne, aber immerhin ein nationales Symbol.

Ein Symbol, das sich während des Ersten Weltkrieges als effektives Mittel der Kriegspropaganda einsetzen ließ, wie beispielhaft der berühmte Langemarck-Mythos zeigt. Dieser ging auf eine mit der Wirklichkeit nicht in Einklang zu bringende Meldung der Obersten Heeresleitung zurück: »Westlich Langemarck brachen junge Regimenter unter dem Gesange ›Deutschland, Deutschland über alles‹ gegen die erste Linie der feindlichen Stellungen vor und nahmen sie.«

Damit hat das Deutschlandlied seine erste Instrumentalisierung und Kompromittierung zu einem Zeitpunkt erfahren, als es noch gar keine Nationalhymne war.

Das Deutschlandlied in der Weimarer Republik

Gleich zu Beginn der Weimarer Republik hatte das Deutschlandlied einen offiziellen und weithin wahrgenommenen Auftritt. Als sich die Mitglieder der Deutschen Nationalversammlung am 12. Mai 1919 in Berlin versammelten, um über den Versailler Vertrag zu beraten, forderte Präsident Constantin Fehrenbach zum Schluss der Sitzung dazu auf, das Deutschlandlied zu singen.

Bemerkenswerterweise war es im Frühsommer 1920 zunächst die britische Gesandtschaft in Berlin, die das Auswärtige Amt auf Weisung von Außenminister Curzon mit der Frage in Verlegenheit brachte, welche Hymne denn in der »bei Seiner Majestät Flotte geführten Liste von Nationalhymnen« einzutragen sei (Ursula Mader; Winfried Klein). Die Reichsregierung sollte dann noch gut zwei Jahre benötigen, bis sie auskunftsfähig war.

Reichspräsident Friedrich Ebert ließ das Deutschlandlied nämlich erst am 11. August 1922 zu den Feiern des dritten Verfassungstages aufführen. Außerdem erklärte er das allerdings nur recht nebulös umschriebene Lied (»der Sang von Einigkeit und Recht und Freiheit«) durch einen »Aufruf zum Verfassungstag« zur Nationalhymne. Hierbei verzichtete er jedoch ebenso auf eine ausdrückliche Benennung als Nationalhymne wie auf eine förmliche Proklamation. Allerdings ordnete er in seiner Eigenschaft als Oberbefehlshaber am 17. August 1922 an, dass die Reichswehr das Lied als Nationalhymne zu spielen habe. Ähnlich der im dritten Kapitel dargestellten Flaggenfrage kann auch in diesem auf die Ermordung Walther Rathenaus reagierenden Akt ein gewisser symbolischer Behauptungswille der jungen Republik gesehen werden.

Das Deutschlandlied im Nationalsozialismus

Ausgehend von der Langemarck-Legende haben die Nationalsozialisten und auch Hitler persönlich die im Ersten Weltkrieg bereits bewährten großen propagandistischen Potenziale des Deutschlandlieds von Anfang an erkannt. Dessen erste Strophe war gemeinsam mit dem sogenannten »Horst-Wessel-Lied« zu singen, wobei der Marschrhythmus des SA-Lieds (»Tempo 80«) für beide Teile dieser musikalischen Untermalung der nationalsozialistischen Barbareien maßgeblich blieb. Ergänzt durch das »Panzerjägerlied« mit seiner an das Deutschlandlied angelehnten Strophe »Von der Maas bis an die Memel, von der Etsch bis an den Belt, stehen deutscher Männer Söhne gegen eine ganze Welt.« Kombinationen, die das Deutschlandlied schwer beschädigten und für weite Teile des In- und Auslands nahezu unwiderruflich diskreditierten.

In diesem Sinne sollte unsere volle Aufmerksamkeit der dritten Strophe gelten. Die erste Strophe hat als Nationalhymne keine Relevanz mehr. Umso ausführlicher sollte die missbräuchliche Verwendung des Deutschlandlieds im Nationalsozialismus und hier vor allem auch die erste Strophe im Schulunterricht behandelt werden.

Zum Schluss möchte ich erneut den großen Rechtsphilosophen und Politiker Gustav Radbruch zitieren: »›Einigkeit und Recht und Freiheit‹, das sollte in Deutschland eine kanonische Formel werden.«

6. Kapitel
Wie Flagge zeigen?

Flagge zeigen heißt, sich zu dem symbolisch Repräsentierten zu bekennen und dafür öffentlich einzustehen. In den vorherigen Kapiteln habe ich dargestellt, welchen historisch gewachsenen Gehalt die zentralen Symbole unseres Staates haben. Außerdem habe ich nachzuweisen versucht, dass unser bisheriger Umgang mit den Staatssymbolen nicht ihrer ebenso herausragenden wie aktuellen Bedeutung entspricht. Gerade heute brauchen wir Schwarz-Rot-Gold. Daher sollten wir uns allen entgegenstellen, die uns diese Farben streitig machen oder sie umzudeuten versuchen.

Bevor wir die Frage beantworten können, *wie* wir Flagge zeigen können, müssen wir uns im Klaren darüber sein, *warum* wir patriotisch fühlen und dies auch ausdrücken sollten. Sind Gefühle denn nicht eine reine Privatsache?

Nein, neben rein privaten Gefühlen gibt es mit patriotischen Gefühlen auch solche, die in ihrer kollektiven Wirkung im besten Sinne »staatstragend« sein können. Vielleicht müssen wir uns überhaupt erst daran gewöhnen, dass so etwas Höchstpersönliches und Intimes wie menschliche Emotionen, wenn sie unser Verhalten beeinflussen, auch Auswirkungen auf die Stabilität des Staates und des politischen Systems haben können. Nicht nur in Form von ablehnenden oder gar verfassungsfeindlichen Emotionen. Empfindungen können sich für unser Gemeinwesen vor allem auch dann als Problem herausstellen, wenn sie verkümmert sind.

Wenn aber eine zu große Emotionslosigkeit der breiten Mitte unserer Gesellschaft mit denjenigen Kräften zusammentrifft, die der freiheitlichen demokratischen Grundordnung feindlich gesinnt sind, ist die destruktive Wirkung am größten. Gerade den verfassungsfeindlichen Kräften sollten wir aber diese Gestaltungsräume emotionaler Art nicht überlassen, weil sie in der Lage sind, emotionale Leerstellen der breiten Mitte umgehend zu füllen. Die hinter dem *warum?* patriotischer Gefühle stehende Gretchenfrage lautet demnach, welchen Einfluss solche Emotionen und das von ihnen beeinflusste Verhalten eines jeden auf die Stabilität des freiheitlichen und demokratischen Rechtsstaates haben.

Hierüber nachzudenken lohnt sich schon deshalb, weil Demokratie und Freiheitsrechte ohne einen funktionierenden Staat kaum vorstellbar sind. Umso mehr gilt dies für die Gegenwart, in der die liberalen Systeme des Westens mit ihren pluralen und offenen Gesellschaften auf mehrfache Weise herausgefordert sind.

Es war Ernst-Wolfgang Böckenförde, der Mitte der Sechzigerjahre zuerst beschrieben hatte, dass der freiheitliche, säkularisierte Staat von Voraussetzungen lebt, die er selbst nicht garantieren kann. Dem würde ich hinzufügen, dass alles andere ja auch undemokratisch wäre, weil sich der Staat sonst aus sich selbst heraus schaffen könnte. Auf die Bürger und ihren Willen käme es anderenfalls nicht mehr an. Genau diese Abhängigkeit des Staates von einem freiwilligen Bekenntnis der Bürger ist ein Wesensmerkmal der Demokratie und damit ein Vorteil, niemals aber ein Nachteil.

Patriotische Gesinnung und Loyalität der staatstragenden Mehrheit sind eine essenzielle Voraussetzung für die Stabilität des Staates und somit auch für das Wohl des Einzelnen. Wir alle sind »der Staat«, für den wir auch bis zu einem gewissen Grade Verantwortung tragen. Natürlich meint dies keine einklagbare Bürgerpflicht, wohl aber eine Obliegenheit, weil nämlich deren Erfüllung auch unserem eigenen Interesse entspricht. Vor allem in der Ära der Globalisierung kann nur der Staat unsere Rechte und die Daseinsvorsorge garantieren. Wie wichtig die Schutzfunktion des Staates ist, wird in Zeiten der Corona-Pandemie besonders deutlich.

Dieser Kontext ist für die Beantwortung der Frage entscheidend, warum wir Flagge zeigen sollten. Zum einen wird unser Staat von einer tätigen patriotischen Gesinnung der Mehrheit getragen, zum anderen sind Demokratie und Rechtsstaat – und damit verbunden unsere Existenz als freie Bürger – von einem funktionierenden Staat abhängig. Mir scheint, dass es bessere Gründe für wahren Verfassungspatriotismus eigentlich nicht geben kann.

Aus der Freiheit als Essenz jeder Demokratie ergibt sich ohne Weiteres, dass sich eine patriotische Gesinnung niemals staatlich verordnen und einfordern lässt. Auf der anderen Seite gibt es in diesem Zusammenhang auch kein Gebot der staatlichen Zurückhaltung oder Neutralität, vielmehr dürfte es eine zentrale Aufgabe des Staates sein, alles zu tun, damit dieses Band der Loyalität fester wird.

Die Stärkung einer verfassungspatriotischen Kultur ist zwar keine rein staatliche, sondern eine gemeinsame Aufgabe des Staates, der Gesellschaft und aller Staatsbürger. Man kann aber von den Bürgern nicht erwarten, leidenschaftlicher Flagge zu zeigen als der Staat selbst. Deshalb müssen alle Behörden des Bundes, der Länder und der Gemeinden mit gutem Beispiel vorangehen und weniger zaghaft von den Möglichkeiten staatlicher Symbolik Gebrauch machen.

Und damit sind wir bei der Frage, wie wir zu einem stärker in der Bevölkerung verankerten Verfassungspatriotismus, zu einer lebendigen politischen Kultur dieser Art beitragen können.

Eine Frage, die sich weder leicht noch erschöpfend beantworten lässt. Auf der rationalen Ebene geht es darum, die Bürger argumentativ von der Notwendigkeit und Nützlichkeit des Staates zu überzeugen. Das Vertrauen wird sich dann am besten einstellen, wenn der Staat beweist, wie effizient er handeln kann. Auf der emotionalen Ebene sollten wir aber auch nicht die Kraft der staatlichen Symbolik unterschätzen, zumal sich beides auf symbiotische Weise gegenseitig verstärkt. Symbole wirken nämlich dort besonders gut, wo aus der Abstraktheit jeder Staatlichkeit eine nicht zu unterschätzende Gefahr der Unverständlichkeit und damit Unzugänglichkeit erwachsen kann. Wer weiß schon genau, was unsere freiheitliche demokratische Grundordnung ausmacht? Im Vergleich dazu verbinden wir die Bundesrepublik doch eher mühelos mit unserer Bundesflagge und dem Gies-Adler. Eine möglichst einfache Zuordnung des Staates und seiner Handlungen ist aber entscheidend. Anderenfalls könnte der Bürger die staatlichen Handlungen als solche nicht hinreichend erkennen, wodurch die Nützlichkeit des Staates nicht offenbar würde.

Für die staatliche Kommunikation und die Herausbildung einer verfassungspatriotischen Kultur ist eine klare und entschieden genutzte Symbolik unerlässlich. Damit die Zeichensprache aber funktionieren kann, muss sie von den Adressaten auch verstanden werden. Hier brauchen wir eine bessere politische Bildung, die sich auch und gerade diesen symbolischen Komponenten widmet. Es geht dabei nicht nur um die Kenntnis der Symbole, etwa den Text der Hymne. Entscheidender ist es, den Sinngehalt in seiner historischen Dimension zu begreifen und die identitätsstiftende Kraft des jeweiligen Symbols auch anzunehmen. In diesem Sinne fördert eine gelebte Kultur der Staatssymbolik unser politisches Bewusstsein und unsere bürgerschaftliche Selbstermächtigung.

Politische Bildung ist an erster Stelle eine Aufgabe der dafür zuständigen staatlichen Stellen und der vielfältigen Bildungseinrichtungen. Aber nicht nur dieser, weil darüber hinaus auch viele andere Behörden und die mit der politischen Entscheidungsfindung Betrauten aufgerufen bleiben, den Bürgern die Existenz des Staates und die Effizienz seiner Aufgabenerfüllung zu verdeutlichen. Dieses wird ihnen aber nur gelingen, wenn sie neben der rationalen Ebene auch die emotionale berücksichtigen. Darüber hinaus ist es eine wichtige gesamtgesellschaftliche Aufgabe, an der für unsere staatsbürgerliche Kultur unverzichtbaren Bildungsarbeit mitzuwirken. Vielleicht lässt sich auf diese Weise der etwas altmodische Begriff der »Staatspflege« mit einem neuen Inhalt füllen. Wie bereits erwähnt, begreife ich diese nicht nur als eine rein staatliche Aufgabe, sondern als eine gesamtgesellschaftliche. Wir alle sollten uns für die Stabilität unseres Staates verantwortlich fühlen. Diese Art des Verfassungsschutzes hat auch eine essenzielle symbolische Komponente.

Wir sind die Mehrheit, die sich zu unserem Staat bekennt und seinen Symbolen gegenüber positiv gestimmt ist. Unser Verhalten ist jedoch zu oft zögerlich und manchmal sogar unbeholfen, was den radikalen oder gar extremistischen Minderheiten der Rechten und Linken sicher fremd ist. Mit Entschiedenheit bekämpfen diese unsere Symbole oder reklamieren sie in einer neuen Deutung für sich.

Doch zugleich sollten wir dieser Entwicklung nicht tatenlos zusehen. Wenn wir die Symbole unseres freiheitlichen und demokratischen Rechtsstaates, die immer auch für eine offene und plurale Gesellschaft stehen, nicht extremistischen Kräften überlassen wollen, müssen wir dazu beitragen, sie besser zu nutzen. Der beste Schutz unserer Symbole liegt in ihrer entschiedenen Nutzung, nämlich im Sinne eines mutigen und unerschrockenen Flaggezeigens. Anders als im Weltraum oder in der Antarktis markieren wir zwar keine territorialen Ansprüche. Es ist aber immerhin die wichtigste rechtliche und politische Essenz unseres Gemeinwesens, die wir mit Schwarz-Rot-Gold zu behaupten haben.

Dabei sollten wir uns weniger auf die politischen Ränder konzentrieren, sondern uns vielmehr mit der verfassungstreuen, aber unschlüssigen Mehrheit auseinandersetzen. Es wird unser Gemeinwesen stabilisieren, wenn es uns besser gelingt, die schlummernden Kräfte der Mitte zu entfalten.

Hierzu sollten wir die Bedeutung von Emotionen im Politischen besser erkennen, um das Potenzial der staatlichen

Symbolik effektiver zu nutzen. Wir dürfen niemandem die Deutungshoheit darüber überlassen, was unser Staat im Kern bedeutet und wodurch er repräsentiert wird. Diese Mehrheit ist schwarz-rot-gold, nicht nur »Kleingartenvereine und AfD-Sympathisanten«, wie Udo Di Fabio irrigerweise annimmt. Mit den Worten Dolf Sternbergers ist es an uns, »das verbindliche Symbol und das herrliche Gefühl unbefangener und rückhaltloser Gemeinsamkeit seiner Verehrung [... zu] schaffen«.

Auf diese Weise treten wir für nichts weniger ein als für die Demokratie, die auch und gerade durch ein fatales Desinteresse gefährdet ist. Worauf US-Präsident Barack Obama bei seiner Abschiedsrede besonders prägnant hingewiesen hat: »Our democracy is threatened whenever we take it for granted.«

Die symbolische Dimension eines gelebten Verfassungspatriotismus als identitätsstiftende Kraft zu erkennen und intensiver zu nutzen, bleibt damit eine gemeinschaftliche Aufgabe aller Repräsentanten und Stellen des Staates sowie aller Teile der Gesellschaft und jedes einzelnen Bürgers und seiner Familie.

Wie andere Symbole auch sind Staatssymbole wichtige ästhetische Elemente einer jeden Kultur, die in komplexen Lernprozessen vor allem in der Familie und allen Bildungseinrichtungen vermittelt werden. Bisher scheinen die Geschichte unserer Flagge und ihr Symbolgehalt jedoch weder in der Schule noch anderswo hinreichend vermittelt zu werden. Unsere Schulgebäude sind ja auch nicht täglich beflaggt, was im öffentlichen Diskurs alle paar Jahrzehnte auffällt und debattiert wird. Nach 1977 und 2016 war es zuletzt im November 2019 wieder so weit. Da beschlossen die Delegierten des CDU-Bundesparteitags in Leipzig einen Antrag des Landesverbands Baden-Württemberg, dem zufolge sich die CDU Deutschlands dafür ausspricht, Schulgebäude zukünftig dauerhaft mit der Bundesflagge, der jeweiligen Landesflagge und der Flagge der Europäischen Union zu beflaggen. Es bleibt abzuwarten, ob und wie sich diese Willensbildung im föderalen Staatsaufbau umsetzen lässt.

Der Sinngehalt der Staatssymbole sollte jedoch nicht nur in Kindergärten, Schulen, Hochschulen und sämtlichen Ausbildungsgängen behandelt, sondern auch von Museen, Bibliotheken und allen anderen Einrichtungen vermittelt werden. Dabei stiftet eine auf Kenntnissen beruhende Übung im Umgang mit den Staatssymbolen ein Gefühl der Identität, das gerade in Zeiten der Not und Herausforderung Kraft und Zuversicht vermitteln kann. Dass dieses »Wirgefühl« auch in der Gegenwart Bedeutung hat, haben wir etwa gesehen, als die mit Ausgangssperren belegte italienische Bevölkerung während der Corona-Pandemie auf ihren Balkonen gemeinsam die Nationalhymne sang.

Was können wir tun, um besser Flagge zu zeigen?

Zunächst sollten sich alle staatlichen Stellen der Bedeutung staatlicher Symbolik noch besser bewusst sein. Naheliegenderweise gilt dies für die Bereiche, die unmittelbar mit dem Protokoll und der staatlichen Repräsentation zu tun haben, etwa mit der Beflaggungspraxis von Bund, Ländern und Gemeinden. Darüber hinaus gilt dies auch für Schulen, Kitas, Krankenhäuser und andere Einrichtungen.

Der Sinngehalt jeder Flagge lässt sich am besten durch den ohne Weiteres wahrnehmbaren Wechsel des Hissens und Einholens vermitteln. Schließlich provoziert jede Beflaggung die Frage, welche Flagge gehisst wurde, oder eben nicht. Damit verbunden ist die wertvolle Chance, sich mit dem Beflaggungsanlass auseinanderzusetzen, etwa dem Tag der Deutschen Einheit oder im Falle einer Halbmastbeflaggung dem Traueranlass.

Da es mit den »regelmäßigen allgemeinen Beflaggungstagen« (etwa dem Tag der Arbeit oder dem Tag der Bundestagswahl) hinreichend viele Beflaggungsanlässe gibt, brauchen wir meiner Meinung nach weder eine tägliche Beflaggung von Schulen noch einen besonderen jährlichen Flaggentag.

Auch hier geht Qualität vor Quantität. Ich glaube, dass mit einer dauerhaften Beflaggung noch nicht viel gewonnen ist, weil sich unsere Augen zu schnell an die neuen Eindrücke gewöhnen würden. Es geht darum, *besser* zu flaggen, das heißt mit einer entschiedenen und einheitlichen Beflaggung dazu beizutragen, das Bewusstsein für die jeweilige Flagge und den von ihr repräsentierten Staat (Bundesrepublik oder Bundesland) sowie den Beflaggungsanlass zu stärken. Auf diese Weise lässt sich Bildung vermitteln, auf diese Weise können gesellschaftliche und politische Debatten gefördert werden. Ein Stück Stoff kann sicher dazu beitragen, unsere nationale (oder regionale oder kommunale) Identität und unseren Zusammenhalt zu fördern. Und deshalb ist es ein Vorteil, dass die öffentlichen Gebäude in den Bundesländern zu unterschiedlichen Anlässen beflaggt werden. Neben den »regelmäßigen allgemeinen Beflaggungstagen« des Bundes werden so auch landesspezifische Anlässe zum Ausdruck gebracht.

Ebenso entschieden sollte im protokollarischen Alltag mit unserer Nationalhymne verfahren werden. Wir müssen eben kennen, was wir singen, zeigen und verstehen wollen. Dazu gehört in jedem Fall auch die historische Entwicklung.

Im Hinblick auf die Bundesflagge ist ein symbolisches Tätigwerden der Behörden des Bundes sogar verfassungsrechtlich geboten, jedenfalls was ihr Hissen angeht. Artikel 22 Abs. 2 Grundgesetz regelt nämlich nicht nur die Ausgestaltung der Bundesflagge, sondern auch einen an die staatlichen Behörden des Bundes gerichteten verfassungsrechtlichen Auftrag, die Bundesflagge zu hissen, also jedenfalls an den sogenannten Beflaggungstagen Flagge zu zeigen. Wie schon der zersetzende Flaggenstreit der Weimarer Republik gezeigt hat, kann die Unterlassung einer Beflaggung nämlich auch als eine bewusste Distanzierung von der Verfassung und ihren Werten gewertet werden.

Dieser Ansatz bleibt aber zu undeutlich und in der Sache zu beschränkt, bezieht er sich doch nur auf eines der zentralen Staatssymbole. Ich glaube, dass der Verfassungsgesetzgeber einen wichtigen Beitrag dazu leisten könnte, das Zeigen unserer Flagge durch einen klaren und weitergehend formulierten Auftrag zu verbessern.

Im vorherigen Kapitel bin ich bereits auf den guten Vorschlag zu sprechen gekommen, die Hymne im Grundgesetz zu verankern. Dabei darf man es aber nicht belassen. Meiner Meinung nach sollte man das Vorhaben einer solchen Verfassungsänderung auch dazu nutzen, die staatliche Symbolik grundsätzlicher und umfassender zu regeln. Durch eine verfassungsrechtliche Verankerung würde verdeutlicht, welche Symbole unser Staat für sich beansprucht. Mit einem solchen normativen Besitzanspruch würde es anderen sicher schwerer fallen, die aus ihrer Sicht heute etwas »herrenlos« erscheinenden Symbole für sich zu reklamieren.

Jenseits der mit protokollarischen Aufgaben befassten Stellen sollten auch diejenigen Behörden, die mit dem Bürger-Staat-Verhältnis zu tun haben, die symbolische Dimension ihrer Aufgabenerfüllung mitdenken. Der Staat ist für den Bürger besonders dann konkret erfahrbar, wenn er persönlich mit ihm in Berührung kommt.

Es gibt viele (Rechts-)Änderungen und Umbrüche im Leben der Staatsbürger, in denen der Staat sichtbar wird. Beispielhaft seien hier die Schule, die Einbürgerungen sowie das Erreichen der Volljährigkeit mit den damit verbundenen Rechten und Pflichten genannt. Einen besonderen Stellenwert hat(te) die Wehr- und Dienstpflicht, erst recht in der bis heute nicht abschließend debattierten Version einer Allgemeinen Dienstpflicht. Darüber hinaus böte es sich auch bei der Ausstellung von amtlichen Identitätsnachweisen und anderen Urkunden an, den Menschen klarzumachen, dass sie zugleich Bürger eines Staates sind mit allen Rechten und Pflichten.

Wer etwa einen Reisepass ausgestellt bekommt, nimmt ein

Dokument nach Hause, auf dem der Bundesadler gut sichtbar abgedruckt ist. Wäre dies nicht eine Gelegenheit, etwas ausführlicher über dieses und die anderen Symbole unseres Staates zu informieren, etwa mit einer Broschüre? Das wäre sicher nicht bei jeder Ausstellung sinnvoll, aber etwa bei Erreichen der Volljährigkeit. Ähnliche Vorschläge ließen sich mühelos auch zu den anderen Bereichen des Verwaltungshandelns machen. Vor allem sollte dies aber für den Erwerb der deutschen Staatsbürgerschaft gelten. Auf die Briefmarken war ich bereits zu sprechen gekommen.

Im außerstaatlichen Bereich tragen die Medien eine große Verantwortung für die Vermittlung des Sinngehalts unserer Staatssymbole. Doch sollten wir meiner Überzeugung nach keine Änderungsdebatten mehr führen. Insbesondere sollten wir aufhören, uns die Notwendigkeit einer neuen Hymne einzureden. Mir scheinen eher Kontinuität und eine selbstverständliche Übung das Gebot der Stunde zu sein. Es geht also um die bessere Erfüllung einer politischen Bildungsaufgabe und – damit verbunden – ein häufigeres Singen im Alltag. Außerdem sollten die Rundfunk- und Fernsehanstalten unsere Nationalhymne häufiger spielen. Eines technischen Sendeschlusses bedarf es hierfür sicher nicht.

Wir sollten jede Gelegenheit nutzen, die besondere integrative Bedeutung der Staatssymbole für unsere nationale Identität zu unterstreichen. Die Staatssymbole sind nicht nur Symbole unseres Staates, sie sind auch wertvolle Zeichen für unser »Wirgefühl«, die auch für eine bessere kulturelle Integration nutzbar gemacht werden können. Immerhin sind wir eines der beliebtesten Einwanderungsländer. Wir bleiben aber auch jenseits der Einwanderungsthematik darauf angewiesen, unser Zusammengehörigkeitsgefühl und den Sinn für das Ganze zu stärken.

Abgesehen von den Medien ist es im außerstaatlichen Bereich wahrscheinlich der Sport, der die Staatssymbole auf effektivste Weise vermitteln kann. Wie ich auch im vorherigen

Kapitel gezeigt habe, erwartet die Mehrheit der Bevölkerung etwa, dass die Spieler der Fußballnationalmannschaften die Nationalhymne mitsingen.

Täglich begegnen uns Nationalflaggen und Hoheitszeichen sonst bei Schiffen und Flugzeugen. Wobei wir auch in diesen Bereichen einen für andere Länder sicher nicht nachvollziehbaren Schlendrian zulassen. Wenn ich etwa an die schönen Seen Bayerns denke, fallen mir auch die Dampfer ein, die am Heck lediglich die weiß-blaue Flagge gesetzt haben, obwohl das Flaggenrechtsgesetz vorsieht, dass Flaggen deutscher Länder nur neben der Bundesflagge gesetzt werden dürfen. Mitreisende Touristen werden so in dem Eindruck bestärkt, beim Freistaat Bayern handele es sich um einen (wenn auch befreundeten) souveränen Nachbarstaat.

Schließlich findet der politische Diskurs natürlich auch im rein privaten Lebenskreis eines jeden statt, in der Familie, im Freundeskreis und anderswo. Gerade diesen informellen, von Vertrauen geprägten Debattenplätzen kommt eine große Bedeutung für die Identitätsbildung und politische Bewusstseinsbildung zu. Vielleicht gelingt es uns in Zukunft besser, auch in diesen Kreisen über Patriotismus und die Bedeutung des Nationalstaates und seiner Symbole zu streiten. Und genau an diesen Orten können die Symbole unseres Staates zu bestimmten Anlässen auch genutzt werden.

Da man nur hissen kann, was man auch besitzt, dürfte es in den Haushalten unseres Landes ruhig mehr Bundesflaggen geben. Davon abgesehen sollten sie zukünftig besser verteilt, also in allen Bereichen der Gesellschaft vorhanden sein.

Indem wir Flagge zeigen, verteidigen wir nicht nur die Symbole unseres Staates gegen jede Vereinnahmung. Im Kern streiten wir für unsere freiheitliche Verfassung. Sie allein garantiert unsere offene Gesellschaft.

Verzeichnis der Literatur und Quellen

Abbt, Thomas: Vom Tod für das Vaterland, Berlin, 1761. Als Digitalisat verfügbar: https://reader.digitale-sammlungen.de/de/fs1/object/display/bsb10042065_00001.html [Zugriff: 16.10.2019].

Amos, Heike: Auferstanden aus Ruinen. Die Nationalhymne der DDR 1949 bis 1990, Berlin, 1. A. 1997.

Arnold, Thurman W.: The Symbols of Government, New Haven, 4. A. 1941.

Bauer-Kirsch, Angela: Herrenchiemsee. Der Verfassungskonvent von Herrenchiemsee. Wegbereiter des Parlamentarischen Rates, Diss., Rheinische Friedrich-Wilhelms-Universität zu Bonn, 2005, im Internet veröffentlicht unter: http://hss.ulb.uni-bonn.de/2005/0602/0602.pdf [Zugriff: 16.10.2019].

Biess, Frank: Republik der Angst. Eine andere Geschichte der Bundesrepublik, Hamburg, 1. A. 2019.

Bloch, Ernst: Erbschaft dieser Zeit, Frankfurt a. M., 1962.

Bloch, Ernst: Kritik der Propaganda, in: Die neue Weltbühne, 29.4.1937, S. 552 ff.

Böckenförde, Ernst-Wolfgang: Die Entstehung des Staates als Vorgang der Säkularisation, in: Recht, Staat, Freiheit. Studien zur Rechtsphilosophie, Staatstheorie und Verfassungsgeschichte, Frankfurt a. M., 2006, S. 92 ff.

Bracher, Karl Dietrich: Die deutsche Diktatur. Entstehung, Struktur, Folgen des Nationalsozialismus, Frankfurt a. M., Berlin, Wien, 6. A. 1979.

Bredekamp, Horst: Politische Ikonologie des Grundgesetzes, in: Herzkammern der Republik. Die Deutschen und das Bundesverfassungsgericht, hrsg. v. Michael Stolleis, München, 1. A. 2011.

Brissa, Enrico: Auf dem Parkett. Kleines Handbuch des weltläufigen Benehmens, München, 3. A. 2018.

Brüggemeier, Franz-Josef: Weltmeister im Schatten Hitlers. Deutschland und die Fußball-Weltmeisterschaft 1954, Essen, 1. A. 2014.

Bühler, Joachim: Das Integrative der Verfassung. Eine politiktheoretische Untersuchung des Grundgesetzes, Baden-Baden, 1. A. 2011.

Bundesarchiv: Nr. 355 Kabinettssitzung im Reichstagsgebäude. 5. Mai 1926, 18 Uhr, R 43 I/1833, Bl. 153; »Tägliche Rundschau« vom 6.5.1926.

Burkiczak, Christian: Geschichte und Rechtsgrundlagen der deutschen Staatssymbole, in: Die Juristische Ausbildung, 2003, S. 806 ff.

Collier, Paul: Sozialer Kapitalismus! Mein Manifest gegen den Zerfall unserer Gesellschaft, München, 1. A. 2019.

Dahrendorf, Ralf: Europa als Ersatz für die Nation ist gescheitert. Oder: Was ist der Deutschen Vaterland?, in: EG-Magazin. Zeitschrift für den Binnenmarkt, 1982,1, S. 16 f.

Depenheuer, Otto: Integration durch Verfassung? Zum Identitätskonzept des Verfassungspatriotismus, in: Die Öffentliche Verwaltung, 1995, 20, S. 854 ff.

Dorn, Thea, und Wagner, Richard: Die Deutsche Seele, München, 1. A. 2011.

Dorn, Thea: Deutsch, nicht dumpf. Ein Leitfaden für aufgeklärte Patrioten, München, 1. A. 2018.

Dt. Fussball-Bund e. V. (Hrsg.), Schriftleitung August H. Esser: Deutschland, Weltmeister im Fussball 1954, Schriftenreihe des Deutschen Fussball-Bundes, Bd. 1, Frankfurt 1954.

Ebert, Frank: Bundesdeutsche Staatssymbole. Herkunft, Inhalte, Schutz, Köln, Kronach, 1. A. 2017.

Escher, Clemens: »Deutschland, Deutschland, Du mein Alles!« Die Deutschen auf der Suche nach ihrer Nationalhymne 1949–1952, Paderborn, 1. A. 2017.

Evans, Richard: Das Dritte Reich, Band I. Aufstieg, München, 1. A. 2004.

Fleckner, Uwe (Hrsg.): Handbuch der politischen Ikonographie, München, 1. A. 2011.

Fleiner, Rebekka: Die drei Dimensionen des Verfassungspatriotismus – Sternberger Revisited, in: Österreichische Zeitschrift für Politikwissenschaft, 2013, S. 407 ff.

Frevert, Ute: Vertrauensfragen. Eine Obsession der Moderne, München, 1. A. 2013.

Frommelt, Josef: Die Liechtensteinische Landeshymne, in: Jahrbuch des Historischen Vereins für das Fürstentum Liechtenstein, 2005, S. 7 ff.

Fukuyama, Francis: Identität. Wie der Verlust der Würde unsere Demokratie gefährdet, Hamburg, 1. A. 2019.

Gauger, Jörg-Dieter, und Stagl, Justin (Hrsg.): Staatsrepräsentation, Berlin, 1. A. 1992.

Gewerkschaft Erziehung und Wissenschaft (GEW) u. LandesschülerInnen-Vertretung Hessen: Argumente gegen das Deutschlandlied. Handreichung und Materialien zur Geschichte und Gegenwart eines Liedes, Rödelheim, 1. A. 1989.

Goffman, Erving: The Presentation of Self in Everyday Life, New York, 1. A. 1959.

Goodhart, David: Somewheres & Anywheres. The Road to Somewhere. The populist revolt and the future of politics, London, 1. A. 2017.

Götz, Irene: Die Wiederentdeckung des Nationalen nach 1989. Die Suche nach neuen deutschen Selbstbildern und Identitäten, in: Thomas

Großbölting und Christoph Lorke (Hrsg.), Deutschland seit 1990. Wege in die Vereinigungsgesellschaft, Stuttgart, 1. A. 2017.

Gross, Norbert: Bundesadler in der Residenz des Rechts. Hoheitszeichen, Wappentiere oder Kunstobjekte, in: Neue Juristische Wochenschrift, 2011, S. 718 ff.

Haarmann, Lutz, Meyer, Robert, und Reuschenbach, Julia (Hrsg.): Von der Bonner zur Berliner Republik. Politik im Spiegel praktischer Wissenschaft. Festschrift für Tilman Mayer zum 65. Geburtstag, Baden-Baden, 1. A. 2018.

Häberle, Peter: Nationalflaggen. Bürgerdemokratische Identitätselemente und internationale Erkennungssymbole, Berlin, 1. A. 2008.

Habermas, Jürgen: Eine Art Schadensabwicklung. Die apologetischen Tendenzen in der deutschen Zeitgeschichtsschreibung, in: »Historikerstreit«. Die Dokumentation der Kontroverse um die Einzigartigkeit der nationalsozialistischen Judenvernichtung, München, 1. A. 1987, S. 62–76 (75).

Habermas, Jürgen: Zur Verfassung Europas, Berlin, 1. A. 2011.

Habermas, Jürgen: Staatsbürgerschaft und nationale Identität, in: ders.: Faktizität und Geltung, Frankfurt a. M., 1. A. 1992.

Hartmann, Jürgen: Staatszeremoniell, Köln, 4. A. 2007.

Hartmann, Jürgen: Der Bundesadler, Vierteljahrshefte für Zeitgeschichte, 2008, S. 494 ff.

Hattenhauer, Hans: Deutsche Nationalsymbole. Geschichte und Bedeutung, Köln, 3. A. 1998.

Heffen, Annegret: Der Reichskunstwart – Kunstpolitik in den Jahren 1920–1933. Zu den Bemühungen um eine offizielle Reichskunstpolitik in der Weimarer Republik, Essen, 1. A. 1986.

Herzog, Roman: Allgemeine Staatslehre, Frankfurt a. M., 1. A. 1971.

Heuss, Theodor: Formkräfte einer politischen Stilbildung, Berlin, 1. A. 1952.

Hormann, Jörg M., und Plaschke, Dominik: Deutsche Flaggen. Geschichte, Tradition, Verwendung, Hamburg, 1. A. 2006.

Huber, Ernst Rudolf: Deutsche Verfassungsgeschichte seit 1789. Band II. Der Kampf um Einheit und Freiheit 1830 bis 1850, Stuttgart u. a., 1. A. 1960.

Institut für Demoskopie Allensbach: Allensbacher Archiv

IfD-Umfragen Nr. 041, 061, 083, 095, 1010, 1020 zu der Frage: »Unsere Bundesflagge ist schwarz-rot-gold. Wäre Ihnen schwarz-weiß-rot lieber?«;

IfD-Umfragen Nr. 044, 073, 083, 095, 1010, 1020 zu der Frage: »Bis 1918 war die deutsche Flagge schwarz-weiß-rot. Ist Ihnen schwarz-rot-gold lieber?«;

IfD-Umfragen Nr. 5055, 5074, 5088, 6030, 6042, 6047, 7000, 7001, 7005, 7023, 7070, 7076,7078, 7091, 7092, 10020, 10086, 11034,

11061, 11070, 1295, 4053, 4078, 4081/II, 4099/II, 5014, 5031, 5040/ II zu der Frage: »Sind Sie stolz darauf, Deutscher/Deutsche zu sein?«;
IfD-Umfragen Nr. 5098, 6009, 7092, 10033, 11070, 9010 zu der Frage: »Was hält eine Nation zusammen?«;
IfD-Umfragen Nr. 040, 050, 061, 10059, 2123, 3047, 3098, 4012, 4078, 5008, 5014, 5025, 5031, 5038, 5040 / II, 5044, 5098, 6060, 6094, 7013, 7023, 7045, 7091, 7099, 10020, 11034, 9005/I zu der Frage: »Freuen Sie sich, wenn Sie irgendwo die schwarz-rot-goldene Bundesflagge sehen?«;
IfD-Umfrage Nr. 9005/I aus 1990 zu der Frage: »Finden Sie es gut, dass da (zum Programmschluss in ARD und ZDF) die deutsche Nationalhymne gespielt wird, oder finden Sie das nicht gut?«;
IfD-Umfrage Nr. 43 aus 09.1951 zu den Fragen: »Deutschland soll wie andere Länder wieder eine Nationalhymne haben. Es ist noch nicht entschieden, ob man wieder das Deutschlandlied nehmen soll. Sind Sie dafür oder dagegen, das Deutschlandlied wieder einzuführen?« und »Als Nationalhymne wird im Allgemeinen nur eine Strophe gesungen. Soll nun die erste Strophe, also ›Deutschland, Deutschland über alles‹, oder die dritte Strophe, also ›Einigkeit und Recht und Freiheit‹, gesungen werden?«;
IfD-Umfrage Nr. 7040 aus 07.2012 zu der Frage »Bei Spielen der deutschen Fußballnationalmannschaft singen ja einige Nationalspieler bei der Hymne nicht mit. Wie ist Ihre Meinung: Finden Sie es in Ordnung, dass diese Spieler bei der Nationalhymne nicht mitsingen, oder finden Sie das nicht in Ordnung?«;
IfD-Umfrage Nr. 7036 aus 12/2002 zu der Frage »Fällt Ihnen zufällig ein, mit welchen Worten unsere Nationalhymne anfängt, ich meine so, wie sie heute gesungen wird?«;
IfD-Umfrage Nr. 11070 aus 04/2017 zu der Frage »In anderen Ländern wie den USA oder der Schweiz sieht man ja sehr viel häufiger Symbole wie z. B. die Landesflagge. Finden Sie, auch in Deutschland sollten solche nationalen Symbole häufiger zu sehen sein, oder finden Sie das nicht?«;
IfD-Umfrage Nr. 10048 aus 12/2009 zu der Frage »Es gab nach der Wiedervereinigung teilweise die Forderung, auch manche Symbole der DDR für ganz Deutschland zu übernehmen. Wie ist Ihre Meinung: Hätte man auch Symbole aus der DDR übernehmen sollen, oder war es richtig, das nicht zu tun?«.

Isensee, Josef: Staatsrepräsentation und Verfassungspatriotismus. Ist die Republik der Deutschen zu Verbalismus verurteilt?, in: Gauger, Jörg-Dieter, und Stagl, Justin (Hrsg.), Staatsrepräsentation, Berlin, 1. A. 1992, S. 223ff.

Kertzer, David Israel: Ritual, Politics and Power, New Haven, 1. A. 1989.

Kielmansegg, Peter Graf: Verfassungspatriotismus. Ein Nachwort?, in: Deutsche Kontroversen. Festschrift für Eckhard Jesse, hrsg. v. Alexander Gallus, Thomas Schubert und Tom Thieme, Baden-Baden, 1. A. 2013, S. 45 ff.

Kiesel, Helmuth, und Pape, Birgit: Zur Schröder-Hymne ein Kaninchenfell! Die Hymnen-Debatte von 1950–1952 unter besonderer Berücksichtigung von Gottfried Benns Anmerkungen zu Rudolf Alexander Schröders Entwurf für eine neue deutsche Nationalhymne, in: Blasberg, Cornelia, und Deiters, Franz-Josef (Hrsg.), Geschichtserfahrung im Spiegel der Literatur. Festschrift für Jürgen Schröder zum 65. Geburtstag, Tübingen, 1. A. 2000, S. 290 ff.

Klein, Eckart: Der Potsdamer Flaggenstreit in der Weimarer Republik, in: Staatsrecht und Politik. Festschrift für Roman Herzog zum 75. Geburtstag, hrsg. v. Matthias Herdegen, Hans Hugo Klein, Hans-Jürgen Papier und Rupert Scholz, München, 1. A. 2009, S. 191 ff.

Klein, Winfried: »Einigkeit und Recht und Freiheit« ins Grundgesetz, in: Zeitschrift für Rechtspolitik, 2016, S. 12 ff.

Klein, Winfried: Vom Deutschlandlied zur Nationalhymne. Wer sind wir, und was wollen wir dazu singen?, in: Frankfurter Allgemeine Zeitung vom 4. September 2012.

Kohl, Helmut: Erinnerungen. 1930–1982, München, 1. A. 2004.

Krüger, Herbert: Von der Staatspflege überhaupt, in: Quaritsch, Helmut (Hrsg.), Die Selbstdarstellung des Staates. Vorträge und Diskussionsbeiträge der 44. Staatswissenschaftlichen Fortbildungstagung 1976 der Hochschule für Verwaltungswissenschaften Speyer, Berlin, 1. A. 1977, S. 21 ff.

Laube, Gisbert: Der Reichskunstwart. Geschichte einer Kulturbehörde 1919–1933, Frankfurt a. M., 1. A. 1997.

Llanque, Marcus: Die Weimarer Reichsverfassung und ihre Staatssymbole, in: Horst Dreier und Christian Waldhoff (Hrsg.), Das Wagnis der Demokratie. Eine Anatomie der Weimarer Reichsverfassung, München, 1. A. 2018, S. 87 ff.

Loewenstein, Karl: Betrachtungen über politischen Symbolismus, in: Gegenwartsprobleme des internationalen Rechtes und der Rechtsphilosophie. Festschrift für Rudolf Laun, hrsg. v. Dimitri Spycou Constantopoulos und Hans Wehberg, Hamburg, 1. A.1953, S. 559 ff.

Luhmann, Niklas: Funktionen und Folgen formaler Organisation, Berlin, 1. A. 1969.

Mader, Ursula: Wie das »Deutschlandlied« 1922 Nationalhymne wurde, in: Zeitschrift für Geschichtswissenschaft, 1990, S. 1088 ff.

Mangoldt, Hermann v. †, Klein, Friedrich †, Starck, Christian, Huber, Peter M., und Voßkuhle, Andreas: Grundgesetz. Kommentar. Band 2, München, 7. A. 2018.

Marsch, Nikolaus, Vilain, Yoan, und Wendel, Mattias (Hrsg.): Französisches und Deutsches Verfassungsrecht, Berlin, Heidelberg, 1. A. 2015.

Maunz, Theodor, Dürig, Günter, und Herzog, Roman: Grundgesetz. Kommentar, begr. v. Theodor Maunz und Günter Dürig, hrsg. v. Roman Herzog u. a., München, 1. A. 1983.

Mensing, Hans Peter: Adenauer – Heuss. Unter vier Augen. Gespräche aus den Gründerjahren. 1949–1959, München, 1. A. 1997.

Mergel, Thomas: Wahlkampfgeschichte als Kulturgeschichte. Konzeptionelle Überlegungen und empirische Beispiele, in: Barbara Stollberg-Rilinger (Hrsg.), Was heißt Kulturgeschichte des Politischen?, Berlin, 1. A. 2005, S. 355 ff.

Mergel, Thomas: Überlegungen zu einer Kulturgeschichte der Politik, in: Geschichte und Gesellschaft. Zeitschrift für Historische Sozialwissenschaft 2002, S. 574 ff.

Molt, Peter: Dolf Sternbergers Verfassungspatriotismus, in: Zeitschrift für Politikwissenschaft, 2006, 3, S. 875 ff.

Müller, Jan-Werner: Verfassungspatriotismus, Berlin, 1. A. 2010.

Münkler, Herfried und Marina: Die neuen Deutschen. Ein Land vor seiner Zukunft, Berlin, 1. A. 2016.

Mutz, Michael, und Gerke, Markus: Fußball und Nationalstolz in Deutschland. Eine repräsentative Panelstudie rund um die EM 2016, Wiesbaden, 1. A. 2019.

Neubecker, Ottfried: Das Wappen der Bundesrepublik Deutschland, in: Genealogie und Heraldik, 1950, S. 113 ff.

Neubecker, Ottfried, und Wolf, Erik: Die Reichseinheitsflagge. Ein Vorschlag, Heidelberg, 1. A. 1926.

Nipperdey, Thomas: Deutsche Geschichte 1800–1866. Bürgerwelt und starker Staat, München, 5. A. 1991.

Nolte, Ernst: Deutschland und der Kalte Krieg, München, Zürich, 1. A. 1974.

Nussbaum, Martha C.: Politische Emotionen. Warum Liebe für Gerechtigkeit wichtig ist, Berlin, 1. A. 2014.

Ortmeyer, Benjamin: Argumente gegen das Deutschlandlied. Geschichte und Gegenwart eines furchtbaren Lobliedes auf die deutsche Nation, Witterschlick/Bonn, 1. A. 1999.

Ortmeyer, Benjamin: Argumente gegen das Deutschlandlied. Geschichte und Gegenwart eines Lobliedes auf die deutsche Nation, Köln, 1. A. 1991.

Özkan, Ezli, und Thym, Daniel: Verfassung und Gemeinsinn, in: Merkur. Deutsche Zeitschrift für europäisches Denken, 2018, S. 832 ff.

Patzelt, Werner J.: Nation – Vaterland – Patriotismus. Begriffe ohne Bindungskraft?, in: Klose, Joachim (Hrsg.), Wohlfühlpolitik und Protest. Was hält die Gesellschaft zusammen?, Dresden, 1. A. 2018, S. 39 ff.

Pestalozzi, Johann Heinrich: Sämtliche Werke, 22. Band, Über die Idee der Elementarbildung (Lenzburger Rede) und fünf Schriften um 1810, bearbeitet von Emanuel Dejung, Zürich, 1. A. 1979.

Pozorny, Reinhard: Hoffmann von Fallersleben. Ein Lebens- u. Zeitbild, Berg, 1. A. 1982.

Preuß, Hugo: Das Verfassungswerk von Weimar, herausgegeben, eingeleitet und erläutert von Detlef Lehnert, Christoph Müller und Dian Schefold, Band 3, Tübingen, 1. A. 2015.

Preuß, Hugo: Begründung der Vorlage des Entwurfs einer Verfassung für das Deutsche Reich durch den Reichsminister des Innern in der 14. Sitzung der Nationalversammlung vom 24. Februar 1919, in: Verhandlungen der verfassungsgebenden Deutschen Nationalversammlung, Band 326, Stenographische Berichte, Berlin, 1. A. 1920, S. 284 ff.

Quaritsch, Helmut (Hrsg.): Die Selbstdarstellung des Staates. Vorträge und Diskussionsbeiträge der 44. Staatswissenschaftlichen Fortbildungstagung 1976 der Hochschule für Verwaltungswissenschaften Speyer, Berlin, 1. A. 1977.

Quaritsch, Helmut: Probleme der Selbstdarstellung des Staates, Tübingen, 1. A. 1977.

Quaritsch, Helmut: Weiteres zur »Selbstdarstellung des Staates«, in: Die Öffentliche Verwaltung, 1993, S. 1007 ff.

Radbruch, Gustav: Staat und Verfassung, Gesamtausgabe, Band 14, bearb. v. Hans-Peter Schneider, Heidelberg, 1. A. 2002.

Reckwitz, Andreas: Die Gesellschaft der Singularitäten. Zum Strukturwandel der Moderne, Berlin, 1. A. 2017.

Reckwitz, Andreas: Das Ende der Illusionen. Politik, Ökonomie und Kultur in der Spätmoderne, Berlin, 1. A. 2019.

Redslob, Edwin: Die künstlerische Formgebung des Reichs, Berlin, 1. A. 1926.

Reichel, Peter: Glanz und Elend deutscher Selbstdarstellung. Nationalsymbole in Reich und Republik, Göttingen, 1. A. 2012.

Reichel, Peter: Schwarz-Rot-Gold. Kleine Geschichte deutscher Nationalsymbole nach 1945, München, 1. A. 2005.

Renan, Ernest: Was ist eine Nation? Vortrag in der Sorbonne am 11. März 1882, in: Michael Jeismann (Hrsg.), Grenzfälle: Über neuen und alten Nationalismus, Leipzig, 1. A. 1993.

Richter, Dieter: Künstlerrepublik Rom. Über die Idee des Nationalen in der deutsch-römischen Künstlerkolonie, unveröffentlichter Vortrag, 2014.

Sachs, Michael (Hrsg.), bearb. v. Battis, Ulrich: Grundgesetz. Kommentar, München, 8. A. 2018.

Schaal, Gary S., und Heidenreich, Felix: Politik der Gefühle. Zur Rolle von Emotionen in der Demokratie, in: Aus Politik und Zeitgeschichte, Bonn, 2013, S. 3 ff.

Schäuble, Wolfgang: Vortrag vor der Académie des sciences morales et politiques in Paris am 15. April 2019 zum Thema »Zwei Parlamente, ein Ziel. Zur Zusammenarbeit von Assemblée nationale und Deutschem Bundestag«, im Internet abrufbar: https://www.bundestag.de/parlament/praesidium/reden/2019/016-636002 [Abruf 24.07.2019].

Schäuble, Wolfgang: Deutscher Bundestag, 19. Wahlperiode, 172. Sitzung vom 9. September 2020, S. 12514.

Schmidt-Bleibtreu, Bruno, Klein, Franz †, Hofmann, Hans u. a. (Hrsg.): GG. Grundgesetz. Kommentar, Köln, 14. A. 2018.

Schmitt, Carl: Verfassungslehre, München, Leipzig, 1. A. 1928.

Schmitt, Carl: Der Begriff des Politischen, Text von 1932 mit einem Vorwort und drei Corollarien, Berlin, 1. A. 1963.

Schroeder, Klaus: Deutschland nach der Wiedervereinigung: Nationalgefühl oder Verfassungspatriotismus?, in: Haarmann, Lutz, Meyer, Robert, und Reuschenbach, Julia (Hrsg.), Von der Bonner zur Berliner Republik. Politik im Spiegel praktischer Wissenschaft. Festschrift für Tilman Mayer zum 65. Geburtstag, Baden-Baden, 1. A. 2018, S. 331 ff.

Schwarzmüller, Theo: Albert Finck und die Nationalhymne. Eine Lebensreise vom Kaiserreich zur Bundesrepublik, Annweiler am Trifels, 1. A. 2002.

Siebenmorgen, Peter: Deutsch sein, Salzburg, München, 1. A. 2017.

Smend, Rudolf: Verfassung und Verfassungsrecht, München, Leipzig, 1. A. 1928.

Steiger, Günter: Ich würde doch nach Jena gehn. Geschichte und Geschichten, Bilder, Denkmale und Dokumente aus vier Jahrhunderten Universität Jena, Weimar, 4. A. 1978.

Stelzl, Hans-Joachim, Schick, Rupert u. a. (Hrsg.): Der Parlamentarische Rat. 1948–1949. Akten und Protokolle. Band 7. Entwürfe zum Grundgesetz, Boppard am Rhein, 1. A. 1995.

Stelzl, Hans-Joachim, Schick, Rupert u. a. (Hrsg.): Der Parlamentarische Rat. 1948–1949. Akten und Protokolle. Band 5/I. Ausschuß für Grundsatzfragen, Boppard am Rhein, 1. A.1993.

Sternberger, Dolf: Staatsfreundschaft, Schriften, Band IV, Frankfurt a. M., 1. A. 1980.

Sternberger, Dolf: Verfassungspatriotismus, Frankfurt a. M., 1. A. 1990.

Stiftung Haus der Geschichte der Bundesrepublik Deutschland (Hrsg.): Flagge zeigen? Die Deutschen und ihre Nationalsymbole [Begleitbuch zur Ausstellung im Haus der Geschichte der Bundesrepublik Deutschland, Bonn, 5. Dezember 2008 bis 13. April 2009; im Zeitgeschichtlichen Forum Leipzig der Stiftung Haus der Geschichte der Bundesrepublik Deutschland, 29. Mai bis 4. Oktober 2009], Bielefeld, Leipzig, 1. A. 2008.

Strauß, Simon: Bürgerliche Bekenntniskultur statt Identitätspolitik – Essay, in: Aus Politik und Zeitgeschichte. Identitätspolitik, 2019, S. 4 ff.

Tauber, Peter: Wem gehören die deutschen Farben? Über die schwarz-rot-goldene Fahne, in: Civis mit Sonde, 2016, 1, S. 34 ff.

Tomasi di Lampedusa, Giuseppe: Der Leopard. Neu übersetzt von Burkhart Kroeber, München, 2. A. 2019.

Wels, Otto: Rede in der 236. Sitzung des Reichstages am 25. Juni 1920, in: Verhandlungen des Reichstags. I Wahlperiode 1920, Band 356, Stenographische Berichte, Berlin, 1922, S. 8042 A ff.

Welzbacher, Christian: Der Reichskunstwart. Kulturpolitik und Staatsinszenierung in der Weimarer Republik 1918–1933, Weimar, 1. A. 2010.

Welzbacher, Christian: Die Staatsarchitektur der Weimarer Republik, Berlin, 1. A. 2006.

Wieland, Christoph Martin: Patriotischer Beitrag zu Deutschlands höchstem Flor, veranlaßt durch einen im Jahr 1780 gedruckten Vorschlag dieses Namens, in: Sämtliche Werke, Band 30, Über den freien Gebrauch der Vernunft in Glaubenssachen samt einer Beilage, Leipzig, 1857, S. 350 ff. Als Digitalisat verfügbar: https://books.google.de/books?id=1mw7AAAAcAAJ&printsec=frontcover&hl=de&source=gbs_ge_summary_r&cad=0#v=onepage&q&f=false [Zugriff: 16.10.2019].

Wieser, Harald, und Traub, Rainer (Hrsg.): Gespräche mit Ernst Bloch, Frankfurt a. M., 1. A.1975.

Zudeick, Peter: Heimat. Volk. Vaterland. Eine Kampfansage an Rechts, Frankfurt a. M., 1. A. 2018.

Dank

Ich danke allen, die bei unserem politischen Küchenabend darüber diskutiert haben, was wir zur Stärkung unseres wunderbaren Verfassungsstaates tun können. Ohne diesen »Zuppa & Politica«-Abend hätte es unseren Flaggen-Selbstversuch nicht gegeben. Daher herzlichen Dank an Andreas Schulze, Dr. Ulrich Karpenstein, Tina Mede-Karpenstein, Christiane Wirtz, Botschafter Peter Tesch, Dr. Stefan Sinner, Susanne Kumar-Sinner, Florian von Hennet und Dr. Ulrich Forsthoff. Vor allem danke ich meiner Frau, Prof. Dr. Elke Schäffner, die wachsam darauf geachtet hat, dass dieser Selbstversuch auch durchgeführt wurde.

Ein besonderer Dank gilt ferner den unerschrockenen Teilnehmern unseres Flaggenzuges, allen voran den Kindern sowie Ulrich Karpenstein, Tina Mede-Karpenstein, Petra Gute und Elke.

Für exzellenten Rat und eine umfassende Betreuung danke ich meiner Agentin, Frau Elisabeth Ruge, auf die ich mich blind verlassen kann.

Ich bin froh, dieses Buch beim Siedler Verlag zu veröffentlichen und danke Britta Egetemeier und Jens Dehning für eine vertrauensvolle und erfüllende Zusammenarbeit.

Für eine ebenso sorgfältige wie kritische Lektüre wichtiger Teile des Manuskripts danke ich meinem Vater, Herrn Dr. Ettore Brissa, und meinen Schwiegereltern, Frau Ingrid Schäffner und Herrn Klaus Schäffner, sowie meinem Freund und Kollegen Dr. Stefan Sinner.

Schließlich danke ich meiner Mutter, Frau Katharina Brissa-Benckert, sowie Herrn Prof. Dr. Rafael Arnold, Herrn Andreas Baasner, Frau Dr. Margret Böckel, Frau Doris Buhr-Engel, Frau Susanne Dehorn, Frau Botschafterin Isabel Frommelt-Gottschald, Herrn Markus Goldbach, Herrn Prof. Dr. Frieder Hepp, Herrn Karsten Hettling, Herrn Prof. Dr. Michael Maurer, Herrn Privatdozenten Dr. Thomas Petersen, Frau Benita Philipp, Herrn Prof. Dr. Dieter Richter, Herrn Pavel Richter, Frau Prof. Dr. Sandra Richter, Frau Teresa Thieme, Herrn Michael Timmermann, Frau Doreen Trittel, Herrn Prof. Dr. Johannes Varwick, Herrn Dr. Michael Wisser und Frau Ulrike Zeh.

Personenregister

Bildnachweis

bpk: 10 (Hanns Hubmann), 30 (Staatsbibliothek zu Berlin Preußischer Kulturbesitz)
Bundesarchiv, Koblenz: 9 (Bild 183-2005-0902- 514/o. Ang.)
Bundesministerium des Innern/Protokoll Inland: 22, 23
Bundesregierung: 11 (Bild 213946/Jens Gathmann), 16 (B 145 Bild-00264369/Jesco Denzel), 17 (B 145 Bild-00355713/Guido Bergmann), 19 (B 145 Bild-00048571/Brodde)
Bundesverfassungsgericht: 24 (USW – Uwe Stohrer, Freiburg)
Deutsche Bundesbank, Frankfurt: 26, 27
Deutsches Historisches Museum: 28 (S. Ahlers)
Eysoldt, Robert und Frank Roesner – Farbwerte, www.farbwerte.de: 15
Haus der Geschichte, Bonn: 6 (Axel Thünker)
Klemm, Barbara: 4, 5
Ostkreuz: 12 (Harald Hauswald)
picture alliance: 13 (Associated Press/Heinz Ducklau), 14 (Frank Rumpenhorst), 25 (dpa/Uli Deck), 29 (dpa/Guido Kirchner)
Reichsadler: 21 (aus: Ottfried Neubecker, Das Wappen der Bundesrepublik Deutschland, in: Genealogie und Heraldik, 2. Jahrgang, Heft 7, April 1950, S. 113 ff.)
Richter, Gerhard: 1 (© Gerhard Richter 2020 – 0203)
Stiftung Hambacher Schloss: 7
Süddeutsche Zeitung Photo: 18 (Regina Schmeken)
Twitter: 2
Wirmer-Flagge: 8 (aus: Neubecker, Ottfried; Wolf, Erik, Die Reichseinheitsflagge. Ein Vorschlag, Heidelberg, 1. A. 1926)
Wikimedia Commons: 3 (Kalispera Dell, CC-BY-3.0), 20 (David Liuzzo, CC-BY-3.0, nach dem Originalentwurf von Emil Doepler 1919), 31 (Public Domain)

Abdruck der Hoheitszeichen des Bundes erfolgt mit freundlicher Genehmigung des Bundesverwaltungsamts.

20.-

10.-

2n4